The Making of
Marx's Theory of Surplus Value

Seiya Morita

マルクス
剰余価値論
形成史

森田成也 著

社会評論社

マルクス剰余価値論形成史＊目次

凡例 ——————————————————————— 5
序文 ——————————————————————— 7

第1章　マルクス剰余価値論形成小史
　　　　——『賃労働と資本』から『賃金・価格・利潤』へ ——— 13

　第1節　『資本論』への長い道のり　13
　第2節　『賃労働と資本』の背景と全体像　20
　第3節　『賃労働と資本』の内容とその諸限界　24
　第4節　「賃金」草稿の意義とその具体的内容　34
　第5節　エンゲルスによる序論と修正　39
　補論　　シスモンディにおける「労働」と「労働能力」との区別　47
　第6節　『賃金・価格・利潤』の背景と意義　49
　第7節　『賃金・価格・利潤』の具体的内容　53

第2章　マルクス剰余価値論の形成と「リカードのドグマ」——— 65

　第1節　「リカードのドグマ」とは何か？　66
　第2節　初期・前期マルクスにおける「リカードのドグマ」　77
　第3節　「リカードのドグマ」の克服Ⅰ
　　　　　——剰余価値の発生メカニズムの解明　96
　第4節　「リカードのドグマ」の克服Ⅱ
　　　　　——「追加的な絶対的剰余価値」論の確立　116
　補論　　『資本論』における労働日延長と労働力価値増大の論理　140
　第5節　「リカードのドグマ」の克服Ⅲ
　　　　　——「内包的な絶対的剰余価値」の発見　141
　第6節　『資本論』における到達点と限界　149
　第7節　「リカードのドグマ」の二重性　158

第3章　マルクスにおける「価値生産物」概念の形成と
　　　　「スミスのドグマ」————————————— 165
　第1節　「スミスのドグマ」と「価値生産物」概念　166
　第2節　現行版『資本論』における「価値生産物」　178
　補論1　現行版『資本論』各版の「事項索引」における
　　　　「価値生産物」　199
　第3節　「経済学批判要綱」における「価値生産物」と「v＋mのドグマ」
　　　　　200
　第4節　1861～63年草稿における「価値生産物」と「v＋mのドグマ」Ⅰ
　　　　——前期段階　207
　第5節　1861～63年草稿における「価値生産物」と「v＋mのドグマ」Ⅱ
　　　　——中期段階　215
　第6節　1861～63年草稿における「価値生産物」と「v＋mのドグマ」Ⅲ
　　　　——後期段階　231
　第7節　1863～65年草稿における「価値生産物」概念の登場Ⅰ
　　　　——『直接的生産過程の諸結果』と3巻「主要草稿」前半　240
　補論2　1863～65年草稿の執筆順序　248
　第8節　1863～65年草稿における「価値生産物」概念の登場Ⅱ
　　　　——2巻「第1草稿」と3巻「主要草稿」後半　251
　第9節　初版『資本論』とそれ以降における「価値生産物」
　　　　概念の確立　270

あとがき ————————————————————— 289

索　引 —————————————————————— 291

凡例

1、マルクスの現行版『資本論』第1巻からの引用の出典表記に関しては、『資本論』第1巻は「KⅠ」と略記し、該当頁は、大月書店から出ている普及版『資本論』第1巻の頁数とディーツ社の『マルクス・エンゲルス・ヴェルケ』（以下、MEWと略記）第23巻の頁数とを並べて、「KⅠ, 123頁, S.123」というように表記する。現行版『資本論』の第2巻と第3巻からの引用の出典表記に際しては、各巻をそれぞれ「KⅡ」「KⅢ」と略記し、該当頁は、その部分の草稿であるディーツ社の新メガⅡ/4-2（『資本論』第3巻主要草稿）およびⅡ/11（『資本論』第2巻第2〜第8草稿）の頁数と、現行版『資本論』の2巻と3巻の頁数とを並べて、「Ⅱ/4-2, S.123, KⅢ, 123頁, S.123」というように表記する。
2、『マルクス資本論草稿集』（全9巻、資本論草稿集翻訳委員会、大月書店）からの引用の出典表記に関しては、同書各巻を「草稿集1」「草稿集2」等々と略記し、該当頁は、大月書店版の頁数と新メガⅡ/1-1〜3-6の頁数とを並べて、「草稿集1, 123頁, Ⅱ/1-1, S.123」というように表記する。その草稿集には入っていない『直接的生産過程の諸結果』からの引用の出典表記に関しては、同書を「諸結果」と略し、該当頁は、光文社古典新訳文庫の『資本論第一部草稿——直接的生産過程の諸結果』（2016年）の頁数と新メガⅡ/4-1の頁数とを並べて、「諸結果, 123頁；Ⅱ/4-1, S.123」というように表記する。既訳のない新メガからの引用は、「Ⅱ/4-3, S.123」というように新メガのページ数だけ記載する。
3、マルクスの『賃労働と資本』と『賃金、価格、利潤』からの引用の出典表記に関しては、光文社古典新訳文庫の『賃労働と資本／賃金・価格・利潤』（2014年）にもとづいて、それを「賃資／賃価利」と略記した上で、それぞれの頁を表記するとともに、『賃労働と資本』に関してはMEW版の原頁を並べ、『賃金・価格・利潤』に関しては新メガ第2部第4巻第1分冊の原頁を並べて表記する（ただし第1章だけは、本文で指示されているように、翻訳の頁数のみを提示する）。
4、フランス語版『資本論』からの引用の出典表記に関しては、法政大学出版局（1979年）から出版された上下巻にもとづいて、それを「仏版上」「仏版下」と略記し、該当頁は、同書の頁数と新メガⅡ/7の頁数とを並べて、「仏版上, 123頁, Ⅱ/7, S.123」というように表記する。マルクスのその他の諸著作は大月書店の『マルクス・エンゲルス全集』各巻の頁数とMEWの原頁数とを並べて、「全集4, 123頁, MEW4, S.123」というように表記する。
5、上掲の文献以外の諸文献が各章で最初に登場する場合には、たとえそれ以前の章で登場したことがある場合でも、読者の便宜を考えて、著者、表題、出版社、出版年を表記する。
6、引用文の訳文は必ずしも既訳書の訳にしたがっていない。また、引用文における傍点はすべてとくに断りがないかぎり引用者によるものである。

序文

　本書は、マルクスの剰余価値論の形成史を主として、『哲学の貧困』や『賃労働と資本』を代表とする前期から、『賃金・価格・利潤』や『資本論』（初版および2版とフランス語版を含む）を代表とする後期に至るまで概観するものである。だが「形成史」と一口で言っても、どういう視点から、またいかなる論点にもとづいてその歴史をたどるのかによって、いくつものパターンがありうる。たとえば、私は、『資本と剰余価値の理論』（作品社、2008年）（本書では、この著作は「前著1」と表記する）の中で、マルクスにおける「標準労働日」概念の歴史的変遷について詳細に論じ、それとの関連で、絶対的剰余価値の定義もしだいに変化したことについて明らかにした。同じく、労働強化による剰余価値の生産に関するマルクスの認識の変化について各種草稿での叙述の変遷を追った。また、『価値と剰余価値の理論』（作品社、2009年）（本書では、この著作は「前著2」と表記する）では、熟練労働者の技能を「生産」する労働の性格に関するマルクスの記述の変化について詳細に論じた。さらに、『家事労働とマルクス剰余価値論』（桜井書店、2014年）（本書では、この著作は「前著3」と表記する）でも、「労働力の価値分割」に関するマルクスの記述の歴史的変遷を詳細に追った。このように、マルクス剰余価値論のさまざまな論点に即して、部分的にマルクスの理論形成史を取り扱うことは可能である。

　それに対して本書は、マルクス剰余価値論の形成史を、古典派経済学の諸限界を克服してマルクス独自の経済学の成立・発展へと至る過程として総体的に考察しており、何よりも、古典派のあいだで共有されていた3つのドグマの理論的克服過程として構築している。

　その3つのドグマの1つ目は、言うまでもなく、労賃を「労働の価格」として把握し、資本と労働とのあいだで直接に労働が売買されているとみなすドグマである。これは、古典派の理論的核心をなすドグマでもあるので、これを**「古典派のドグマ」**と呼ぼう。マルクス自身によっても言明されているように、マルクスはその理論形成過程においてこの「古典派のドグマ」を決定的に乗り越え、労賃の本質を「労働力の価値」ないし「労働能力の価値」として再把握し、そうすることで、剰余価値（古典派の言葉で言えば利潤）が資本と労働者と

の形式上の「等価交換」にもとづいて合法則的に発生しうること（そしてそれが生産過程の結果として等価なき「交換」という正反対物に転回すること）を証明した。このことの解明が、「労働の二重性」論などと並んで、古典派からマルクス経済学への理論的飛躍を画することになったのは、マルクス経済学の常識に属する事柄である。多くの入門書の類も、このことについてはそれなりに説明しており、ここで改めて論じるまでもないように思える。

しかし、このドグマは、実は次に述べる第2、第3のドグマと密接に関連しており、それらと結びついていた。まず、第2のドグマは、労働日と労働強度の大きさを暗に一定のものと想定する**「リカードのドグマ」**である。この用語は私が前著1で提出したものだが、その内容についてはマルクス自身の記述に基づいている。このドグマは、剰余価値率と剰余価値量との普遍的連動性を想定するドグマとして一般化することができる。第3のドグマは、生産物価値のうち不変資本価値の存在を忘れてしまい、前者を価値生産物（$v+m$）と同一視する**「スミスのドグマ」**、より正確には、本書の第3章で詳細に述べるように、そのドグマの第1形態である**「$v+m$のドグマ」**である。「スミスのドグマ」はマルクス自身が命名したこともあって、比較的よく知られている。

さて、労働者が資本に売るものを直接に「労働」とみなす「古典派のドグマ」は、実はこの「リカードのドグマ」および「スミスのドグマ」と密接に結びついており、第1のドグマの克服が第2のドグマの克服につながり、両者のドグマの克服が第3のドグマの克服にもつながるという連鎖的関係を有していた。しかしながら、これまでのマルクスの剰余価値論の形成過程を扱った文献では、この3つのドグマが相互に関連したものとして捉えられていない。そもそも「リカードのドグマ」の存在（その名称は別にしても）とその克服過程については、これまでほとんど注意が向けられてこなかった。「スミスのドグマ」ないし「$v+m$のドグマ」についてはそれなりに論じられているが、これがマルクス剰余価値論の形成そのものと関わっているという認識はほとんどなく、基本的には流通過程論における社会的総資本の再生産（第2巻第3編のテーマ）を解明することに限定的に関わる問題であるとみなされてきた。

本書は、そうした認識を改め、これら3つのドグマが相互に密接に関連して古典派全体の理論的限界を構成しており、マルクスはしだいにこの3つのドグマの存在を認識し、それらをしだいに克服していく中で初めて、古典派の理論

的限界を決定的に乗り越えて、マルクス独自の剰余価値論を構築することができたとみなしている。最初にマルクスが認識し克服したのは言うまでもなく、第1のドグマである「古典派のドグマ」である。しかし、マルクスが労賃の本質を「労働力の価値」（当初は「労働能力の価値」と表現）であると認識した後も、「リカードのドグマ」と「スミスのドグマ」は部分的ないし全体として継続されており、そのことがマルクスの剰余価値論をさまざまな面で制約していた。マルクスは繰り返し古典派（とくにスミスとリカード）の理論に対する再検討と批判的解明を繰り返す中で、しだいに「リカードのドグマ」と「スミスのドグマ」の存在が古典派のさまざまな理論的限界を構成していることを理解し、紆余曲折を経ながらその自覚的克服へと進んでいったのである。

このように理解することによって初めて、古典派からマルクスへの理論的発展の核心が理解できるのであり、そしてまた、『経済学批判要綱』や1861～63年草稿や1863～65年草稿、さらには『資本論』自身におけるさまざまな叙述をそのまま「マルクスの最終見解」として受け取るのではなく、これら3つのドグマの克服程度という観点から見直すことで、それらの叙述の相対的位置づけも正しく理解することができるようになるのである。

※　　※　　※

本書は3つの章に分かれている。第1章は、マルクス剰余価値論の形成・発展過程の全体像を、前期に属する『賃労働と資本』（1849年）（および1847年の「賃金」草稿）と後期に属する『賃金・価格・利潤』（1865年）とを詳細に比較考察することで明らかにしている。そこでは先に述べた3つのドグマのみならず、それらとも関連したその他の諸論点も考察の対象にされているが、この章を読むことによって、おおむね3つのドグマの意味と位置づけ、それらに対するマルクスの立場の変化について知ることができるだろう。

この章のもとになったのは、『賃労働と資本／賃金・価格・利潤』（光文社古典新訳文庫、2014年）に収録された私の「解説」であり、それに若干の修正を施し、新たに注を加えたものである。ただし、この解説は非常に長いので、1847年の「賃金」草稿と『賃労働と資本』との照応関係を詳細に分析した箇所をはじめ、いくつかの箇所をまるごと割愛している。全体を読みたい方はぜひ「解説」そのものを直接手に取ってほしい。

また、同じ光文社古典新訳文庫から出された『資本論第1部草稿——直接的生産過程の諸結果』(2016年) に付した私の解説「中期マルクスから後期マルクスへ——過渡としての第1部草稿」も参照してほしい。そこでは、マルクスの理論形成史における中期から後期への過渡期が詳しく論じられており、その段階において、この3つのドグマがどの程度克服されているのかが明らかにされている (部分的に第3章の叙述と重なっている)。とくに、第1の「古典派のドグマ」に関しては、マルクスが当初用いていた「労働能力」という表現がなぜ途中から「労働力」という表現に変化したのかについて、かなり詳細に論じている。

　第2章は、第2のドグマである「リカードのドグマ」の克服過程を詳細に扱っている。初出は、「マルクス剰余価値論と『リカードのドグマ』——マルクスにおける絶対的剰余価値論の形成・発展・限界」(駒沢大学『経済学論集』第40巻4号，2009年) であり、同論文に大幅に加筆修正 (ただし第1章の議論と重なる部分は削除) を加えている。この章を読めば、マルクスの剰余価値論 (とくに絶対的剰余価値論) の形成にとって「リカードのドグマ」の克服がいかに重要なものであったかがわかるだろう。

　本来なら、第1のドグマである「古典派のドグマ」の克服過程の分析から入るべきではないかという疑問を読者は持つことだろう。だが、いくつかの理由からそうしなかった。第1に、「古典派のドグマ」の存在とマルクスによるその克服については比較的よく知られており、マルクス自身やエンゲルスによってもそれなりに解説されていること。第2に、この克服過程については、私も、第1章における全体像の分析や、先に触れた『直接的生産過程の諸結果』の「解説」などでかなり詳細に論じていること。第3に、この「古典派のドグマ」の克服過程は「リカードのドグマ」の克服過程と絡み合っており、それについて詳しく論じると、第2章の議論とかなり重複してしまうこと。第4に、最も直接的な理由は、それについて詳細に論じた章を配すると、この著作そのものがあまりにも分厚くなってしまい、出版するのが著しく困難になってしまうことである。

　第3章は、第3のドグマである「スミスのドグマ」の克服過程を詳細に扱っている。初出は、「マルクスにおける『価値生産物』概念の形成と『スミスのドグマ』」(『国学院経済学』第62巻1, 2, 3-4号，2013〜2014年) であり、それに若

干の修正を施している。執筆当初、この論文は400字詰め原稿用紙にして700枚という大部のものであったが、それだけで本1冊分に相当する長さの論文を掲載してくれる雑誌など存在するはずもなく、結局、半分以下に圧縮した上で、『国学院経済学』に3回にわたって掲載した。

　実を言うと、この論文はもともと「リカードのドグマ」論文に付した1つの注から発展したものである。その注で私は、「価値生産物」という概念の意味について簡単に触れ、フランス語版『資本論』では基本的に別の用語（「生産価値」など）に置き換えられているという事実を伝えるだけのつもりだったのだが、この概念の登場箇所を調べているうちに、この問題がとうてい注のレベルにとどまらない重要な論点を含んでいることがわかった。それゆえ、改めてこの問題に関するマルクスの記述を初期段階から徹底的に洗い直してみることにした。「経済学・哲学草稿」や『賃労働と資本』などの初期・前期の作品から始まって、「経済学批判要綱」、1861～63年草稿、1863～65年草稿などをすべて読み返してみると、この概念の登場がマルクスの理論形成史においてかなり遅い時期にあたり、本当の意味で確立された概念として使われ始めるのがようやく初版『資本論』においてであることがわかった。そしてこの概念の成立が、実は「ｖ＋ｍのドグマ」の克服過程と密接に関連していることも明らかとなった。そして、これまで自分が何度も読んだり引用したりしてきた各種草稿の記述のあちこちに、「ｖ＋ｍのドグマ」（第3章で見るように、「広義のｖ＋ｍのドグマ」）が散見されることがわかって、驚きを禁じえなかった。こうして、単なる注で収まる微細な論点にすぎないと思っていたものが、マルクスの理論形成史においてきわめて重要な意味を持つ大論点であることがわかったのである。

※　　　※　　　※

　現在、長期にわたる経済不況、経済の金融化・バブル化、貧富の格差の拡大、生活苦と不安定雇用の増大、財政赤字の天文学的膨張とそれを口実にした教育や福祉の切り捨て、などが進行しており、今から150年前にマルクスが予想したような「一方の極における富の増大と他方の極における貧困の増大」という「資本主義的蓄積の敵対的性格」がますます露わになっている。とくにこの日本はそうである。実質賃金が15年以上に渡って下がり続け、その間不況が一貫して続いているような国は、世界に日本しかない。その一方で、相変わ

らず過労死や過労自殺が絶えず、職場でのセクハラやパワハラも依然として横行している。それにもかかわらず、日本は世界で最もストや争議のない国なのである。

　そうした中で、マルクスの理論に対する興味や関心が少しずつ広がっており、新たにマルクスを読み直し、学び直そうという人々もしだいに増えている。本書は、マルクスの理論が一朝一夕で成立したものではないこと、曲がりくねった困難な道を歩みながらしだいに形成され発展してきたものであること、そしてなお未完成のものであることを明らかにするだろう。マルクスの理論を正確に知るためには、それがどこからどこへ、そして何を経由して成立・発展してきたのかを知る必要がある。そのような成立と発展の複雑な過程を理解して初めて、マルクスの理論を深く学ぶことができるのであり、またそれをいっそう発展させるためにはどのような方向をたどればいいのかのヒントも得ることができるのである。本書がそのための手引きとなれば幸いである。

　なお、本書は、『資本論』の初版出版150年の翌年、そしてマルクス生誕200年という節目に出版される。本書の原稿は実を言うと2013年にはすでに中身はでき上がっており、2015年には体裁を含めてほぼ現在の形にまでなっていた。しかし、きわめて厳しい出版不況の中、本書のようなかなり分厚い純粋な専門書の出版を引き受けてくれる出版社がなかなか見つからなかった。そうした中で、快く本書の出版を引き受けてくださった社会評論社の松田健二社長にこの場を借りて厚くお礼申し上げる。本書が少しでも日本におけるマルクス主義の発展と普及につながれば、幸いである。

　ちなみに、序文やあとがきの最後に、このように出版社に対してお礼を述べるのは単に形式的な礼儀にすぎないと思われるかもしれないが、けっしてそうではない。現在、本書のようなマルクスの専門的研究書は本当に出版できなくなっているのである。今日、マルクスの専門的研究書を出版する決意をするには、日本におけるマルクス研究の火を絶やしてはならないという高い志がなければならない。

2018年4月25日
森田成也

第 1 章

マルクス剰余価値論形成小史
―― 『賃労働と資本』から『賃金・価格・利潤』へ ――

　本章では、マルクスの剰余価値論形成史において前期に属する『賃労働と資本』と、ほぼ後期に属する『賃金・価格・利潤』とを比較することによって、この間におけるマルクスの理論的発展と飛躍の内容を確認するとともに、マルクス剰余価値論形成史の簡単な全体像を提示することにする。それによって本章は、本書全体の手引きにもなっている。

　『賃労働と資本』も『賃金・価格・利潤』もどちらも一般読者ないし非専門家を対象とした啓蒙的なものであり、それゆえわかりやすく書かれており、マルクスの理論的発展の核心をつかむのに非常に好都合である。ある理論家の理論的発展の核心というのは、その人が書いた複雑巧緻な専門的理論書よりも、非専門家に向けた啓蒙的な説明のうちによりはっきりと示されているものである。なぜなら、議論の不十分さを難解な用語でごまかすことができないからであり、簡単な言葉で表現したわかりやすい説明の中にこそ理論的強みと弱みがよりはっきりと示されるからである。

第 1 節　『資本論』への長い道のり

　『賃労働と資本』および『賃金・価格・利潤』について具体的な比較を行なう前に、まず簡単にマルクスにおける『資本論』執筆の道のりを概観しておこう。

初期マルクスから前期マルクスへ
　マルクスが経済学の研究を志した動機については、彼自身が後に『経済学批判』の序言の中で簡単に触れているように、1842年から43年にかけて『ライン新聞』の編集者として現実の経済問題にぶつかったことであった。具体的な

第1章

　経済問題を解明する上では、ヘーゲルをどれほど読み込もうと、どれほど高度な哲学的議論に通じていようと、役立たない。必要なのは生きた具体的現実の具体的分析であり、そのためには既存の経済理論や種々の事実資料を批判的に摂取することが必要だった。その際、マルクスに大きな知的・理論的刺激を与えたのは、1844年2月の『独仏年誌』に掲載されたエンゲルスの「国民経済学批判大綱」だった。それは、哲学・法学批判におおむね限定されていたマルクスの視野を経済学批判へと広げる上で大きな役割を果たした（同じく、1845年に出版されたエンゲルスの『イギリスにおける労働者階級の状態』もマルクスに大きな影響を与えている）。

　こうしてマルクスは、リカードやアダム・スミス、ジェームズ・ミルなど古典派経済学の主要な理論家をはじめとして多くの経済学文献を読み込み、それをもとに一般に「経済学・哲学草稿」と呼ばれる手稿を1844年半ばに執筆した。しかし、研究を開始した当初マルクスは、プルードンやJ・B・セーなどの影響で、古典派経済学者たちの労働価値説を受け入れておらず、商品価格や賃金の大きさを基本的に競争や力関係にもとづいて規定していた[1]。しかし、その後、マルクスは経済学文献の研究をいっそう進める中で、しだいに労働価値説を受容するようになり（リカードの影響が決定的である）、やがてそれを確固として自己の理論の中心に据えるようになった。また、それと並行して、エンゲルスとともに、出版されなかった『ドイツ・イデオロギー』を執筆し、後に史的唯物論と呼ばれるようになる理論的パラダイムを確立するに至った（そこには労働価値説にもとづく記述もわずかながら見られる）。

　その後、マルクスはプルードンを批判した『哲学の貧困』というパンフレットを1847年にフランス語で出版するのだが、これは、労働価値説にもとづく

---

(1) たとえば、マルクスは1844年初頭に書いた「リカード評註」と「マカロック評註」において、基本的に商品の価格は競争によって決定されるのであり（セーの影響）、しかも利潤の分だけ価値より高くなるのであって（プルードンの影響）、内在的な生産費によって決定されるのではないとして、労働価値論を基本的に拒否している（杉原四郎・重田晃一編『マルクス経済学ノート（第2版）』未来社，1970年）。ただし、生産費説（労働価値論の通俗的形態）そのものを原理的に否定したというよりも、資本主義のもとでは私的所有と競争の存在ゆえにそれが妥当しないと考えていた。「私的所有を度外視すれば……自然価格は生産費である」（同前，52頁）。つまり、労働価値説を受容するためには、利潤や地代をどのように理論的に説明するのかという問題を解決しなければならず、結局は剰余価値論の解明を必要とするのである。

自己の経済理論と史的唯物論にもとづく自己の社会理論とをマルクスが公けにした最初のものであった（それは同時に、かつてプルードン理論を受け入れていた自己の過去の立場に対する自己批判であり、その理論的清算でもあった）。しかし、それは、経済学の基本原理を体系的に説明したものではなく、あくまでもプルードンとの論争の書であり、経済理論的にはかなり古典派経済学に、とくにリカード理論に依拠したものであった。

『賃労働と資本』から「要綱」へ

マルクスが自己の経済理論をある程度体系的な形で説明しようと試みた最初のものが、1849年に発表された『賃労働と資本』である。

『賃労働と資本』の原型は、1847年に亡命先のブリュッセルのドイツ人労働者協会で行なわれた講演であり、それにもとづいて1849年4月に『新ライン新聞』に5回にわたって連載された（講演と連載との間に1年以上もの歳月が経過しているのは、その間に、フランス2月革命をはじめとする1848年革命が起こったからである）。この連載はもっと長く続く予定だったが、エンゲルスの1891年版序論にあるように、当時、さまざまな国際的事件があいつぎ、また『新ライン新聞』そのものも弾圧によって発行停止となったために、途中で頓挫することになった。しかし、その書かれなかった後半部は、後でより詳しく見るように、1847年末に講義の準備として書かれた「賃金」草稿にある程度示唆されている。

結局、1848～49年のヨーロッパ革命は挫折し、マルクスはロンドンへの亡命を余儀なくされる。この亡命の地で、マルクスはまったく最初から経済学の研究をやり直し、腰を据えた徹底的な研究を行ない、膨大な抜粋ノート（「ロンドン・ノート」）を作成し、資本主義という経済システム全体の運動法則とその内的連関を明らかにする経済学批判の体系を構築することに着手した。

その最初の成果が、1857年から58年にかけて執筆された「経済学批判要綱」と呼ばれる草稿である（以下、「要綱」と略記）。これはマルクスの構想では「資本一般」と呼ばれる部分を包括するもので、マルクスが予定していた「経済学批判体系」プラン（後述）の最初の部分（とはいえ全体の土台となる部分）を構成している。この草稿はマルクス独自の経済学成立の画期をなすものであり、古典派経済学の延長という要素がまだ色濃かった『哲学の貧困』や『賃労

働と資本』とは根本的に次元を異にしている。「労働」から「労働能力」ないし「労働力」への飛躍をはじめ、後に『資本論』で用いられているさまざまな独自の概念（剰余価値、絶対的剰余価値と相対的剰余価値、不変資本と可変資本、等々）が最初に登場するのもこの草稿においてである。

しかし、他方で、この「要綱」は、競争などを捨象して資本と賃労働との一般的な関係そのものに即して資本主義を分析するという方法的限定（資本一般）を置いていたために、『賃労働と資本』ですでに原初的に見られた資本間競争の分析や一種の「特別剰余価値論」が「要綱」では基本的に姿を消している。これは、資本主義のさまざまな現象を直接に競争でもって説明しようとする立場（これは初期エンゲルスにも見られる）を乗り越えようとする姿勢の表われであるとともに、分析そのものの説得力を強く制約するものでもあった。

1861～63年草稿から1863～65年草稿へ

マルクスは「要綱」を書き上げた後、それにもとづいて本格的な経済学批判の体系的著作を書き始めるのだが、その最初の部分だけで予定していたよりもはるかに膨大なものになったため、その商品・貨幣の部分だけをとりあえず独立の著作として、『経済学批判』という題名で1859年に出版した。その序言においてマルクスは、自分の経済学研究の「導きの糸」となった有名な唯物史観の簡潔な定式を与えている。

マルクスはこれを出版したのち、それに続く「資本」編を1861年から書き始めるのだが、それはますます膨大なものになる一方であった。またこの草稿を書きつづける中で、途中から『剰余価値学説史』（と後に呼ばれるもの）を書きはじめた。彼は、改めて古典派経済学の理論家たち（とりわけスミスとリカード）を全面的に再検討し、その過程を通じていっそう自分の理論を豊かにしていった。それは、資本蓄積論、社会的総資本の再生産論、生産価格論、商業資本論、地代論、等々に結実しており、その過程で古典派に共通する種々のドグマの克服も著しく進展している。この執筆の過程で、マルクスはしだいに自分の執筆プランを修正しはじめ、対象を「資本一般」に限定せず、資本間の競争や労働者の階級闘争を含むより広いテーマをしだいに取り入れるようになっていく。それは典型的に、特別剰余価値論（ただしこの名称それ自体はまだ見られない）の復活とその厳密化、標準労働日論の導入、生産価格論の成立な

どに示されている。

　それを書き終えると、マルクスは再び「資本」編に戻って、1863年半ばにその第1部「資本の生産過程」を最後まで書き上げた（第3部についても第1部の執筆と並行して書き進められた。第2部については書かれていないが、その一部が『学説史』の中で論じられている）。これが1861〜63年草稿と呼ばれるもので、「要綱」をはるかに越える膨大な草稿群である。

　マルクスはこの草稿を書き上げると、今度こそ『資本論』の原稿を本格的に書きはじめることにし、1863年後半から、「資本の生産過程」、「資本の流通過程」（後に第2部「第1草稿」と呼ばれるもの）、「資本の総過程」（後に第3部「主要草稿」と呼ばれるもの）を一気呵成に書き上げていく。ただし書いた順番は、理論構成の順番とは違って、おおむね「第1部→第3部前半→第2部→第3部後半」であると推定されている（ただし、後の注10で触れるように別の可能性もある）。

　その途中、おそらく第3部の後半部分を書いているときに、マルクスは、国際労働者協会（第1インターナショナル）の中央評議会においてジョン・ウェストンという老オーウェン主義者で創立以来の協会幹部が俗流的な経済理論にもとづいて労働組合による賃上げは無意味であるか反動的であるという説を述べたことに反論するために、1865年6月20日と27日の2回に分けて英語で講演を行なった。それはウェストンの俗論に反論するだけでなく、商品の価値とは何か、賃金とは何かという基本点から始まって、おおよそ『資本論』第1巻の中身を簡潔に解説するものとなっている。

　この講演を挟みつつ、マルクスは1865年末までかかって、『資本論』全3部の内容をおおむね最初から最後まで書き上げる。これが1863〜65年草稿と呼ばれるものである。マルクスが残した『資本論』関連草稿の中で、この1863〜65年草稿が、『資本論』全3部を最初から最後まで書き上げた唯一の草稿である（もっと早期の「資本一般」構想にもとづいて書かれた「要綱」を別とすれば）。しかし、その完成度は第1部「資本の生産過程」を除いては、まだまだ低いものであった。

『資本論』第1巻初版の出版

　マルクスは1866年になると、書き上げた第1部草稿を使って出版用の清書原

第1章

稿の作成を開始する。その過程で、前著の『経済学批判』からあまりにも月日が経ってしまっていたので、理論的脈絡を明らかにするため、最初の「商品・貨幣」章を改めて書き直すことにした。それは、一方では『経済学批判』の内容のダイジェスト版であるとともに、多くの点で新しい理論的発展が見られ、『資本論』の最初の部分を飾るのにふさわしいものとなった。またこの清書の過程で「労働日」の章を大幅に拡張したのだが、このことは『資本論』の理論的・実証的内実をいっそう豊かなものにした。

さらにマルクスは、当初は、第1部「資本の生産過程」を、第2部「資本の流通過程」および第3部「資本の総過程」と同時に出版する予定だったが、「資本の生産過程」の内容が膨大になったのと、第2部以降の完成度がまだまだ低かったこともあって、「資本の生産過程」だけを先に出版することにし、それにふさわしいように、その最終章であった第6章「直接的生産過程の諸結果」（これは「資本の生産過程」を総括しつつ、それと「資本の流通過程」とをつなぐ役割を果たすことになっていた）をまるまる割愛して、「資本の蓄積過程」を大幅に拡充することにした。ただし、「直接的生産過程の諸結果」で論じられた論点の多く（形式的包摂と実質的包摂、生産的労働と不生産的労働など）は、『資本論』の別の箇所に、かなり簡略化された形で取り入れられた[2]。

こうしてマルクスは、1866年1月から開始した清書作業を――病気などによってたびたび中断されながらも――1867年4月には終え、その年の9月についに、世界を変えることになる歴史的著作『資本論』第1巻の初版が出版されるに至るのである。『賃労働と資本』の元となった講演から20年後、そして「要綱」の着手から10年後に出された『資本論』第1巻初版は、「要綱」における理論的到達点をいっそう発展させつつ、「要綱」では欠落していた資本間競争という重要な契機をより高い次元で復活させたものである。その意味で、『資本論』は、『賃労働と資本』（および「賃金」草稿）と「要綱」とをそれぞれ理論的に発展させながら、両者を統一したものであると言えるだろう。この点からも、『賃労働と資本』を『資本論』に向けた長い道のりの出発点に位置づけるのは正当なのである。

---

(2) この点についてより詳しくは、私が『資本論第1部草稿――直接的生産過程の諸結果』（2016年、光文社古典新訳文庫）に付した解説を参照のこと。

『資本論』初版以降

　マルクスの『資本論』執筆の歩みは、もちろん『資本論』第1巻初版の出版で終わることはなかった。マルクスは一方では、出版した『資本論』第1巻を絶えず改善する努力をするとともに（それは、第1章を大幅に書き変えた第2版、全体としてさらに入念に修正をほどこし、とくに蓄積論を大幅に改善したフランス語版『資本論』として結実する）、他方では第2部「資本の流通過程」の執筆にも取りかかる。

　しかし、これ以降の『資本論』執筆の過程は難渋を極めることになる。加齢や健康上の問題、国際労働者協会での激しい活動、さまざまな家庭内の問題や財政難、流通過程論そのものの難しさ、等々の問題にぶつかって、なかなか思うように執筆は進まなかった。それでも、『資本論』第1部出版後の1868年から執筆し始めた第2部「資本の流通過程」の草稿（第2草稿）はおおむね最後まで書き上げることができたのだが、その後、その清書に何度も取りかかりながらすべて途中で挫折し、結局、亡くなる数年前に「資本の流通過程」の第3編だけを改めて理論的に書き改めた草稿（第8草稿）を書いたのを最後に、『資本論』の執筆は途絶えることになる（マルクスはこの草稿を書き終えた2年後の1883年に没している）。

　結局、マルクスは生前に『資本論』第2部以降を出版することができず、その事業を受引き継いだのは、盟友エンゲルスであった。エンゲルスはマルクスの恐ろしく膨大でそして恐ろしく読みづらい草稿から、苦労に苦労を重ねて、『資本論』の第2部と第3部とを編集し、10年以上もの歳月をかけて、それぞれ第2巻、第3巻として出版にこぎつけた（第2巻の出版は1885年、第3巻の出版は1894年）。エンゲルスのこの巨人的努力がなかったら、われわれがいま手にしている『資本論』は、現在のようなおおむね完成された形式では存在しなかっただろうし、それが歴史と理論に与えたインパクトははるかに小さかっただろう。エンゲルスの編集にあれこれの不備があったとしても、エンゲルスのこの巨人的努力に心からの敬意を表しないわけにはいかない。

　さて、以上の歩みにおいて、『賃労働と資本』（1849年）と『賃金・価格・利潤』（1865年）とは、この歴史の最初期と成熟期とにそれぞれ属していることがわかる。この両著は15年以上の歳月によって隔てられているが、この15年間こそ、マルクスが亡命地で最も経済学の研究に集中できた時期であり、また

年齢的にも最も精力的で最も創造的でありえた月日であった（30代と40代）。

したがって、この両著作を比較して読むことで、マルクスがいかにこの15年間に飛躍的な理論的発展を遂げることができたのかを知ることができるだろう。

第2節　『賃労働と資本』の背景と全体像

さて、以上の全体的な流れを踏まえて、『賃労働と資本』および『賃金・価格・利潤』についてごく簡単に解説しよう。

『賃労働と資本』とヨーロッパ革命

『賃労働と資本』が『新ライン新聞』に連載されるに至ったきっかけは、マルクス自身が冒頭で書いているように、1848〜49年におけるヨーロッパ革命の台頭と衰退の中で、「現在の階級闘争と民族闘争の物質的基盤をなしている経済的諸関係について論じ」るよう各方面から要請されたことであった（『賃労働と資本／賃金・価格・利潤』光文社古典新訳文庫，2014年，12頁。以下、頁数のみ記載）。マルクスは、この「現在の階級闘争と民族闘争」について簡単に概観しつつ、次のような革命的展望を提示している（なお、引用文中の傍点はすべて引用者によるもの。以下同じ）。

> どの革命的蜂起も、たとえその目的がいかに階級闘争から遠いように見えても、革命的労働者階級が勝利するまでは失敗せざるをえないこと、プロレタリア革命と封建的反革命とが世界戦争の中で武器をもって勝敗を決するまでは、いかなる社会改良もユートピアにとどまるということである。（13頁）

ここで言われている革命の展望は、後に第2インターナショナルで普及するようになる一国的な段階革命論とは大きく異なる。すなわち、各国がそれぞれ「半封建的現状→ブルジョア民主主義革命→資本主義とブルジョア民主主義の長い発展期→プロレタリア革命→社会主義的変革」という段階を通っていくという展望とはほど遠い。ここで言われていることは要するに、プロレタリア革命が、ブルジョア民主主義革命の諸課題をも担いつつ、封建的反動とヨーロッパ規模で対決するということである。ブルジョアジーにはもはやブルジョア革命を遂行する能力もその意志もないことを1848〜49年のヨーロッパ革命は示

した。それゆえ、封建的反動と対決してそれを一掃する課題(ブルジョア民主主義的課題)は、ブルジョアジーではなく、ヨーロッパ規模のプロレタリア革命の課題となっており、したがってその課題は賃金奴隷制度一掃の課題と有機的に結合するのである。

このことは、マルクスが当時のヨーロッパの現状を「イギリスとロシアの奴隷制」という「二重の奴隷制」にあると評価している点からもうかがえる。この「二重の奴隷制」それ自体が二重の意味を帯びている。まずそれは制度的な意味であり、イギリスにおける資本主義的な賃金奴隷制とロシアにおける半封建的な農奴制の二重性を意味している。もう1つの意味は国家的意味であり、イギリスという資本主義大国への経済的隷属と帝政ロシアという半封建的軍事大国への政治的隷属の二重性を意味している。この二重の意味で二重の奴隷制を(長い時間的間隔を置いた2つの段階としてではなく)部分的に重なり合った連続性において打倒することが、来たるヨーロッパ革命の任務になるとマルクスは考えていたのである。

しかし、当時すでにヨーロッパ革命は下火になりつつあり、反動が凱歌を挙げつつあった。もちろんマルクスはなおもヨーロッパ革命の成功を目指していたが、状況がしだいに困難なものになりつつあったのは明らかだった。そうした状況の中で、より根底的にブルジョア社会の経済的諸関係を明らかにする作業が必要であると考えられたのだろう。基本的に情勢分析的な論文ばかりが掲載されていた『新ライン新聞』において、このような入門的とはいえある程度体系的な理論的論稿が連載された背景には、そうした当時の状況が関係していると思われる。

しかし、このような理論的解明は、嵐のような情勢の変化に対応しなければならない『新ライン新聞』の編集と並行してできることではなく、5回連載された後でストップし、結局、『新ライン新聞』そのものが停刊になるまで再開されることはなかった。この課題は亡命地のロンドンでようやく果たされることになる。

『賃労働と資本』の構想と「経済学批判」プラン

さて、『賃労働と資本』においてマルクスは、以上のような長期的展望を示した上で、自分がどのような順序で「階級闘争の物質的基盤をなしている経済

第1章

的諸関係」を解明するのか、その全体的構想を提示している。これはいわば、後に「経済学批判」体系プランと呼ばれるものの最初の原型である。マルクスはこう述べている。

> 1、賃労働と資本との関係、労働者の隷属状態、資本家の支配。2、現在のシステムのもとでは中間的市民階級と農民層の没落が不可避であること。3、さまざまなヨーロッパ諸国民のブルジョア諸階級が世界市場の専制君主であるイギリスに商業的に従属し搾取されていること。(14頁)

この3部構成を、その後、『経済学批判』の序言で提示される6部構成のプランと比較してみよう。後者においては、1、資本、2、土地所有、3、賃労働、4、国家、5、外国貿易、6、世界市場、という構成になっていた。『賃労働と資本』の3部構成の「1」は、「賃労働と資本との関係」であるから、6部構成の「1、資本」と「3、賃労働」とを包括するものである。3部構成の「2」は、「中間的市民階級(都市小ブルジョアジー)と農民層との没落」であるが、これは直接的には6部構成のどれかにそのまま該当するものではない。とはいえ、そこでは「農民層」も対象になっているので、「2、土地所有」と部分的に重なるだろう。3部構成の「3」は、世界市場におけるヨーロッパ諸国民に対するイギリスの支配であるから、これは明らかに6部構成の「5、外国貿易」と「6、世界市場」を包括するものであろう。こうしてみると、この『賃労働と資本』の冒頭で掲げられた3部構成は、後の6部構成プランに至る最初の一歩であったと言える。

『賃労働と資本』の全体構成と『資本論』

マルクスはこの『賃労働と資本』を通じて、賃金とは何か、商品の価値は何によって決まるのか、資本とは何か、資本の発展によって労働者はどのような状態に陥るのかを1つ1つ丁寧に、ときにきわめて大胆に解説している。その全体構成を『資本論』第1巻の構成と比べるなら、両者が大筋で照応していることがわかる。

しかし出だしはかなり異なる。『資本論』では商品一般の分析から始まって、価値論へと進んでいるのに対して、『賃労働と資本』ではいきなり「1」において「賃金とは何か」という問いから始まって、そこから価値論へと進んでいる。後で述べる論点を別にすれば、この相違は基本的には、両著作の性格の違

第2節　『賃労働と資本』の背景と全体像

いから生じている。『賃労働と資本』は、労働者にとって最も身近で切実な問題である賃金の問題から入って、経済的諸関係の核心へと進んでいるのに対して、経済学の批判的・体系的叙述を目指している『資本論』においては、資本や賃労働を捨象した上で単純商品流通における商品一般の分析から始まって価値論へと進んでいる。

　このように出だしはたしかに異なるが、『賃労働と資本』においてもマルクスは、連載の「2」の前半部において価値論へと進んでいるのであり、その議論を踏まえて、今度は同じ「2」の後半部において賃金を分析して、それが労働者の生存と繁殖の費用に還元されることを明らかにしている。この後半部分は『資本論』で言えば、「貨幣の資本への転化」論における「労働力の売買」に相当する内容だろう。

　続けてマルクスは、連載の「3」において、資本とは何かという議論に進んで、それが生産に役立つ単なる「蓄積された労働」ではなく、一定の歴史的な社会関係＝生産関係であることを明らかにしている。その際マルクスは二重の観点から資本の特殊性を説明している。まず第1に、資本は単なる物質的諸生産物からなっているだけでなく、諸交換価値から、諸商品からなっていること。しかし第2に、資本は単なる諸商品ないし諸交換価値の塊なのではなく、直接的な生きた労働と交換されることを通じて自己を維持し増殖させることによってはじめて資本となること、である。マルクスはこのような関係的な資本概念を踏まえて、いかにして資本家の利潤が発生するのか、いかに労働者自身によって作り出された富が労働者自身を支配する敵対的な力＝権力（Macht）になるのかを明らかにしている。これは、「経済学・哲学草稿」における「疎外された労働」論を引き継ぐものであると同時に、『資本論』で言うと、絶対的剰余価値論に相当する内容でもある。

　ついでマルクスは、連載の「4」で、相対的貧困の話に入り、利潤と賃金との反比例関係（より正確には「相反関係」と言うべきだが）を明らかにしている。そして、たとえ労働者が受け取る賃金によって購入しうる商品の量が増えたとしても、すなわち実質賃金が増えたとしても、資本家の利潤が増大している場合には、労働者の地位はいっそう下がったのだと述べている。これは基本的に相対的剰余価値論の原型である。

　それ同時にこの「4」では、労働者にとって最も有利な場合として生産資本

の急速な増大による労働需要の増大について論じているのだから、これは、『資本論』の「蓄積過程論」で論じられている「資本構成が一定のもとでの資本蓄積」論でもある。マルクスはこの「4」の結論として、「こうして、われわれが資本と賃労働との関係内部にとどまる場合でさえ、資本の利害と賃労働との利害とが真っ向から対立することがわかる」(48頁)と述べている。ここで言う「資本と賃労働との関係内部にとどまる」というのは、資本間の競争や労働者間の競争を捨象した上で、ということであろう。

そこで次にマルクスは、連載の「5」において、生産資本が増大することは本当に労働者にとって有利なことなのかと改めて問い、「4」まで捨象していた資本間競争と労働者間競争を全面的に導入し、それにもとづいて労働者の賃金低下と貧困化の必然性を論じていく。貧困化の問題は、『資本論』で言うと「資本の蓄積過程」論における主テーマの1つであるが、『賃労働と資本』では、後でより詳しく述べるように、一方では、資本構成の高度化という論理が欠落しているのだが、他方では、特別剰余価値論の原型となるような議論（52〜54頁）や、分業と機械の大規模な導入による労働の単純化と減価（57〜59頁）という、『資本論』では「相対的剰余価値の生産」の編に属する諸論点も展開されている。

したがって、『資本論』のように秩序だっていないとはいえ、またその具体的内容が著しく不十分であったり、順序が多少前後しているとはいえ、全体としては『賃労働と資本』も、価値論→剰余価値論（絶対的剰余価値論）→相対的剰余価値論→資本蓄積論、という大筋を『資本論』と共有していることがわかる。

第3節　『賃労働と資本』の内容とその諸限界

とはいえ、『賃労働と資本』における理論的到達水準が、後の『賃金・価格・利潤』や『資本論』と比べれば、はるかにまだ初歩的で荒削りな段階にあることもまた明らかである。それはまずもって『資本論』に登場するさまざまな理論的諸概念（剰余価値という最も基本的な概念をはじめとして）がことごとく『賃労働と資本』には見られないことにはっきりと示されている。

1891年版の序論を書いたエンゲルスは、『賃労働と資本』の限界を何より

第3節 『賃労働と資本』の内容とその諸限界

も、資本家と労働者のあいだで売買される対象を「労働」とみなして「労働力」とみなしていなかったことに見出している。それゆえ、エンゲルスは、一般読者向けに再刊するに際して、本文中の「労働」を「労働力」に修正している。たしかにそれは最初に目につく限界であるが、実際にはそれはさまざまな限界の1つにすぎなかった。実はエンゲルスもそのことをよく自覚しており、エンゲルスは自身の言に反して、「労働」を「労働力」に修正しただけでなく、それ以外にも重要な修正を施しているのだが、この問題については後で論じることにしよう。

『賃労働と資本』の種々の理論的限界を明らかにすることは同時に、それ以降にマルクスが達成した理論的発展の主要なポイントを明らかにすることでもある。そこで以下において、さまざまな限界の中でとくに重要なものを簡単に見ていこう(「労働」と「労働力」との区別についてはエンゲルスの序論を検討する時に考察する)。

出発点の相違

まず、すでに述べた、『賃労働と資本』と『資本論』との出発点の違いについてである。

「経済学・哲学草稿」でもそうだったのだが、マルクスは経済学の研究をしはじめた最初の段階では、資本の本質をただちに生産過程における資本・賃労働関係に、したがって資本による労働の支配と搾取、疎外、等々に見出した。すなわち、資本の「実体的な運動原理」[3]に資本の本質をただちに見出した。「経済学・哲学草稿」では、この関係はより抽象的であって、資本と賃労働との対立関係の本質が「私的所有と疎外された労働」としてつかまれており、議論の展開は「前提された私的所有→労働の疎外→措定された私的所有（資本）」となっている。『賃労働と資本』ではもう少し具体的になっていて、労働価値説とそれにもとづく搾取論を踏まえて、「労働の売買→賃労働の搾取→生産資本」という展開になっている。しかしいずれにしても、資本の本質をただちに生産過程における資本・賃労働関係に見出している点では同じである。それゆ

---

(3) 資本というのはその「実体的運動原理」と「形態的運動原理」との統一なのだが、このそれぞれの用語については、拙書『マルクス経済学・再入門』(2014年、同成社) の第6講と第7講を参照のこと。

え、『賃労働と資本』における資本とは何よりも「生産資本」のことであり、これが「本来の資本」なのである。

しかし、生産手段の所有者（＝非労働者）による生産的労働者に対する支配と搾取は、資本主義のみならず、それ以前の階級社会においても共通している。では、資本主義的生産様式を、それ以前の種々の搾取形態から基本的に区別している種差はいったい何だろうか？　それは何よりも、生産手段の所有者と労働者との関係が商品・貨幣関係によって媒介されており、両者が形式的には等価交換によって、自発性と同意によって結ばれていることである。

しかし、「労働力商品」という概念をまだ獲得していなかったこの時点でのマルクスは、この形式的な等価交換からいかにして資本家による労働者の搾取と収奪へと行き着くのかを理論的に十分説明することができなかった。それに対して、「労働力商品」概念を確立していた『資本論』では（後述するように『賃金・価格・利潤』でもそうなのだが）、資本関係を捨象した商品・貨幣関係から資本・賃労働関係へと上向していくことが可能となった。そのことによって、一方では、資本が、貨幣（G）－商品（W）－より多くの貨幣（G'）という抽象的な価値増殖運動（形態的運動原理）を無限に繰り返していく運動体でもあることが明確になるとともに、他方では、資本と労働者との間の形式的な等価交換がいかにして剰余価値の搾取に転化し、したがって結果としての不等価交換という正反対物へと転回する（Umschlagen）のかを理論的に説明することができたのである[4]。

生産費と価値

このようにマルクスは『賃労働と資本』と『資本論』においてそれぞれ異なった出発点から商品価値の分析に進んでいるのだが、そこにおいても両者には大きな違いがある。もちろん、『資本論』におけるような「労働の二重性」論が『賃労働と資本』に存在しないのは、すぐに目につく相違である。しかし、そのような高度な議論のはるか以前に、『賃労働と資本』の価値論にはよ

---

(4) この「転回」については以下の拙論を参照せよ。森田成也「『領有法則の転回』と現実の矛盾」（『一橋論叢』第116巻6号、1996年）、同「『領有法則の転回』をめぐって──単純再生産とフランス語版『資本論』」（『一橋研究』第21巻3号、1996年）。また、前掲拙書『マルクス経済学・再入門』の第13講も参照せよ。

り初歩的な問題が見られる。そしてこの問題は出発点における相違を反映したものでもある。つまり、『資本論』では、単純流通における諸商品と交換関係の分析を通じて価値概念に到達しているのに対して、『賃労働と資本』ではいきなり資本主義的生産過程において商品の価値の大きさを（したがって最初から利潤が含まれた状態で）分析しており、そのことが、価値分析そのものにも悪影響を及ぼしているのである。具体的に見てみよう。

マルクスは、商品価格の高い低いというのは何を基準にしているのかと問い、その回答として一ブルジョアを登場させて、彼にこう語らせている。

> 「私の販売する商品の生産に100フランかかるとして、この商品の販売から私が110フランを得る――たとえば1年後に――とすれば、それは健全で正直でまっとうな儲けだ。しかし、この取引で私が120フランや130フランを得るとすれば、これはより高い儲けだ。そして私が200フランも得るとすれば、それは法外で尋常でない儲けだ」。(25頁)

この言葉を受けてマルクスは、「商品の交換価値」の基準は商品の「生産費」であると結論づけている。しかし、ここで言う「生産費」が、利潤（剰余価値）を含まない本来の意味（費用価格としての生産費）のことなのか、それとも利潤（剰余価値）を含む概念（生産物価値としての生産費）として用いられているのか曖昧である[5]。だが、「商品の生産に100フランかかる」として、それに一定割合を掛けて価格の大きさを算出しているのだから、素直に考えれば、ここでの「生産費」は、その一定割合を掛ける前の額（つまり利潤を含まない額）ということになろう。まさに資本家はこのようにして利潤を計算するのだが、その割合は恣意的に決定されているわけではなく、ここでブルジョア自身が言っているように、そこには社会的に一定の標準的な水準というものがある。これは後に『資本論』第3巻において平均利潤率として提示されているものであって、この利潤率を価値論で説明するにはなお多くの理論的媒介項が必要になる。

この理論的媒介項をまだ解明していなかったマルクスは、この文章に続いて、今度は商品の生産費（本来は利潤は含まれない）と商品の価値（利潤が含まれる）とを同じものとして扱い、商品の価格はその絶えざる上下運動を通じて

---

[5] この生産費概念の二重性について、マルクスは1861〜63年草稿においてかなり詳細に論じている（草稿集7, 112〜115頁, II/3-4, S.1272-1274）。

第1章

この生産費に一致するのだと説明している。そして、その上で、生産費による価格規定と労働による価格規定とは実は同一なのだとして、次のように述べている。

> 生産費による価格の規定は、商品の生産に必要な労働時間による価格の規定と等しい。なぜなら、生産費は、第1に原材料と用具、等々から、すなわちその生産に一定分量の労働日が費やされており、したがって一定分量の労働時間を表わしている産業生産物からなっており、第2に、同じくその尺度が時間である直接的労働からなっているからである。(29頁)

このように、マルクスは無造作に、生産費による価格規定と、商品生産に必要な労働時間による価格規定とを等置している。これもまた古典派の欠陥を引き継ぐものであって、古典派も生産費を時に本来の費用価格の意味で用いたり、時に利潤を含んだ概念としても用いていた。ブルジョア的観念にあっては利潤も「費用」の一部なのであり、それゆえそれは生産費の中に入るのである。

マルクスは『賃労働と資本』の中で基本的に生産費をこの生産物価値の意味で用いているのだが、ところが、連載の「5」になると、事実上の特別剰余価値論について展開している場面において、あたかも商品をその生産にかかる費用で販売したら「儲け」を上げることができず、ただ「生産費を取り戻す」だけであるかのような記述をしている(53、56頁)。これだと、まるで生産費には「利潤」が入っていないかのようである。エンゲルスもこの混乱に気づき、「儲け」に「余分の」や「より多くの」という語をつけ加えることで、混乱を回避しようとしている(73頁)。

ところが、エンゲルス自身が、『賃労働と資本』への加筆部分の中では、次のように、「生産費」という概念を本来の生産費の意味で(つまり利潤を含まない費用価格の意味で)用いている。

> 資本家はこの賃金を、労働者によって生産された生産物の販売価格から再び補填しなければならない。彼はその際に、通常、彼によって費やされた生産費を超える剰余が、つまりは利潤が手元に残るようにしなければならない。(71頁)

「生産費を超える剰余が、つまり利潤が」とあるように、ここでの「生産費」には明らかに利潤が含まれていない。この加筆部分のせいで、『賃労働と資本』における生産費概念は、エンゲルスによる改訂後も混乱を残す結果になってし

第3節　『賃労働と資本』の内容とその諸限界

まった。だがいずれにせよ、古典派から受け継いだ曖昧な「生産費」概念では正しく商品価値を規定することができないのは明らかである。

賃金の最低限

『賃労働と資本』における重要な理論的欠陥は、その賃金規定にも見ることができる。マルクスは基本的に労働者の賃金を、労働者の生存費、繁殖費、技能修得費の3つの要素で規定しており、最後の技能修得費は普通の単純労働者にはほとんどないとして、基本的に生存費と繁殖費で規定している。

これ自体は、後の『賃金・価格・利潤』でも『資本論』でも踏襲される見解なのだが、『賃労働と資本』ではこの生存費と繁殖費とを「賃金の最低限」と規定し、労働者階級の賃金の平均値を基本的にこの最低限で把握しているのである。

> こうして単純な労働の生産費は、労働者の生存費と繁殖費に帰着する。……このようにして規定された賃金は賃金の最低限と呼ばれる。この賃金の最低限があてはまるのは、生産費による商品の価格規定一般と同じく、各々の個人に対してではなく、労働者全体に対してである。……労働者階級全体の賃金は、その変動の範囲内で、この最低限に一致している。(31頁)

このような賃金規定は、初期の「経済学・哲学草稿」にも、また前期の『哲学の貧困』や「賃金」草稿、『共産党宣言』にも共通したものであり、これは一方ではたしかに、当時の工場労働者の多くが実際にこのような「最低限」と呼べるような水準の賃金しか得ていなかったという現実を反映しているのだが、他方では、理論的には不正確で硬直したものであり、労働者による賃上げ闘争の可能性を著しく制限するものだった[6]。

もちろん、ここで言う「最低限」が文字通りの意味での最低水準、すなわち「絶対的な最低水準」のことではないことは、「賃金」草稿からも明らかなのだが（96頁）、それでも労働者階級全体の平均賃金が原理的にその最低限で規定されるとしたら、景気変動による上下への変化を除けば、事実上それをほとんど上がる余地も下がる余地もない固定的な大きさとして規定することにつながりやすいだろう。したがってまた、労働者ないし労働組合による賃上げ闘争も経済的にはあまり意味がないことになってしまうだろう。この点は、後で見る「賃金」草稿における労働組合論にはっきりと示されている。

第1章

　このような硬直した賃金規定が生じたのは、労働力と労働との混同というより本源的な問題を別にすれば、当時のマルクスが労働〔力〕商品の価値規定を古典派経済学者と同じく通常の商品の価値規定と単純に同一視していたからである（後述する歴史的・社会的要素の軽視）。『賃労働と資本』では、「労働の価格」が他のすべての商品の価格を支配するのと同じ法則によって規制されていると繰り返されているが、一般商品の場合、その自然価格は競争の結果としてその最も低い生産費でもって規定されるとマルクスは考えていた（後にマルクスはこの点でも考えを変えており、一般商品の価値も平均概念でとらえている）。それゆえ、「労働」という商品の価格である賃金もまたその最低限で規定されることになる。この点は、「賃金」草稿とほぼ同時期になされた「自由貿易問題に関する演説」の中の、次の一節にはっきりと示されている。

　　ケネーからリカードに至るまでの経済学者たちが明らかにしたすべての法則は、……自由貿易が実現されるのに応じてますます確実なものとなる。これらの法則の第1のものは、競争はあらゆる商品の価格をその生産費の最低限にまで引き下げるということである。したがって賃金の最低限が労働の自然価格なのである。では賃金の最低限とは何か？　労働者の維持に欠くことのできない物品を生産するのに必要な、労働者をかろうじて自己自身を養いその種族を増やすことができるのに必要なちょうどそれだけのものである。（全集4, 468頁, MEW4, S.454）。

『賃労働と資本』における「賃金の最低限」論もまたこのような理論的根拠にもとづいていると思われる。そしてこの最低水準そのものが、後で見る生産

---

(6) たとえば『哲学の貧困』においてマルクスは次のように述べている。「労働はそれ自体が商品である以上、そのようなものとしては商品たる労働を生産するのに必要な労働時間によって測られる。では労働商品を生産するのに何が必要か？　労働を絶えることなく維持するのに、言いかえれば労働者が生活できてその種族を増やすことができるようにするのに必要不可欠な諸物を生産するそれだけの労働時間が必要なのである。労働の自然価格は賃金の最低限に他ならない」（全集4, 80～81頁, MEW4, S.83）。エンゲルスは『哲学の貧困』のドイツ語版をマルクスの死後に出版した際、この部分に注をつけて、この命題は自分が『国民経済学批判大綱』および『イギリスにおける労働者階級の状態』で確立したものであり、「当時マルクスはこの命題を容認して」いて、「ラサールがこの命題を借用した」のだが、実際には「この命題は誤って」おり、マルクスは『資本論』において正しい命題を確立したと述べている（全集4, 81頁, MEW4, S.83）。だが、この「賃金の最低限」説は、基本的には本文で述べたように古典派の影響である。この点に関しては、エンゲルスが1875年3月にベーベルに宛てた手紙も参照（全集19, 5頁, MEW19, S.5）。

資本の増大の結果としてますます絶対的な最低水準に接近していくというのが、この時点でのマルクスの賃金論であった。

絶対的剰余価値論における二重の制限

次に、『賃労働と資本』における「剰余価値」論の問題に移ろう。周知のように、マルクスは『資本論』第1巻において、「第3編　絶対的剰余価値の生産」という項目のもとで、剰余価値そのものの発生論を扱っている。ここには絶対的剰余価値と相対的剰余価値との関係をめぐるマルクスの深い洞察が示されている。

そもそも絶対的剰余価値とは、労働力価値を補填する労働時間（必要労働時間）を越えて労働日を絶対的に延長させることで生じる剰余価値のことであり、労働日を一定として労働力価値を引き下げる（生活手段価値の低下などを通じて）ことで生じる相対的剰余価値とは対照的な規定性を有しており、その意味で1つの特殊な剰余価値である。だが、それだけでなく、絶対的剰余価値は同時に剰余価値一般でもある。というのも、どんな剰余価値も、労働者がその必要労働時間を越えて労働することなしには生じないからである（労働力価値がきちんと支払われると仮定した場合）。それゆえマルクスは、『資本論』において、「第3編　絶対的剰余価値の生産」という表題をもった部分で、剰余価値そのものの発生論を論じているのである（1861～63年草稿では「貨幣の資本への転化」論で論じられていた）。他の特殊と並ぶある特殊なものが同時にそれら特殊なものに共通する一般的なものでもあるということは、マルクスが『資本論』の叙述で頻繁に用いている弁証法（普遍と特殊の弁証法）である[7]。

しかし、同時にマルクスは『資本論』の絶対的剰余価値論において、剰余価値一般の発生について論じているだけでなく、労働日のさらなる延長による絶対的剰余価値の生産についても詳しく論じている。これは、剰余価値一般ではなく、相対的剰余価値の生産と対比される特殊な意味での絶対的剰余価値である。つまりマルクスは絶対的剰余価値という概念を二重の意味で、すなわち剰余価値一般の意味でのそれと、相対的剰余価値と区別される特殊な剰余価値という2つの意味で用いているわけである。これは、概念の混乱でも何でもな

---

(7) この点については、拙書『資本と剰余価値の理論』（前著1）の序章「『資本論』と剰余価値論」を参照のこと。

第1章

く、対象それ自体の弁証法的あり方に対する深い洞察の産物である。

さて、以上のような観点から見ると、『賃労働と資本』にはある重大な欠落が存在することがわかる。すなわち、「剰余価値」や「絶対的剰余価値」、「必要労働時間」や「剰余労働時間」という用語がそもそも存在しないというわかりやすい欠落とはまったく別に、『賃労働と資本』においては、まず第1に、剰余価値（利潤）一般の発生論（剰余価値一般としての絶対的剰余価値論）がたしかに存在するのだが、それが労働時間レベルでは解かれておらず、したがって第2に、労働日のさらなる延長による剰余価値の生産論（特殊な剰余価値としての絶対的剰余価値論）がまったく存在しないのである。この二重の制限が相互に結びついていることは明らかである。

『資本論』においては、すでに述べたように、剰余価値一般は、労働力の価値を補填する必要労働時間を越えて労働日を延長させることによって生じるものとして、厳密に労働時間レベルで剰余価値の発生が説かれている。さらに、剰余価値が、この必要労働時間を越えて労働日を延長させることで生じるのだとしたら、ではその労働日はどこまで延長可能なのか、あるいは資本家はどこまでそれを延長しようとするのか、そして労働者はそれに対してどれほど抵抗するのか、という「労働日の長さ」をめぐる階級対立が次に問題になる。それゆえ、『資本論』ではそこから標準労働日をめぐる階級闘争という議論へと連続している。つまり、『資本論』にあっては、剰余価値一般としての絶対的剰余価値の発生論と特殊な剰余価値としての絶対的剰余価値の生産論とが、労働日の長さをめぐる階級的ポリティクスを通じて有機的に結合しているのである。

ところが、『賃労働と資本』ではそうした点がまったく曖昧なのだ。マルクスは、利潤（剰余価値）発生のメカニズムを解明するにあたって、『資本論』での説明とは違って、労働時間レベルで説くのではなく、以下の引用にあるように、最初から価値レベルで、すなわち労働者が1日に生産する生産物の価値の大きさと、「労働の価格」である賃金との差として提示している。

> 一例を挙げよう。ある借地農業者が1日あたり5グロッシェンを日雇い労働者に与える。この日雇い労働者は5グロッシェンと引き換えに借地農業者の農場で丸1日働き、彼に10グロッシェンの所得を確保してやる。こうして借地農業者は自分が日雇い労働者に引き渡す価値分を補填するだけでない。

彼はそれを2倍化する。……彼はまさに、5グロッシェンでもって日雇い労働者の労働と力とを買い、それが2倍の価値を持った土地生産物を生み出し、5グロッシェンを10グロッシェンにしたのである。(38頁)

この文章には、日雇い労働者がこの「土地生産物」を生産するのに用いたであろう生産手段の価値が忘れられているという問題もあるのだが、この問題(いわゆる「v＋mのドグマ」)については後で立ち返るとして、ここでは労働日が最初から「丸1日」という所与の大きさに設定されている点に着目したい。マルクスはここで労働日の長さを、何時間としてではなく、「丸1日」という日単位の概念で提示しており、また「労働の価格」を補填する時間が何時間であるのかもここでは不明である。これは、後で詳しく見る労働力概念の未確立という問題と結びついているとともに、労働日を与えられた大きさとして前提する限界とも結びついている。そのことによって、「労働日の長さ」をめぐる階級的ポリティクスという固有の問題を探求する道が最初から断たれてしまっているのだ。

もちろん、『賃労働と資本』にも労働時間の延長に触れた部分がないわけではない。賃金が下げられた時にはそれを補うために労働者はより長く働かなければならないという文脈でそのことは登場しているし (58〜59頁)、労働者が売る労働の長さを「8、10、12、15時間」として複数提示することで (20頁)、けっして労働日の長さが一定ではないことも自覚されている。しかし、利潤 (剰余価値) の発生論においては、労働日問題は存在せず、それは最初から「丸1日」という所与の、しかも日単位の長さに設定されているのである。これは、多くの古典派経済学者が陥っていたドグマ (**労働日一定のドグマ**) を踏襲するものであり、このドグマのせいで、労働日のさらなる延長による剰余価値 (特殊なものとしての絶対的剰余価値) の生産論も欠落することになったのである。

利潤と賃金との反比例関係

さらに、労働日の大きさを所与のものとみなす誤りは、利潤と賃金との反比例関係という、古典派経済学の最大の理論的成果の1つである命題にも影響を及ぼしている。『賃労働と資本』においてマルクスは、この反比例関係を一般的法則として次のように定式化している。

では、賃金と利潤の騰落をその相互関係において規定している一般的法則はいかなるものだろうか？
　両者は反比例関係にある。資本の交換価値である利潤が上昇するのと同じ割合で、労働の交換価値である賃金は下落し、その逆は逆である。利潤が上昇するのと同じ度合いで賃金は下落し、利潤が下落するのと同じ度合いで賃金は上昇する。(46頁)

　後述する「資本の交換価値」という表現の問題を別にすれば、ここで提示されている命題は、利潤と賃金との、したがって資本と賃労働との根本的な対立関係を示すものであり、事実上の相対的剰余価値論を提示するものであって、何ら問題がないように見える。しかし、後の『資本論』においてマルクスは、この法則はただ、労働日の長さと労働強度とが一定であるという前提が置かれた場合のみ正しいのだとしており、リカードはこの前提を無視してこの法則を一般化してしまっていると批判している（KⅠ, 678頁, S.546）。
　私はこれを、先の「労働日一定のドグマ」を含めて「リカードのドグマ」と呼んでいるが、マルクスはこのドグマの真の問題性を理解するのにかなりの理論的苦闘をしているのであり、したがってこれは、一見何でもないように見える問題が実は深い含意を秘めていることの、1つの典型的な事例であると言うことができるだろう。
　『賃労働と資本』には他にも種々の限界や欠落が見出せるのだが、そのすべてを列挙するのは、あまりにも分量をとりすぎるのでやめておこう。それらの中でとくに「賃金」草稿やエンゲルスの序論と直接関わるものについては、それぞれの節の中で論じられるだろう。

第4節　「賃金」草稿の意義とその具体的内容

　『賃労働と資本』はすでに述べたように未完の作品である。しかも、二重の意味でそうだ。すなわち、マルクスが『賃労働と資本』の冒頭で提示した3部構成のうち「1」しか扱われていないという意味で未完成であるだけでなく、この「1」そのものがおそらく途中で終わっているという意味でも未完成なのである。
　読者は誰でも、『賃労働と資本』を読んだ時、それが非常に中途半端な終わ

り方をしていることに気づくだろう。いったいその続きでマルクスが何を書こうとしていたのか、気になるに違いない。実を言うと、その執筆されなかった後半部分の原型とも言える手稿が存在する。1847年の12月末に執筆された「賃金」草稿がそれである。これは『新ライン新聞』の連載記事そのものの原稿ではなく、1847年に労働者に対してなされた講演の後半部分に関わる抜粋と準備ノートである。

エンゲルスはその1891年版序論で、『賃労働と資本』の続きの部分の原稿は発見されなかったと述べている（126頁）。原稿としてはたしかにその通りだが、しかし、その残りの部分と関連していると思われる講演用の準備ノートは残されていたわけである。それゆえ読者は、『賃労働と資本』と並んでこの「賃金」草稿を読んではじめて、『賃労働と資本』の全体像を把握することができるし、またこの時点でのマルクスの理論的到達点を知ることができるのである。

そこで次に「賃金」草稿の内容についてごく簡単に見ておこう。全体として要約することは紙幅を取りすぎるので、『賃労働と資本』とは記述が重なっていない部分を中心に、マルクスの理論形成史に関わるいくつかの興味深い記述についてのみ紹介しておきたい。

資本構成の高度化と過剰人口

まず第1に、「賃金」草稿では、生産資本の増大が労働者に及ぼす影響について論じる中で、マルサスの人口論に対する批判を1つの重要な課題に設定しつつ、後に『資本論』において「資本の有機的構成の高度化」として把握されることになる論理を明快に展開している。「資本の有機的構成」ないしより簡潔に「資本構成」とは、生産資本を構成する2つの部分、すなわち機械や労働用具や原材料（これらのものは「生産手段」と総称される）にあてられる部分（不変資本）と労働力の購入にあてられる部分（可変資本）との価値関係のことであり、その高度化とは、技術の発展と生産規模の拡大とともにこの関係が変化し、資本全体に占める前者の割合が逓増し、後者の割合が逓減していくことである。マルクスは『資本論』第1巻の「資本の蓄積過程」において、何よりもこの論理にもとづいて、資本主義における過剰人口の創出と労働者の貧困化を説いている[8]。

ところが、『賃労働と資本』では、生産資本の増大が労働者に及ぼす影響を

第1章

テーマとしているその「5」において、この資本構成の高度化論が（少なくとも明示的には）存在しないのである。それどころか、そもそもそこでテーマになっているのはあくまでも生産資本の増大と賃金との関係であって、過剰人口の発生そのものではない。労働者の過剰についても語られてはいるが、それはあくまでも労働者間競争の激化を招いて賃金の低下を引き起こす要因としてである。『賃労働と資本』には、「賃金」草稿で頻出している「過剰人口（Überbevölkerung）」という言葉さえ登場しない。つまり、『賃労働と資本』の「5」では、後に『資本論』の「蓄積過程論」で固有のテーマとなる相対的過剰人口の発生と労働者の貧困化のうち、後者だけが主要なテーマとされているのである。したがって、『賃労働と資本』だけを読んだ読者は、あたかもこの時期のマルクスがまだ資本構成の高度化による過剰人口の発生メカニズムを理解していなかったかのように誤解しかねない。しかし、「賃金」草稿を読むとけっしてそうでないことがわかる。

　まず、すでにその「B」部分において、シスモンディの弟子であるシュルビュリエから、資本構成に関わる部分を引用している（86～87頁）。そして、後の『賃金・価格・利潤』を読めばわかるように、マルクスはこの資本構成の高度化法則について先駆的に指摘した経済学者の一人としてこのシュルビュリエの名前も挙げているのである（242頁）。そして、マルクスはこのシュルビュリエからの引用にもとづきつつ、今度は「C」部分において、生産資本の増大が労働者の賃金に及ぼす影響を論じる中で、この法則について非常に明快に論じている。まず、「Ⅰ、生産力の増大は賃金にどのような影響を及ぼすのか」の中で、マルクスは次のように書いている。

> 　生産資本のうち機械と原材料にあてられる部分が、必需品の供給にあてられる部分よりもずっと急速に増大する。したがって、生産資本の増大にともなって、労働に対する需要が同じだけ増大するわけではない。
> 　賃金は次のものに依存している。
> （a）全体としての生産資本の量。
> （b）その各構成要素の割合。
> 　労働者はこのどちらに対してもまったく影響力を持たない。（89～90頁）

---

(8) ただしマルクスの相対的過剰人口論は資本構成の高度化論だけから成り立っているのではない。この点に関しては、拙書『ラディカルに学ぶ「資本論」』（2016年、柘植書房新社）の第1章と前掲拙書『マルクス経済学・再入門』の第14講を参照せよ。

第4節　「賃金」草稿の意義とその具体的内容

　このように、「不変資本」「可変資本」という言葉も「資本構成」という用語も登場していないが、実質的に資本構成の高度化法則がはっきりと言われていることがわかる。さらに、この「Ⅰ」の部分と深く関連している「Ⅵ、救済案」の「3の（ｂ）」の部分において、マルクスはより詳細にこの法則について展開している。この部分ではまず、『賃労働と資本』と同じく、生産資本の増大は同時に労働者に敵対的な力（マハト）の増大であること、生産資本が大規模になるほど分業と機械が大規模に導入され労働が単純化されて、労働者間競争が激化すること、また小産業家や金利生活者が没落して労働者の隊列に加わっていっそう労働者間競争が激化すること、生産力の増大とともに資本間の競争もますます激化すること、等々が言われている。これらはすべて『賃労働と資本』の叙述と重なっている。

　しかし、それに続けてマルクスは、「われわれは事態をもっと単純に定式化することができる」（107頁）として、生産資本を技術的に構成する3つの部分（1、原材料にあてられる部分、2、機械や補助材料にあてられる部分、3、労働者の生計費にあてられる部分）を列挙し、その上で「生産資本が増大する場合、この3つの構成部分はお互いにどのような関係になるだろうか」（107頁）と問うている。そして、生産規模が拡大し機械や分業が発展するにつれて、1と2の部分が3よりも不均等に増大すること、したがって「生産資本のうち機械と原材料に転化する部分」、つまり不変資本が増大するにつれて、「生産資本のうち賃金にあてられる部分」、つまり可変資本が「同じように増大するわけではない」ことが指摘されている（108頁）。そして、同じように増大しないどころか、むしろこの可変資本部分が機械化によって減りさえすることを指摘しており、その上で、総括的に次のように述べている。

　　　したがって、生産力が増大するにつれて、生産資本のうち機械と原材料とに用いられる部分、すなわち本来の資本が、賃金にあてられる部分に対して不釣り合いに増大していくということ、つまり言いかえれば、労働者が、生産資本の総量に対して相対的にますます小さくなる部分を自分たちのあいだで分け合わなければならないということ、以上は、資本と労働との関係の本質から必然的に生じる一般的法則なのである。（110頁）

　以上見たように、「賃金」草稿では、生産資本の増大に伴って資本構成が高度化するという論理が非常にはっきりと提出されており、それにもとづいて過

第 1 章

剰人口論も明瞭に説かれている。

> それゆえ彼らの競争はますます激しくなる。言いかえれば、生産資本が増大すればするほど、労働者のための雇用手段ないし生活手段は相対的にますます減少するのであり、つまり言いかえると、労働人口は雇用手段と比べてますます急速に増大する。そして、以上のことは、全体としての生産資本が増大するのと同じ割合で増大するのである。(110〜111頁)

しかし、他方では、「賃金」草稿では、資本間の競争の激化という論理は存在するが、『賃労働と資本』で見られた特別剰余価値論の原型となるような議論は展開されていない。つまり、「賃金」草稿では、競争論を含みつつも、主として「資本と労働との関係の本質から必然的に生じる一般的法則」にもとづいて過剰人口と労働者の賃金低下を説こうとしているのに対して、『賃労働と資本』では、特別剰余価値の追求という資本間競争の論理にかなり特化して労働者の賃金低下を説こうとしていることがわかる。単純化して言えば、「賃金」草稿では「資本一般」の論理が、『賃労働と資本』では競争論の論理がより強く出ていると言えるだろう。

労働組合の意義と限界

「賃金」草稿の中で『賃労働と資本』と重なっていない部分として、資本構成の高度化論と並んで重要なのは、「C」部分の「Ⅶ、労働組合」であろう。そこにおいてマルクスは、ブルジョア経済学者たちの労働組合無用論に抗して、労働組合と団結の意義を明快に説いている。労働組合がその直接的目的（賃金の維持）に限定されているかぎり、その敗北は必至であるが、しかしそうした一連の闘争を通じて労働者の団結と統一が実現されていき、やがて旧社会全体の転覆が準備されていくのだ、と。

> ブルジョア経済学者のこうした反対論はすべて、すでに述べたように正しいが、彼らの見地から見て正しいにすぎない。もしこれらの組合において実際に問題になっているのが、表面上それが扱っていることだけだとするならば、すなわち賃金を決定することだけだとするならば、そしてもし労働と資本との関係が永遠ならば、このような団結は事物の必然性からして成果なく水泡に帰すことになるだろう。しかし、それは労働者階級を統一する手段であり、階級的諸矛盾を伴った旧社会全体の転覆を準備する手段なのである。(118頁)

このような「労働組合の意義と限界」という二重の観点はすでに『哲学の貧困』の末尾の部分で詳しく論じられていたことであり（そこでの主たる論敵はプルードン派をはじめとする空想的社会主義者たちだった）、また基本的にはかなり後まで維持される観点でもある。

しかし、この時点での労働組合論には2つの重大な制約があった。まず第1に、当面する課題のための組合の闘争に対する過小評価である。賃金をその最低限で規定するこの時点での理論的立場を反映して、マルクスは賃金の維持や引き上げにおける労働組合の独自の意義をほとんど認めておらず（賃金維持の試みは「物事の必然性からして成果なく水泡に帰す」）、また労働日の制限については言及さえしていない。労働組合はただ、現在の社会秩序を転覆するための政治的準備手段としてのみ評価されている。

第2に、今度は逆に、労働組合が果たすべきだと想定されている、賃金制度廃止のための準備としての役割に関しては、過大評価が見られる。「賃金の最低限」の中に「ブルジョアジーに対する戦費」を入れるとか、「自らの革命活動をその生活における最大の楽しみに」する（119頁）という叙述に見られるように、労働組合を通じた労働者の統一と団結がそのままブルジョア秩序そのものに対する革命に結びつきうるかのように書かれている。だが、労働組合は、それがどんなに高度な階級意識を発展させたとしても、賃金制度廃止のための組織的中心になるにはあまりにも制約された存在なのであり、マルクスも後にはそのことを理解するようになる[9]。

第5節　エンゲルスによる序論と修正

次に1891年版の『賃労働と資本』にエンゲルスが寄せた序論を見てみよう。冒頭でエンゲルスは、『賃労働と資本』の最新版を1万部以上刷ることにしていると述べている。そもそもこのような大部数で普及することが可能となったのは、この序論が書かれた前年に本国ドイツで社会主義者鎮圧法が廃止されたからである。それ以前に『賃労働と資本』の最新版が出されたのはこの序論によると1884年だが、この時点では1878年に制定された社会主義者鎮圧法がま

---

(9) この点については、前掲拙書『ラディカルに学ぶ「資本論」』の第4章を参照せよ。

だ健在であった。それゆえ、『賃労働と資本』をドイツ国内で大規模に印刷することができず、外国のスイスで印刷して秘密裏に持ち込むしかなかったのである。しかし、鎮圧法にもかかわらず社会民主党の運動は拡大するばかりであり、結局、鎮圧法は廃止せざるをえなくなった。こうして、晴れてこの『賃労働と資本』も国内で大々的に普及することが可能になったわけである。

しかし、すでに見たように、『賃労働と資本』には種々の限界が見られた。したがって、それを労働者向けの宣伝パンフレットとして広く普及する場合には、一定の修正が必要であるとエンゲルスがみなしたのも十分理解できるところである。

「労働」から「労働力」へ

とはいえ、『賃労働と資本』を『資本論』の水準に合わせて修正するとなると、これもほとんど原形を残さないほどの全面的な改訂にならざるをえず、それでは『賃労働と資本』を再版することの意味がなくなってしまうだろう。それゆえ、『賃労働と資本』における種々の限界のうち、とくに修正が必要と思われる理論的優先度の高いもの、かつその修正の度合いが少なくてすむものだけを最小限修正するという選択をせざるをえない。

それゆえ、エンゲルスは、自らその序論で言うように、その修正の対象を基本的に、「労働の売買」という表現およびそれに類する表現において「労働」を「労働力」に置きかえることに自己限定したのである（ただし後で見るように、それに完全に自己限定したわけではなかったのだが）。

すでに述べたように、『賃労働と資本』では、マルクスは、基本的に古典派経済学の議論にもとづいて、労働者は資本家に自分の活動である労働そのものを商品として販売するのであり、その価格が賃金であるとみなしていた。まさにそれゆえ、最初に利潤の発生が解明される場面では、労働時間レベルではなく、価値ないし価格レベルで説明されていたのである。なぜなら、労働時間レベルで説明すると、エンゲルスがこの序論でも述べているように、12時間労働の価値は6労働時間であるというような奇妙な表現にならざるをえないからである（135頁）。

このような立場は後の「要綱」で克服され、労働者が資本家に売っているのは実は「労働」そのものではなく、その発生源である「労働能力」ないし「労

力」であって、したがって、賃金は「労働の価格」ではなく、「労働（能）力の価値」であるとする立場に転換した。そしてそのことによってはじめてマルクスは、資本家と労働者とのあいだの形式的には等価な商品交換を通じて、いかにしてなぜ、資本家による剰余価値の搾取という不等価な結果が生じるのかを商品の価値法則にのっとって説明することができたのであり、したがってまた、剰余価値の発生を、労働力価値を補填する労働時間と労働者が1日に行なうことのできる労働時間との差として、厳密に説明することができるようになったのである。

　これは、マルクスの剰余価値論を理解する上で必要不可欠な部分なので、労働者向けの宣伝パンフレットとして再刊するに際して、エンゲルスがこの部分を修正することを決意したのは、その限定された目的からして基本的に正当だったとみなすことができるだろう。

2つの留保

　しかし、ここで誤解が生じないようただちに2つの留保をしておく必要がある。まず第1に、エンゲルスは必ずしも、問題となる「労働」という表現をすべて「労働力」に置きかえたわけではないということである。むしろ「労働の価格」という表現は広範に残されている。それというのも、エンゲルスは、『賃労働と資本』での修正箇所の中で、「それゆえ賃金は労働力の価格、通常、労働の価格と呼ばれているものにつけられた……特殊な名前にすぎないのである」（68頁）というように、傍点部分を挿入することで、「労働の価格」と表現されている多くの部分をいちいち「労働力の価格」に修正する手間を省いたのである。

　第2に、オリジナルの『賃労働と資本』にも実はすでに、「労働能力（Arbeitsfähigkeit）」（36頁）や「労働力（Arbeitskraft）」（38頁）という表現が見られるし、あるいは、本章ですでに引用した文章にも「労働と力（Arbeit und Kraft）」（38頁）という表現が存在することである（本書、33頁）。他にも、「創造的力（schöpferische Kraft）」や「再生産力（reproduktive Kraft）」（37頁）という用語も用いられている。また、最初に「労働の価格」について言及したときにもマルクスは、この「労働」のことを、「他ならぬ人間の肉と血を容器とするこの独特の商品」と呼んでいる（16頁）。「人間の肉と血を容器とする」こ

とができるのは明らかに「労働」ではなく、「労働力」の方であろう。つまりマルクスは、すでにこの『賃労働と資本』の時点で、「労働」から「労働力」ないし「労働能力」への転換に足を踏み出しはじめていたのである[10]。

そしてこのような転換は古典派経済学の発展の流れからして、ある意味で必然的であった。というのも古典派経済学者たちは、表現上は「賃金は労働の価格である」と言いつづけながら、その賃金の具体的中身に入るやいなや、労働そのものの価格について語るのではなく、それを労働者の生活を再生産するのに必要な生計費で説明しており、事実上、賃金を労働力ないし労働能力の再生産費として規定していたからである。しかも、古典派経済学の最後の代表者であるシスモンディに至っては、その『経済学新原理』において、一方では古典派経済学と同じく賃金を「労働の価格」としつつも、他方では、「労働」そのものと区別して「労働能力」ないし「労働力」を意味するさまざまな用語を繰り返し用いており、マルクス的認識にかなり接近していたのである[11]。

したがって、「労働の価格」から「労働力ないし労働能力の価値」への転換は、それ自体としては小さな一歩であった。しかし、表面上は小さな一歩にすぎないものが、既存の理論的パラダイムの転換を画するものになることはしばしば見られることである。この「労働から労働力への転換」もまさにそれであったと言えるだろう。

「v＋mのドグマ」の修正

エンゲルスは1891年版の序論において、次のように読者に説明している。

---

[10] 実を言うと、エンゲルスもかなり早い時期から、「国民経済学批判大綱」や『イギリスにおける労働者階級の状態』をはじめとするさまざまな文献において、マルクス以上に頻繁に「労働力」という用語を用いている。しかしそれは基本的に単なる「人手」の意味であり（現代でも「労働力不足」などと言うとき、そこで言われているのは「人手不足」のことである）、後の『資本論』的意味ではない。しかし時にはそれにかなり近い意味で使われている場合もある。たとえば「10時間労働法案」という1850年の論文の中でエンゲルスはこう述べている。「資本が少数者の手中にあって、多数の者がその労働力をこれらの少数の人々に売らざるをえないかぎり……」（全集7, 234頁, S.227-228）。しかしエンゲルスは、このことから古典派経済学の全体を覆すような理論的体系をつくり出しはしなかった。このことは、本格的な理論的転換がある用語の偶然的使用によっては生じないことを示している。

[11] 「労働」と「労働能力」との区別に関するシスモンディの貢献については、この欄外注では収まらないので、この節の最後に補論として論じておく。

第5節　エンゲルスによる序論と修正

　　私が行なった修正はすべてある一点をめぐってのものである。原文によれば、労働者は賃金と引き換えに自分の労働を資本家に売ることになっているが、この版では労働者は自分の労働力を売ることになっている。(128頁)

　このような言明にもかかわらず、エンゲルスは実はそれ以外の部分についてもかなりの修正を施している。たしかにその多くは字句上のマイナーな修正であり（典型的にはブリュッセルの貨幣単位であるフランを統一ドイツの貨幣単位であるマルクに修正したことや、「ブルジョア」を「資本家」に変えたこと、など）、ここでとくに言及するに値しないものである。しかし、エンゲルスによる修正の中で最も長文のものは、実は「労働力」への変更とは直接関係はなく、もう1つ別の問題と関係している。まず、マルクスの元の文章を見ておこう。

　　それに対して、相対的賃金は、蓄積された労働の価格との関係における直接的労働の価格を、賃労働の価値と資本の価値との割合を、資本家と労働者との相互的な価値を表現している。(45頁)

　この文章をエンゲルスは次のように書き変えている。

　　それに対して、相対的賃金は、直接的労働によって新たにつくり出された価値のうち、蓄積された労働、すなわち資本に帰属する分け前との関係における直接的労働の分け前を表現している。(71頁)

　この後に、この変更部分を補足する非常に長い追加文章があり、そのために、両部分を合わせて、修正版における最も長文の変更箇所となっているのだが、この変更の核心は、上に引用した変更部分にある。エンゲルスはマルクスの元の文章の何が問題であると考えたのだろうか？
　実はこれは、先に少し触れたいわゆる「v＋mのドグマ」と関係している。「v＋mのドグマ」とは、アダム・スミスの議論において最も顕著に表現されているドグマであるがゆえに、「スミスのドグマ」とも呼ばれているものである（ただし、「スミスのドグマ」にはもう1つ別の面もあるが、話が非常にややこしいので、ここでは論じないでおく。本書の第3章を参照せよ）。
　端的に言うと、これは、生産物の価値を、労働者が生産過程で新たに生み出した価値部分（これをマルクスは『資本論』では「価値生産物」と呼んでいる）に、つまりは可変資本（v）と剰余価値（m）（古典派にあってはこれらは「賃金と利潤」と表現される）の合計に還元してしまうドグマである。すなわち、生産物価値のうち生産手段価値の存在を忘れてしまって、あたかも生産物価値の

第1章

全体が賃金と利潤とに分かれるかのように考えてしまうドグマである。

　生産物価値を価値生産物に還元し、あるいは賃金と利潤とに意識的ないし無意識的に還元してしまう発想は、スミスからリカードへと受け継がれ、そして前期段階のマルクスにも部分的に受け継がれている。マルクスはこのドグマを、その後の一連の草稿の中でしだいに明確に批判するようになるのだが、それでもその痕跡は執拗に残り、後述するように『賃金・価格・利潤』にも部分的に見出せるのだが、最終的に、『資本論』第2部の第8草稿の中で最も明瞭な形で批判されるに至る。このような理論的発展を踏まえてエンゲルスは、この『賃労働と資本』のうちに、マルクス自身が後に克服するに至った「v＋mのドグマ」を踏襲している部分を発見したので、それを修正する必要があると考えたのであろう。

　マルクスは先に引用した文章の中で、相対的賃金を説明して、「蓄積された労働の価格との関係における直接的労働の価格」とか「賃労働の価値と資本の価値との割合」などと述べている。しかし、「蓄積された労働の価格」とか「資本の価値」には、普通に考えれば、生産手段の価値も含まれるはずである。しかし、ここでマルクスが本当に言いたかったことは、生産手段価値を含む資本の価値と賃金とを比較することではなく、利潤と賃金とを比較することである。しかし、この時点でのマルクスは、リカードと同じく、すでにできあがった生産物の価値をめぐる利潤と賃金との相互関係が問題になるやいなや、しばしば生産手段価値のことを忘れてしまい、あたかも、生産物価値から賃金を差し引いた部分がまるごと利潤（剰余価値）を体現するかのように考えてしまっているのであり、それをここでは「蓄積された労働の価格」とか「資本の価値」などと表現しているのである。

　エンゲルスはこの間違いに気づいたので、文章全体を思いきって書き直し、そのような誤解の余地が生じない文章に書き改めた。問題になっているのが生産物価値全体の分割ではなく、あくまでも「直接的労働によって新たにつくり出された価値」の分割であることがはっきり読者にわかるようにしたのである。

　続いてエンゲルスは、この修正を補足するために、長い追加文章を書いている。そこにおいてエンゲルスが企図したのは、基本的に次の2つである。まず第1に、マルクス自身が『賃労働と資本』の最初の部分で、「賃金は、労働者

によって生産される諸商品に対する労働者の分け前ではない」(18頁) と言いながら、その後、賃金が生産物価値からの労働者の分け前であるかのように書いていることとの理論的整合性をつけることである。第2に、改めて生産物価値が何によって構成されているかを整理することによって、それがけっして「v＋m」に、あるいはより通俗的な言い方をすれば「賃金と利潤」とに分かれるわけではないことを再確認しておくことである。そして、それとの関係で、この追加文章に「新価値（Neuwert）」(72頁) という表現が強調つきで登場していることにも注目しておきたい。「新価値」という概念は、マルクス自身が「価値生産物」の代わりにしばしば用いてきた概念でもあるからだ（本書の第3章を参照せよ）。

同じく、先の引用文の少し後にある「労働の価値と比較した資本の価値」(45頁) という表現、さらに「資本の交換価値である利潤が上昇するのに比例して、労働の交換価値である賃金は下落し……」(46頁) という表現についても、エンゲルスは、「労働の価値」や「労働の交換価値」を「労働の分け前」に、「資本の価値」や「資本の交換価値」を「資本の分け前」にそれぞれ変更している。これらも同じ趣旨の変更である。

したがって、実は、『賃労働と資本』におけるエンゲルスの修正は、マイナーな変更や字句上の修正を除いたとしても、けっして「労働」を「労働力」に修正するという「一点」をめぐるものではなく、それに加えて、「v＋mのドグマ」に関わる部分をも修正するという、大きな「二点」をめぐるものだったのである。エンゲルスが序論で後者についてあえて説明しなかったのは、おそらく、問題が非常にややこしく、その修正の理論的含意が読者に必ずしも理解されないとみなしたからであろう。

「v＋mのドグマ」の残存

とはいえ、エンゲルスは『賃労働と資本』に見られる「v＋mのドグマ」のすべてを修正したわけではなかった。先に少し触れたように、利潤（剰余価値）の発生メカニズムについて説いたところですでに「v＋mのドグマ」が見られた。その部分をもう一度引用しておこう。

> 彼はまさに、5グロッシェンでもって日雇い労働者の労働と力とを買い、それが2倍の価値を持った土地生産物を生み出し、5グロッシェンを10グ

第1章

ロッシェンにしたのである。(38頁)

　ここでマルクスは、「土地生産物」の価値の大きさを、賃金である5グロッシェンの2倍の10グロッシェンだとしている。この引用文の直前でマルクスは資本家の利潤を5グロッシェンだとしているのだから、ここでは土地生産物の価値は賃金と利潤とに分解されるものとして提示されており、したがってその土地生産物を生産するのに必要だった生産手段（労働手段と原材料）の価値が忘却されている。マルクスは、労働時間レベルで利潤の発生を説くのではなく、いきなり全体としての生産物価値のレベルで利潤の発生を説いているのだが、このことは、先に述べたように、「労働日」問題を看過することにつながっているだけでなく（リカードのドグマ）、それと同時に、生産手段の価値を忘れるという「ｖ＋ｍのドグマ」（スミスのドグマ）にもつながっているのである。

　「ｖ＋ｍのドグマ」の残存は他の箇所にも見出せる。実を言うと、無意識のうちに「ｖ＋ｍのドグマ」に陥りやすいパターンには、生産物価値をめぐる資本家と労働者との対立関係（価値の階級間分配）を考察する場面以外に、もう1つ有力なパターンがある。それは、生産力の変化による商品価値の変化を論じる場面である。この時も、無意識のうちに生産物価値が「価値生産物」に還元されてしまい、あたかも、商品生産の最終工程で生産力が（たとえば）2倍になれば、商品そのものの価値が2分の1になるかのような誤った説明をしてしまうのである。エンゲルスは、この第2のパターンにおける「ｖ＋ｍのドグマ」については見逃してしまっている。その典型的なパターンの1つが以下の部分である。

　　　私が紡績機を用いることによって、その発明以前と比べて1時間あたり2倍の糸を、たとえば50ポンドではなく100ポンドの糸を仕上げたとしても、私は、以前に50ポンドと引き換えに受け取っていたよりも多くの商品をこの100ポンドと引き換えに手に入れるわけではない。なぜなら、生産費が2分の1に下落したからであり、あるいは同じ費用で2倍の生産物を仕上げることができるようになったからである。(47～48頁)

　これは一見すると何も問題がない文章に見える。しかし、これは典型的な「ｖ＋ｍのドグマ」なのだ。マルクスの想定によれば、「私」は紡績機を用い

て、以前と比べて1時間あたり2倍の糸を紡ぐことができるようになり、たとえば50ポンドではなく、100ポンド紡ぐことができるようになっている。マルクスはここからただちに、「生産費（ここでは生産物の価値のことを言っている）が2分の1に下落した」とか、「同じ費用で2倍の生産物を仕上げることができるようになった」と結論づけている。実際には、生産手段の価値、すなわち、新たに用いられるようになった紡績機の磨耗分の価値とより多く紡がれるようになった原材料の価値とが、生産物の価値の中に入らなければいけないから、糸を紡ぐ労働の生産性が2倍になったからといって、紡がれた糸の価値そのものはけっして2分の1になったりはしないのである。

「私」が1時間あたり2倍の糸を紡ぐことで単位あたりの価値が2分の1になるのは「生産物価値」ではなく、最終段階で原材料に付与された新たな価値、すなわち「価値生産物」だけである。原材料や機械を生産する部門での労働生産性も同じだけ同時に上がるのでもないかぎり、生産物価値はけっして2分の1にはならないのだ（このように、「v＋mのドグマ」に陥りやすいこの2つのパターンは、本章の第3章で詳しく見るように、すでにリカードに見られる）。

以上見たように、『賃労働と資本』時点でのマルクスは、剰余価値論に関して古典派の代表者たちから3つの主要なドグマを受け継いでいたことがわかる。すなわち、賃金を「労働の価格」とみなす「古典派のドグマ」、労働日（と労働強度）を暗黙に固定的なものとみなして利潤と賃金との相反関係を一般化する「リカードのドグマ」、生産物価値の全体が利潤と賃金とに分かれるかのようにみなす「スミスのドグマ」（正確にはその1つである「v＋mのドグマ」）、である。これら3つのドグマは相互に深く関連しており、1つのドグマの解決は他のドグマの解決にもつながっていく性質を持っていた。その後のマルクスの理論的苦闘はまさに、この3大ドグマをしだいに理論的に克服する過程でもあったのである。

補論　シスモンディにおける「労働」と「労働能力」との区別

シスモンディはリカードとマルクスとを媒介する決定的な理論的「環」であるが、一般に日本のマルクス経済学のあいだでは軽視されている。それはマルクス自身が『共産党宣言』などの中で、シスモンディに対して小ブルジョア社

第1章

会主義者というような的外れなレッテルを貼ったからであり、また後に若きレーニンが、自国のナロードニキを批判する中で、そうした評価をいっそう確定するような議論を展開したからでもある。日本ではおおむね、シスモンディは恐慌論との関係でのみ重視されている。

　しかし、シスモンディの最大の理論的貢献の一つは、初めて「労働」と区別される概念として「労働能力」を提示し、賃金をその労働能力の価格とみなしたことである。シスモンディは「人手」の意味での「労力（main-d'œuvre）」や、「労働の生み出す（生産）力」という意味での「労働の力（pouvoir du travail）」と明確に区別した上で（しかし、日本評論社の既訳では必ずしも区別されていない）、「労働する能力ないし力」という意味での「労働能力」ないし「労働力」に相当する用語をさまざまに用いている。「faculté du travail」「puissance de travailler」「puissance de travail」「aptitude au travail」「force（de travail）」などである。これらの用語のうちシスモンディが最も頻繁に用いたのは「puissance de travailler（労働する能力 or 労働能力）」である。たとえば次のような箇所。

　　労働能力（puissance de travailler）はそれが充用されるやいなや所得となるが、まったく買い手が見出されないかぎりそれは無なのであって、たとえ全部充用されるにしても、それが要求されることの多少したがってその価値は増減する。（シスモンディ『経済学新原理』上，日本評論社，1949年，121頁）。

　ここでは「労働能力」の「価値」にさえ言及されている！　マルクスもこの一文の前半を『資本論』で引用しており（KⅠ, 227頁, S.187. そこでは「puissance de travailler」は「Arbeitsvermögen」というドイツ語で表現されている）、したがってシスモンディがすでに「労働能力」ないしは「労働力」に相当する用語を用いていたことを知っていた。しかしマルクスは何ゆえか、シスモンディを自己の「労賃＝労働力の価値」説の先駆者として位置づけてはいない。これは明らかに不当な看過である。しかし他方で、シスモンディは「労働の価格」という表現も引き続き用いており、古典派の理論的パラダイム転換を成し遂げるまでには至っていない。

　シスモンディは全体として、一方では古典派を超えるような議論をしつつ、他方では古典派の諸限界を引きずっている面もあるという２面性がある。この

両面性において、まさにシスモンディはリカードとマルクスとをつなぐ「環」なのである。

第6節　『賃金・価格・利潤』の背景と意義

　『賃労働と資本』の連載から15年以上後になされた講演をもとにしている『賃金・価格・利潤』は、すでに述べたように、マルクスの理論的成熟期（後期）に属している。そこでの記述は、『賃労働と資本』よりもはるかに洗練され体系的なものになっている。そして、私が『賃労働と資本』の諸限界として指摘した問題のほとんどがそこでは克服されている。まず、この講演がなされた背景について、簡単に振り返っておこう。

講演の背景ときっかけ

　『賃金・価格・利潤』の元になる講演が行なわれたのは、すでに述べたように、マルクスが『資本論』の草稿を書いている真っ最中の時期であり、おそらくその最後の第3部草稿の後半部の執筆にすでに入った後であると思われる。直接のきっかけとなったのは、国際労働者協会の創設メンバーでイギリスの古参活動家だった大工のジョン・ウェストンが、1865年4～5月に国際労働者協会の中央評議会の席上で、労働組合の賃金闘争が総じて無駄で有害であることを主張し、この問題について評議会で討論するよう求めたことである。評議会メンバーにこの主張を支持する者はいなかったが、ウェストンが評議会での討論を求めた以上、またこのような主張が有害であるのは明らかだったので、全面的な反論を行なう必要が生じたのであった。

　マルクスはまず、1865年5月20日に開催された国際労働者協会の臨時会合の場で即席の反論を行ない（1865年5月20日付マルクスからエンゲルスへの手紙）、5月23日の中央評議会の会合でも反論をし、さらに翌6月の20日と27日には、あらかじめ準備した詳細な論文（『賃金・価格・利潤』の元となったもの）を前半と後半の2回に分けて読み上げることで、本格的な反論を行なった。ウェストンの主張は、以前から空想的社会主義の追随者たちによって繰り返し言われてきたことの焼き直しにすぎず、マルクス自身すでに1847年の『哲学の貧困』において反論済みのものであった。だが、今回の反論においてマルク

第1章

スは、単に実践的に労働組合の意義を説くだけでなく、それをより高く位置づけるとともに、ウェストンの組合無用論の基礎となっている俗流的な経済学説をかなりまとまって批判したことから、恰好の『資本論』入門のような講演となった。

　この講演を出版しようとの話は当時からあったようだが[12]、エンゲルスへの手紙を見ると、マルクスはアンビバレントな態度をとっている。一方では、出版をマルクスに勧めた人々が、当時すでに非常に有名だったJ・S・ミルらとつながっていたので、この講演を出版することでそうした著名人に自分の理論が注目されるかもしれないと思われた。しかし他方では、論争対象となったウェストンは、経済学の専門家ではなく一労働者であり、またけっして敵ではなく国際労働者協会の古参の同志でもあった。さらに、すでに出版契約を交わしていた『資本論』が世に出る前に、そのエッセンスを先に公刊することにも躊躇を感じたようだ（1865年6月24日付マルクスからエンゲルスへの手紙）。この躊躇はもっともである。出版社に対して不義理になるであろうし、十分体系的に論じることのできない短い講演を通じて自分の理論が不正確に広がる可能性もあったからである。また、『資本論』が出る前にそのエッセンスを先出しすると、『資本論』そのものが与える理論的インパクトは明らかに大きく減じることになっただろう。

　エンゲルスも、ウェストンとの論争を出版するよりも、早く『資本論』を仕上げるよう促した（1865年7月15日付エンゲルスからマルクスへの手紙）。結局、この出版化の話はそのまま立ち消えとなったようだ。この原稿は結局、エンゲルスの死後にマルクスの娘エリノア（エレナ）の手によってロンドンで出版されることになった。英語版のタイトルは『価値・価格・利潤』であり、エリノアの夫エドワード・エーヴリングによる序文が付された。すぐ続けてドイツ語版も出されたが、その時のタイトルは『賃金・価格・利潤』であり、こちらの表題のほうが日本では定着しているし、より内容に即したものでもある。そし

---

[12] 新メガに収録されている当時の議事録によると、この講演の後半がなされた国際労働者協会の中央評議会の場ですでに、これをウェストン論文といっしょに印刷して出版しようとの提案がなされたが、マルクスはその場では財政的理由を持ち出して拒否している（MEGA: I/20, S.336）。ちなみに、その後の議事録の記録を追うと、このマルクスの講演で問題が決着したわけではなく、ウェストンは依然として納得せず、その後もこの問題をめぐって中央評議会内部で延々と討論が継続されていることがわかる。

第6節 『賃金・価格・利潤』の背景と意義

て、このパンフレットはやがて、『賃労働と資本』以上にマルクスの経済理論の入門書として世界的に普及し、その不動の地位を築くに至るのである。

マルクス－ウェストン論争の今日的意義

では、マルクスが自己の経済理論を平易に語る機会になったという以外に、このマルクス－ウェストン論争の今日的意義は何であろうか？ 解説などで通常言われるのは、ウェストンが主張したような、賃金をめぐるさまざまな俗論（たとえば、賃金の総額を固定されたものとみなす賃金基金説や、賃金と物価の悪循環論など）が今日でもはびこっていて、そうした議論を克服する上でこの『賃金・価格・利潤』が有用であるということだ。もちろん、その意義は否定しがたい。とりわけ、労働者の賃金低下がとめどなく進行している現代日本においては、賃金引き上げの意義を理論的に根拠づけることは、すぐれて今日的な意義を有している。しかし、さらに2つの意義をつけ加えておきたい。

まず第1に、この論争が、改良と革命、組合闘争と政治闘争との関係をめぐる論争の1つのプロトタイプをなしていることである。気をつけなければならないのは、ウェストンが組合無用論を唱えたのはけっして右派的立場からではなく、その逆に、いわば左派的な立場からであったということである。彼が依拠した理論が俗流経済学のそれであったので、ウェストンがあたかも右からの批判者であるかのような印象を持たれがちだが、実際にはウェストンは、偉大な空想的社会主義者であるロバート・オーウェンの信奉者であり（それゆえマルクスは講演の中でわざわざオーウェンの名前を挙げてウェストンを批判したのである）、創立以来の国際労働者協会の幹部でもあった。また、後にパリ・コミューンをめぐってマルクスが起草したインターナショナルの声明文（『フランスにおける内乱』）にも署名をしている[13]。

ウェストンは要するに、資本・賃労働関係そのものを覆さないかぎり労働者

---

(13) このパリ・コミューンに対する評価をめぐって後にイギリスの労働組合主義者はインターナショナルと対立するようになるのだから（参照、ケヴィン・アンダーソン『周縁のマルクス――ナショナリズム、エスニシティおよび非西洋社会について』社会評論社，2015年，230頁）、ウェストンがこの声明に署名していることの意味は大きい。パリ・コミューンの経験は、一方では、労働組合よりも広範な革命的自治機関の必要性をマルクスに教えるとともに、他方ではパリ・コミューンをめぐるイギリス労働組合の離反を通じて、労働組合の本質的に体制内的性格をマルクスに実感させた。

の地位の抜本的な改善は望めないのであって、労働組合による賃金上昇の企ては本質的に無力であると言いたかったのである。したがって、これに対するマルクスの応答は二面的なものであった。すなわち、ウェストンの組合無用論に厳しい反論をしつつ、かつ、ブルジョアジーによる階級支配を転覆することなしには労働者の抜本的な地位改善は望めないというウェストンの結論を支持することであった。だからこそマルクスは講演の冒頭部分で、「私の報告……の結論においては、彼の命題の根底にある正しいと思われる思想に私も同意している」(147頁)のだとわざわざ言っているのであり、『賃金・価格・利潤』の最後の部分もその点を意識したものとなっている。そして、この種の問題はその後も、繰り返し労働者運動の内部で提起され論争されることになる。

第2に、第1の点と不可分に関連しているが、このマルクス－ウェストン論争が、客観的法則性と主体的闘争との関係をめぐる論争のプロトタイプにもなっていることである。ウェストンは「客観的」な経済法則を持ち出しつつ、その法則に反する活動をしても結局は無駄であると説いている。それに対するマルクスの回答は、そうした客観的経済法則（それが正しく理解されたとして）がたしかに存在するとしても、それが労働者の運命を自動的に決めるわけではない、ということである。法則の存在そのものを否定するのではないが、その法則の作用範囲と貫徹の度合いには大きな幅と伸縮性があるのであり、労働者の闘いはその幅を利用することができるし、それをできるだけ労働者自身に有利なように広げることができるということである。

この点をとくにはっきりと示しているのは賃金の大きさと労働日の長さをめぐる労働者の闘争なのだが、この点については後で詳しく論じよう。なぜなら、これは『賃労働と資本』から『賃金・価格・利潤』にかけてのマルクスの理論的発展を先鋭に反映している論点でもあるからである。

『賃金・価格・利潤』の全体構成

『賃金・価格・利潤』は大きく言って2つの部分に分かれる。ウェストンの主張に直接反論を行なっている前半部分（1〜5）と、その基本となっている経済理論を反駁するために自分の経済理論を体系的に説明している後半部分（6以降）である。

まず前半部分においてマルクスは、資本家は賃金上昇分を価格に転嫁できる

というウェストンの前提を受け入れたとしても、それでも結局はウェストンの主張に対立する結果になることを、『資本論』第3部「資本の総過程」の前半部における自己の研究成果を踏まえて明らかにしている。その上でマルクスは、今度は後半部において、ウェストンの議論の前提となっている経済理論そのものをその基本点から批判し、価値と価格、賃金の本質、利潤の本質、両者の相互関係、などに関する説明を展開していく。そして、以上の基礎理論にもとづいて、マルクスは、実際に労働組合による賃金の上昇ないし維持のための闘いの意義と限界について明らかにしている。

　この後半部に関してはあらかじめ2つの点を注意しておかなければならない。まず第1に、ここでの議論はあくまでもウェストンの賃金論を批判するのに必要なかぎりでの一般理論の説明であって、資本主義システムの（たとえダイジェスト版であっても）体系的な記述を目指したものではないということである。マルクス自身、「この機会に適しているかぎりでの理論的な説明」（1865年6月24日付マルクスからエンゲルスへの手紙）にすぎないと明確に限定している。それゆえそこでの説明は、『資本論』第1巻の内容をけっして網羅するものではなく、また逆に部分的には『資本論』第1巻の範囲を越える内容も含まれている。第2に、労働組合について直接論じている場面では、必ずしも『資本論』では取り上げられていない諸論点（とりわけ賃金水準をめぐる組合闘争の意義）も含まれており、このことは、単に『資本論』のダイジェスト版に還元できない独自の価値を『賃金・価格・利潤』に与えるものとなっている。

第7節　『賃金・価格・利潤』の具体的内容

　次に、『賃金・価格・利潤』の具体的内容に入ろう。全体を詳細に解説する必要はないだろう。そんなことをすれば、それ自体が簡易な解説書である『賃金・価格・利潤』をさらに解説することになり、屋上屋を架することになるからである。そこで、ここでは、マルクスが自己の一般理論を解説した後半部に対象を絞って、『賃労働と資本』で見られた種々の限界がどのように克服されているのか、あるいは部分的に受け継がれているのか、だけを確認しておこう。

第1章

「労働力」概念の確立

まず、『賃労働と資本』と比べて『賃金・価格・利潤』において最も目につく決定的な前進は、資本家と労働者のあいだで売買されているものが「労働」ではなく「労働力」であると明示されていることであり、したがって賃金を「労働の価値ないし価格」とする俗論が徹底的に批判されていることである。

ただし、すでに述べたように、『賃労働と資本』でも、労働者が資本家に売っているものが実は労働をなす「力」や「能力」、あるいはそれが宿る身体であることは所々で言われていたのだが、その際にマルクスは、後に『資本論』で中心的表現となる「労働力（Arbeitskraft）」という用語だけでなく、「労働能力（Arbeitsfähigkeit）」という用語も用いていた。しかし、これらの用語は偶然的で無意識的なものであり、それらの用語が意味する決定的な理論的含意は『賃労働と資本』の時点では理解されていなかった。

その後、マルクスは「要綱」において「賃金＝労働の価格」説から脱して、その独自の剰余価値論の基礎を確立するのだが、その時マルクスが主として用いたのは、「労働力」ではなく、「労働能力（Arbeitsfähigkeit, Arbeitsvermögen）」の方だった。そして、『経済学批判』の原初稿や1861～63年草稿においてはマルクスは最初から一貫して「労働能力（Arbeitsvermögen）」を用いている。ごくたまに「労働力」を用いている場合もあるが[14]、ほとんどは「労働能力」である。しかし、1863～65年草稿になると、最初のうちは依然として「労働能力」が用いられているのだが、途中からしだいに「労働力」という表現も併用されるようになり、その頻度はしだいに多くなっていく。

この転換期においてなされたのがこの『賃金・価格・利潤』の講演であっ

---

(14) たとえば以下の箇所。「この労働能力の消費、すなわち労働力としてのその現実の実証、現実的労働…」（草稿集4, 101頁, II/3-1, S.57）、「なるほど、彼の労働能力を働かせるためには、労働者としての彼が前提されており、したがってまた労働力を発展させるためには、彼の生存に必要な生活手段も前提されている」（草稿集4, 224頁, II/3-1, S.127）、「分業が一定数の労働者の労働の効率性を高め、したがって絶えず諸労働力の一部を諸々の新たな就業部門へと解放し…」（草稿集4, 505頁, II/3-1, S.287）。「労働者が資本家に売るのは、彼の労働ではなく、労働力（working power）としての彼自身の一時的な使用である」（草稿集7, 165頁, II/3-4, S.1303）。これら4つの事例のうち、最初の「労働力」は、私が光文社古典新訳文庫版の『直接的生産過程の諸結果』に付した解説で指摘した「現実的なものとしての労働力」の系譜に属するものであると言える。なお草稿集の翻訳では「労働力」と訳されているが、原文では「Arbeitsvermögen」である箇所もある（草稿集4, 285頁, II/3-1, S.161）。

第7節　『賃金・価格・利潤』の具体的内容

た。この講演ではマルクスは最初から一貫して、英語で「労働力」に相当する用語を用いている（ただし、後に定着する「labour-power」ではなく「Labouring Power」であったが）。そして、それ以降に書かれた『資本論』第3部「主要草稿」の地代論や最終章である「諸収入とその諸源泉」では、完全に「労働力」に一本化されている。『資本論』でも、最初に登場する章（第1巻第4章）でだけ「労働能力」と併用されているが、その後は一貫して「労働力」が用いられている。

したがって、『賃金・価格・利潤』は、マルクスの剰余価値論形成史において、「労働」から「労働能力」への理論的転換と比べるとマイナーとはいえ、「労働能力」から「労働力」への用語上の転換の結節点に位置していると言えるだろう。

ただし、ここで2点だけ注意をしておきたい。まず第1に、労働者が資本家に直接的に売るのは「労働」ではなく「労働力」であるが（201頁）、労働力を売ることによって結果的にはその機能たる「労働」をも資本家に売ったことになる（209頁）。それだからこそ、賃金は「労働の価格」であるように見えるのだ。ちょうど扇風機を消費者に売れば、その機能である「涼しさ」をも消費者に売ったことになり、それゆえ商品の価値がその効用の価格であるように見えるのと同じである。だが、扇風機の価格を規定するのは「涼しさ」の価値（そんなものは測りようがない！）ではなく、あくまでもその涼しさを生み出す本体たる扇風機の価値なのであり、それを生産するのに必要な社会的労働時間なのである。

第2に、労働力を商品として把握することは、資本家と労働者との間の交換の本質を明らかにするものであったが、この労働力商品の価値の内実そのものに関しては、『賃金・価格・利潤』においても古典派や『賃労働と資本』と同じく、労働者の生計費と繁殖費に還元されており、労働力を生産するのに用いられた直接的労働（教育労働や家事労働など[15]）が看過されている。

「v＋mのドグマ」と「リカードのドグマ」の克服

では、エンゲルスが『賃労働と資本』において修正する必要性を感じたもう

---

(15) 教育労働については前著2を、家事労働については前著3を参照していただきたい。

第1章

1つの大問題である「v＋mのドグマ」についてはどうだろうか？　これについては両面的な結論が出てくる。

まず第1に、『賃金・価格・利潤』には、『賃労働と資本』以降の理論的到達点を踏まえて、「v＋mのドグマ」に陥らないように周到に説明している部分が存在する。典型的には、「12、利潤、賃金、価格の一般的関係」と題された節である（リカードはまさにこの関係を論じる中で「v＋mのドグマ」に陥っていた）。その冒頭部分においてマルクスは次のような理論手続きをした上で、利潤と賃金との一般的関係を考察している。

　　商品の価値から、その生産に使用された原材料やその他の生産手段の価値を補填する価値を差し引くなら、つまり、商品価値に含まれている過去労働を表わしている価値を差し引くなら、その価値の残りの部分は、最後に用いられる労働者によってつけ加えられた労働量に帰着する。この労働者が1日に12時間労働するとして、12時間の平均労働が6シリングに等しい金量に結晶化するとするなら、6シリングのこの追加価値は、彼の労働時間が生み出した唯一の価値である。彼の労働時間によって規定されるこの与えられた価値こそ、労働者と資本家とがそれぞれの分け前ないし取り分を引き出さなければならない唯一の元本であり、賃金と利潤とに分割される唯一の価値である。（219～220頁）

このようにマルクスは、商品価値からあらかじめ生産手段価値を明示的に差し引くという理論的手続きをした上で、その残る部分が、労働者が最終段階でつけ加えた「唯一の価値」（ここでは「価値生産物」ではなく「追加価値」と呼ばれている）であり、この「与えられた価値」部分のみが利潤と賃金とに分割されるのだと主張している。

そしてこの文章に続いてマルクスは、このように労働者が生産手段につけ加えた価値の大きさが固定されている場合には、利潤と賃金との相反関係が成り立つことを指摘している。したがって、マルクスは自覚的に「リカードのドグマ」をも克服している。

　　資本家と労働者とはこの限定された価値を、すなわち労働者の総労働によって測られた価値を分割するしかないのだから、一方の取り分が多ければ多いほど、他方の取り分は少なくなるし、その逆もまた同じである。一定の分量が与えられている場合には常に、一方の部分が増大すれば、逆に他方の部分は減少するだろう。賃金が変化すれば、利潤は逆方向に変化する。（220頁）

第7節　『賃金・価格・利潤』の具体的内容

　このように、利潤と賃金との相反関係が成立するのは、最終段階で労働者によってつけ加えられた価値が「限定された価値」であって、その「一定の分量が与えられている場合」のみである。したがって逆に、この「限定された価値」の大きさそれ自体が労働日の延長や労働強化によって増大するならば、賃金と利潤とは、あるいは労働力価値と剰余価値とは同時に増大しうるのである。

「v＋mのドグマ」の残存

　では、「v＋mのドグマ」に陥りやすいもう1つのパターンである、労働生産性ないし生産力の変化による商品価値の変化を論じている場面についてはどうだろうか？　残念ながら、ここではなお「v＋mのドグマ」の残存が見られる。
　たとえば、「6」において、マルクスは手織工と力織機との競争に触れ、力織機の登場で一定量の綿糸を織物に転換するのに以前の半分の時間ですむようになったとしつつ、次のように述べている。

> 　彼〔手織工〕の20時間の労働の生産物は今では10時間の社会的労働時間しか、すなわち、ある一定量の綿糸を織物に転換するのに社会的に必要な労働の10時間分しか表わしていない。したがって、彼の20時間の生産物は、彼のかつての10時間の生産物と同じだけの価値しか持たないのである。（193頁）

　この引用に登場する「生産物」を文字通りの意味に取るならば、当然にもその価値には原材料の価値と道具の損耗分の価値とが含まれているはずである。したがって力織機のせいで手織工の20時間の労働が今では10時間の労働の価値しか体現していないとしても、彼の20時間労働の生産物の価値はけっして10時間労働に相当するものになるわけではない。なぜなら、20時間中に消費された原材料の価値と道具の損耗分の価値が生産物の中に再現しているはずからである。ただし、ここに登場する「生産物」を「価値生産物」に書き改めるのならば、この引用文はまったく正しいものになる。
　しかし、この文章のすぐ後に登場する次の文章では、一転してきちんと原材料の価値が考慮されており、「v＋mのドグマ」に陥っていない。

> 　近代的な生産手段を用いることで、1人の紡績工が1労働日のあいだに、手動の紡ぎ車を使って同じ時間に紡ぎうるよりも何千倍も多くの綿花を綿糸に転化するとすれば、綿花の各1ポンドは以前よりも何千倍も少ない紡績労

57

働しか吸収しないだろうし、したがって、紡績労働によって各1ポンドにつけ加えられる価値は以前より数千分の一に減るだろうことは明らかである。それに応じて綿糸の価値は下がるだろう。(194頁)

ここでは、最終工程における生産力の増大に比例して下がるのは生産物の価値全体ではなく、あくまでもその工程で原材料の「各1ポンドにつけ加えられる価値」の大きさだけであることがはっきりと言われている。そして、「それに応じて綿糸の価値（つまり生産物の価値）は下がる」とだけ言われており、比例的に下がるとは書かれていない。しかし、マルクスは今度は「12」においては再び「v＋mのドグマ」に陥っている。

> たとえば、紡績労働のある生産力水準にあっては、12時間の1労働日は12ポンドの糸を生産するが、それよりも低い生産力水準にあっては2ポンドしか生産しないかもしれない。12時間の平均労働が6シリングの価値に実現されるとすると、前者の場合、12ポンドの糸は6シリングだが、後者の場合、2ポンドの糸が同じ6シリングだということになるだろう。(221〜222頁)

ここで挙げられている数字をよく見てみよう。マルクスの想定によれば、12時間の平均労働は6シリングの価値に実現される。つまり、12時間労働が生み出す価値は6シリングである。この12時間労働がある生産力水準にあっては12ポンドの糸を生産するが、別のより低い生産力水準においては2ポンドの糸しか生産しない。ここからマルクスは、前者の生産力水準においては12ポンドの糸の価値は6シリングで、後者の生産力水準においては2ポンドの糸が同じ6シリングの価値を持つと結論づけている。明らかに、原材料の価値も機械の磨耗分の価値も忘れられている。

このように、生産物価値をめぐる資本と労働者との対立が論じられている場面では生産手段の価値のことがまったく忘れられていないのに、生産力の変化による商品価値の変化が論じられる場面になると、しばしば生産手段価値のことが忘れられてしまうのである。したがって、この『賃金・価格・利潤』段階では、「v＋mのドグマ」の陥りやすい2つのパターンのうち、第1のパターンに関しては基本的にドグマが克服されているが、第2のパターンに関しては克服がなお不十分であるということがわかる。

価値と社会的労働

　では、『賃労働と資本』で見られたそれ以外の諸限界はどうなっているだろうか？　これらの諸限界はいずれも基本的に『賃金・価格・利潤』ではおおむね克服されている。

　まず、価値の実体の解明はいきなり資本主義的生産過程の場面で行なわれるのではなく、『資本論』と同じく単純商品流通の場面で行なわれている。これは、すでに述べたように、「労働力商品」という概念が確立されたからに他ならない。だからこそ、単純商品流通という等価交換が実体的に支配する場面から、形式的にのみ等価交換にもとづいている搾取と収奪という場面へと、大掛かりな場面転換が論理整合的に可能となったのである。

　また、「生産費」という曖昧な表現は消え去り、商品の価値はその生産に必要な労働によるものとして統一的に規定されている。さらに、『賃労働と資本』よりもいっそう踏み込んで、価値を形成する労働は「社会的労働」としてより厳密に規定されている（187頁）。

　1891年版の序論でエンゲルスが示唆しているように（130頁）、価値規定におけるこの進化は非常に重要であり、マルクス自身が『賃金・価格・利潤』で、「この『社会的』という修飾語には多くの論点が含まれている」（192頁）と述べている通りである。この新たな規定は、労働が行なわれる社会的諸条件の平均性や、価値を形成する労働（抽象的人間労働）の抽象的・普遍的性質を指示するだけではなく、価値を単に商品の生産に費やされた労働量で規定する「経済的」次元を越えて、商品の価値規定を多様な社会的諸次元に開かれたものにするものでもある[16]。それはまた、次に説明する労働力の価値規定における「歴史的ないし社会的要素」の導入にもつながっている。

「賃金の最低限」論の克服

　すでに述べたように、『賃労働と資本』では賃金はその最低限で規定されており、それゆえそれはかなり固定的なものとみなされていた。『賃金・価格・利潤』ではまさにそのような観点こそが厳しく批判されている。たしかに『賃

---

(16)　これについては、前掲拙書『マルクス経済学・再入門』の第2講および、以下の拙論を参照せよ。森田成也「『資本論』における経済法則と階級闘争――『資本論』150年とロシア革命100年によせて」『変革のアソシエ』第31号、2018年。

金・価格・利潤』においても、「労働の価値を多かれ少なかれその最低限へと押し下げる傾向」が存在することが指摘されているが（243頁）、それはあくまでも傾向にすぎない。

この『賃金・価格・利潤』においては、賃金ないし労働力価値の平均値はもはやその最低限で規定されているのではなく、それを超えて「歴史的ないし社会的要素」を含むものとして規定されている（235頁）。実を言うと、『賃労働と資本』や「賃金」草稿でも、その賃金規定にはこうした歴史的・社会的要素が事実上入っていたのだが（たとえばアイルランド人の賃金との相違といった議論）、それはあくまでも事実上のものでしかなく明示的なものではなかった。明示的に示されていたのは、むしろ、「精神的教養」は賃金に影響を及ぼさないという「賃金」草稿の文言に示されているように（100頁）、そうした社会的要素を軽視する立場であった。無意識的・潜在的なものが意識的・顕示的なものになることで、本当の意味で理論的パラダイムが変わるのである。

『賃労働と資本』や「賃金」草稿が書かれた時期においては、すでに述べたように、マルクスは「労働の価格」としての賃金を通常の商品の価格規定と単純に同一視し、そこからその生産費がその最も低い水準で規定されるとする論理が生じたのだが、『賃金・価格・利潤』では、マルクスは明示的に、労働力商品が通常の商品とは違って「歴史的ないし社会的要素」を含むのだと指摘している。そして、「こうした歴史的ないし社会的要素は、拡大することも縮小することも可能」（237頁）なのであり、それゆえ労働力の価値をかなりの幅を持った弾力的なものとして規定することができたのである。そして、労働力商品の最大の特殊性は実は、その担い手が生きた人間であり、労働者階級という主体的存在だということである。したがって、その価値の大きさは、次に述べる労働日問題と同じく、労働者の主体的闘争を敏感に反映するものにもなるのである。

剰余価値規定と階級闘争

すでに見たように、『賃労働と資本』では、剰余価値（利潤）の発生は最初から生産物価値のレベルでなされており、したがって1日の労働時間は与えられた大きさとして前提されていた。しかし、『賃金・価格・利潤』においては『資本論』と同じく、剰余価値の発生は労働時間レベルでなされており、した

がって剰余価値は、労働力価値を補填する労働時間を越えて労働日を延長させることによって本源的に発生するものとされている（205〜208頁）。

したがってまた、労働日そのものが可変であって、資本はできるだけそれを延長させることで、できるだけ多くの剰余労働を得ようとすることがきちんと言われている。

> われわれはこれまで、労働日には一定の限界があるものと仮定してきた。しかしながら、労働日それ自体に何か不変の限界があるわけではない。労働日をその肉体的に可能な最大限度まで引き延ばそうとすることこそ、資本の不断の傾向である。なぜなら、それと同じ程度で剰余労働が、したがってまたそこから生じる利潤が増大するからである。（227頁）

このような認識にもとづいて、マルクスはこの「資本の不断の傾向」に対する労働者の闘争がきわめて重要であることを指摘する。なぜなら、労働日の長さはきわめて弾力的であって、具体的には「闘争当事者たちのそれぞれの力」によって決せられるからである（239頁）。そして、それは最終的には、労働者の圧力を受けた「立法の介入」によってしか解決されない性質のものであり、純粋な経済的行動を越えた労働者の「全般的政治行動」（239頁）をも必要とする。そして、労働者側の抵抗とこの立法的介入がなければどのような事態になるかについてマルクスは、自由時間論と絡めて次のようにきわめて生々しく描き出している。

> 時間は人間の発達の場である。いかなる自由時間も持たない者、睡眠や食事などによる単なる生理的な中断を除いて、その全生涯が資本家のための労働に吸い取られている人間は、役畜にも劣る。彼は単に他人の富を生産するための機械にすぎないのであり、体は壊され、心は荒れ果てる。だが、近代産業の全歴史が示しているように、資本は、阻止されないかぎり、しゃにむに休むことなく労働者階級全体をまさにこのような最大限の荒廃状態に投げ込むことだろう。（229〜230頁）

ここでマルクスが言っていることは、現代日本の労働者が置かれている状況とも十分符合している。「1日24時間365日働け」と本気で呼号する経営者がいて、過労死や過労自殺が後を絶たない現代日本は、まさにマルクスがここで告発している通りの状況にあると言えるだろう。

さらに、この『賃金・価格・利潤』では、単に労働時間の延長が問題にされ

ているだけでなく、労働の強化についても取り上げられている（231頁）。これもまた、『賃労働と資本』以降におけるマルクスの理論の発展を反映したものである。古典派にあっても前期マルクスにあっても、労働時間のみならず労働強度も所与の大きさであったからである。

労働組合の意義と限界

では、「賃金」草稿で見られた労働組合論との関係はどうだろうか？ 『賃金・価格・利潤』においても、その最後の部分に見られるように、労働組合の意義と限界という二重性論は維持されている。しかし、1847年における「賃金」草稿の時よりも、直接的な課題のための闘争に対する評価ははるかに高くなっている。「賃金」草稿でも、すでに述べたように、労働組合否定論に対する批判はなされていたのだが、直接的課題のための組合の闘争に対する意義づけはかなり低かった。組合の直接的闘いは、賃金制度廃止に向けた労働者の統一の契機になるという政治的意味においてのみ肯定されていたように見える。『賃金・価格・利潤』でもそうした政治的観点は維持されているが、しかし、当面する課題のための闘争は、それ自体としても、すなわちその経済的意味においても肯定されている。

言うまでもなく、その典型例は、賃金と労働日をめぐる労働者と労働組合の闘争であり、すでに明らかにした賃金と労働日の問題をめぐるマルクスの理論的発展が、この実践的問題における発展にもつながっているのである。

たとえば、『賃金・価格・利潤』においてマルクスは、「一般論」としては、労働力の「市場価格は結局のところ、その価値に一致する」とし、「そのあらゆる上昇下降にも関わらず、そして労働者が何をしようとも、平均すれば、労働者は自分の労働の価値を受け取るのであって、この労働の価値は労働力の価値に帰着」する（235頁）と述べている。これだけを見るなら、労働者の闘争には何ら独自の意義がないかのように読めてしまう。しかし、マルクスはただちにそれに続けて、労働力商品には実は独自の特徴があるとして、すでに述べたように、その価値には「歴史的ないし社会的要素」が含まれていることを指摘している。したがって、労働力の価値そのものが、何らかの固定された額なのではなく、一定の幅と弾力性とを持っているのである。

それゆえ、労働の市場価格が景気循環を通じて結局は労働力の価値に一致す

るとしても、この価値そのものに幅があって、より高い場合とより低い場合とがありうることになる。労働者がその組織的力を通じて、好景気のときにより多くの賃上げを勝ち取り、不景気の時により賃下げに抵抗することができるならば、その平均化された水準そのものがより高い位置になるだろう。逆に労働者が好景気のときに賃上げのためにほとんど闘わず、不景気の時に賃下げを無抵抗に受け入れるならば（現代の日本のように）、平均化されたその水準はより低い位置になるだろう。

　同じことは、労働日の問題についても言える。すでに述べたように、労働日の長さは、肉体的な最大限の範囲内においてさまざまなパターンが可能なのであって、結局のところ、その具体的な長さは何よりも労働者の闘争とそれを背景にした法的規制のレベルによって決定される。実際、異常に長い労働時間が常態化している日本と、労働時間の短いドイツでは、同じ資本主義でありながら、その年間労働時間数には数百時間もの差があるのであり、その原因が、両国における労働者の組織的力の差（それはそれで多くの歴史的諸条件と過去における労働者の諸闘争の累積的結果である）にあるのは明らかであろう。

　こうしてマルクスは、その新たな賃金規定と労働日問題の解明を通じて、経済法則の相対的に客観的な性格と階級闘争の相対的に主体的な意義とが両立しうる「開かれた論理」を発展させることができたのであり、それこそがまさに、労働者や労働組合の闘争の意義を、1847年の「賃金」草稿よりもはるかに高く位置づけることを可能にしたのである。

　しかし、資本主義の枠内でのこうした諸闘争には限界があり、資本の蓄積運動を前提とするかぎり、資本構成の高度化（『賃労働と資本』では明示されていなかったこの論理がここでは明示されている）や過剰人口の創出などを通じて労働者にとって不利な状況がますます進行していく（241～242頁）。したがって労働者はその当面する課題のための「ゲリラ闘争」（244頁）を遂行するだけでなく、その闘争を通じて、資本主義そのものの転覆を準備しなければならない。さもなくば、労働者は最終的には敗北する運命にあるだろう。『賃金・価格・利潤』の結論はまさにそのようなものである。

　以上見たように、『賃金・価格・利潤』は、『賃労働と資本』に見られた理論的限界のほとんどを自覚的に克服しており、マルクスがこの間に成し遂げた理論的歩みの大きさをはっきりと示している。

第1章

　以上、本章では、『賃労働と資本』と『賃金・価格・利潤』という2つの啓蒙的文献の詳しい検討を通じて、この間におけるマルクスの理論的発展を概括した。次の第2章と第3章では、この理論的発展の基軸である「リカードのドグマ」と「スミスのドグマ」の克服過程について、より詳細に見ていこう。

第2章

マルクス剰余価値論の形成と「リカードのドグマ」

　本章における議論は、私の前著1（『資本と剰余価値の理論』）で展開した標準労働日論を前提しているので、前著1を読んでいただければ幸いである。ただし、同書を読まなくても本章の内容が理解できるよう、最小限必要な説明はしてある。

　一般に、古典派経済学からマルクス剰余価値論への飛躍にとって決定的な結節点となったのは、「労働」と「労働力」とを区別し、賃金を「労働の価値ないし価格」としてではなく「労働力の価値」として再把握したことだとみなされている。これはまったく正しいが、それと並んで、あるいはそれと深く関係して、労働日ないし労働量をアプリオリに与えられた一定量とみなした上で剰余価値を事実上、相対的剰余価値に還元する「リカードのドグマ」を理論的に克服したことも、マルクス剰余価値論の確立と発展にとって、より限定的には絶対的剰余価値論の確立と発展にとって重大な跳躍点だった。だがこの点はこれまでの『資本論』成立史研究では本格的に探求されてはこなかった[1]。

　前著1（『資本と剰余価値の理論』）の第4章で簡単にこの問題について論じた

---

(1) 『資本論』成立史研究において「リカードのドグマ」（そういう表現はされていないが）を一定重視した文献として以下のものがある。杉原四郎『ミルとマルクス』（ミネルヴァ書房、1957年（本章では増補版を使用））、原伸子「マルクス『経済学手稿（1861－63年）』における剰余価値論――『マルクス・エンゲルス著作集』、ロシア語第2版、第47巻によせて」（『産業労働研究所報』第71・72合併号，1978年）、岸徹「ディルクの剰余価値論」上下（京都大学『経済論叢』第125巻3号，第126巻12号，1980年）、同「マルクスの絶対的剰余価値論――ディルクとマルクス」（京都大学『経済論叢』第126巻3・4号，1980年）、時永淑『古典派経済学と『資本論』』（法政大学出版，1982年）、山田鋭夫『経済学批判の近代像』（有斐閣，1985年）、大村泉「剰余価値＝剰余労働把握におけるマルクス経済学の独自性――『資本論』第1部第5編の表題変更」（研究年報『経済学』第55巻4号，1994年）。これらの中で最も「リカードのドグマ」について詳しく論じているのは原伸子氏の論文であり、同論文は、「要綱」におけるマルクスが十分にリカードの「労働日一定のドグマ」を克服していなかった点をそれなりに正しく指摘している。

が、紙幅の関係上、あまり詳しく論じることはできなかった。そこで本書のこの第2章において、この「リカードのドグマ」についてより詳しく論じるとともに、それを基軸にして古典派経済学からマルクス剰余価値論への、そしてマルクス剰余価値論それ自身の発展の基本線とその限界線を明らかにする。ここでとくに焦点となるのは絶対的剰余価値論の形成過程である。「リカードのドグマ」が前提していて説明しなかったものこそこの絶対的剰余価値だからであり、マルクスによるその克服過程そのもののうちに、剰余価値論そのものの発展過程が示されているからである。なぜなら絶対的剰余価値の生産こそ、「資本主義システムの一般的基礎であり、相対的剰余価値の生産の出発点」(KⅠ, 661頁, S.532)[(2)]だからであり、前著1で述べたように、絶対的剰余価値は相対的剰余価値と並ぶ特殊な剰余価値であるとともに剰余価値一般でもあるからである。

　また、本章の最後に、前著2(『価値と剰余価値の理論』)で得られた新しい知見にもとづいて、この「リカードのドグマ」のもう1つの側面についても検討する。それによって、「リカードのドグマ」の全体像とマルクスにおけるその克服の限界も明らかとなるだろう。

第1節　「リカードのドグマ」とは何か？

　最初に、前著1の第4章で明らかにした「リカードのドグマ」について、一定の補足をしつつ再論しておこう。

(1)「リカードのドグマ」とその内実

　「リカードのドグマ」とは、古典派の限界内部で剰余価値論を最も完成させたリカードにおいて典型的に見られる剰余価値(利潤)論上のドグマである。それは何よりもリカードが、アプリオリに労働日(と労働強度)を与えられた不変量とみなし、剰余価値(利潤)を事実上、相対的剰余価値に還元していた

[(2)] この文言はフランス語版『資本論』から取り入れられたものであり(仏版下, 152頁, Ⅱ/7, S.441)、初版では次のようになっていた——「相対的剰余価値の生産は絶対的剰余価値の生産を、したがって後者に対応する、資本主義的生産の一般的形態をも前提としている」(初版, 581頁, S.498)。このように初版『資本論』ではより明快に絶対的剰余価値の生産が「資本主義的生産の一般的形態」だとされている。

第1節 「リカードのドグマ」とは何か？

ことから生じている。したがって、この「リカードのドグマ」をより特殊に「労働日一定のドグマ」と呼ぶことができるだろう。マルクスはこの点について次のように述べている。

> リカードの場合に見出されるのは、私が相対的剰余価値と呼んだものについての説明だけである。彼は（スミスやその先行者の場合にも見られるように）、労働日の大きさは与えられているということから出発する（スミスの場合には、せいぜいのところ、さまざまな労働部門における労働日の大きさの相違が言及されているだけで、この相違は労働の強度、困難さ、不快さなどの相対的な代償によって廃棄されたり相殺されたりする）。この前提から出発して、リカードは、だいたいにおいて相対的剰余価値を正しく説明している。（草稿集6, 586頁, Ⅱ/3-3, S.1038）

このようにリカード（とスミス）は「労働日の大きさは与えられている」ということから出発し、剰余価値（利潤）を事実上、相対的剰余価値に還元する。もっとも、リカードに相対的剰余価値論があったといっても、事実上そう言えるという程度のものであり、それを概念的に把握していたわけではまったくない。リカードにあっては、労働日の長さは固有の問題としては扱われておらず、それは最初から一定の「利潤」が存在しうる長さとして前提され、労働によって新たに生産された価値（価値生産物）は最初から剰余価値と労働力価値（リカードの表現では「利潤」と「賃金」）とに分割されていたので、一方と他方とのあいだに量的な反比例関係（厳密には「反比例」ではなく同じ量の増減の相反関係）が結果として見出されたにすぎない。リカードは、『経済学と課税の原理』の第1章「価値について」の中で次のように述べている。

> 社会の初期段階において、狩猟業者の弓と漁労業者の丸木舟および漁具とが、ともに同量の労働の生産物であるため等しい価値を持ち、耐久力も等しいとしよう。こうした事情のもとでは、狩猟業者の1日の労働の生産物である鹿の価値は、漁労業者の1日の労働の生産物である魚の価値に等しいだろう。魚と獣肉との相対的価値は、もっぱらそれぞれに実現された労働量によって規定されるのであって、生産量がどれほどであるか、あるいは一般的賃金ないし利潤がどれほど高いか低いかには関わりないだろう。……その場合には、全生産物のうち、それを捕獲した人々に与えられる割合の大小がどうであろうと、1頭の鹿の自然価格は2尾の鮭であろう。賃金に支払われる割合は、利潤の問題に関しては最も重要である。というのは、利潤の高低は

第2章

賃金が低いか高いかに正確に比例していることがただちにわかるにちがいないからである。(リカードウ『経済学および課税の原理』上, 岩波文庫, 1987年, 37～38頁)

ここでリカードは「社会の初期段階」を想定しながら、ただちに賃金と利潤の話をしているという問題が存在しているのだが[3]、それは別にしても、「1日の労働の生産物 (the produce of the day's labour)」と書きながら、その「1日」とは具体的に何時間の労働のことなのかに何の関心も寄せていない。その「1日」は利潤をもたらすある一定の長さであることが最初から前提されているのである。またリカードは第6章「利潤について」においても次のように述べている。

> 利潤は賃金の高低に依存し、賃金は必需品の価格に、必需品の価格は主として食物の価格に依存する (というのは、食物以外のすべての必需品はほとんど無制限に増加しうるからだ) ……。(同前, 170頁)

このような見方は、賃金が上昇すればその分価格が高くなるとみなす俗流的な理論を打ち破る上で大きな意味を持っていた。賃金が全般的に上昇すれば、資本家はそれを取り返そうとして価格を全般的に上昇させるので、労働者は結局何の得もしないというドグマに対して、リカードは、賃金の全般的上昇は、利潤の全般的な低下を生むのであって、市場価格の一時的な変動を別にすれば、あるいは固定資本と流動資本との割合 (本来は不変資本と可変資本との割合) の相違によって部門間の価格に異なった影響を与える場合を別にすれば、総じて価格には影響しないと主張した (**リカードの法則**)。リカードは利潤論の最後にこう述べている。

> こうしてみると、以上で私は次のことを証明しようと努めたのである。——第1に、賃金の上昇は商品の価格を引き上げるのではなく、必ず利潤を低下させるだろうということ……。(同前, 180頁)

この「リカードの法則」の発見は、マルクスの表現によるなら「リカードの偉大な功績 (the great merit)」(賃資／賃価利, 184頁, Ⅱ/4-1, S.402) であった。

---

[3] スミスは「社会の初期状態」と「社会の進んだ状態 (商業社会)」とを歴史的に区別し、労働価値説の妥当を前者に限定していた。リカードは資本主義社会でも労働価値説が妥当することを主張した点でスミスより一歩前進なのだが、その代償として、スミスにあった歴史的観点が失われ、「社会の初期状態」にも資本や利潤が存在するかのように論じている。

第1節 「リカードのドグマ」とは何か？

しかしながら、この「リカードの法則」は「リカードのドグマ」とも結びついていた。リカードは、アプリオリに労働日を与えられた不変量とみなしたので、（絶対的）剰余価値の存在を最初から前提し、その発生メカニズムを理解することがなかった。したがってまた、剰余価値の階級的源泉とその本質を理解することもなかった。それだけではない。すでに剰余価値が存在することを前提したとしても、労働日の長さが異なれば、1日あたりに生産される価値量も異なるのであり、したがって剰余価値率が一定でも剰余価値量の大きさは異なる。剰余価値を相対的剰余価値に事実上還元していたリカードは、労働力価値（賃金）と剰余価値（利潤）とがただ反比例関係（相反関係）にあるとのみ考え、両者が同時に増大する事態を看過し、それゆえ事実上、剰余価値率と剰余価値量とのあいだに普遍的な連動関係を想定することになってしまった。以上が「リカードのドグマ」である[(4)]。

(2) 「リカードのドグマ」の3つの側面

以上簡潔に「リカードのドグマ」の内実について確認したが、このドグマは

---

(4) 内田弘氏は逆に、リカードの剰余価値論は絶対的剰余価値論に還元されたものであるとして次のように述べている。「リカードウの利潤（剰余価値）論は、労働人口の増大＝『同時的労働日』の増大という絶対的剰余価値の生産によってのみ、資本の価値増殖が可能であると立論されている。彼の剰余価値論は絶対的剰余価値論なのである。リカードウは、あれほどくりかえし資本の機械充用＝労働生産力発展をのべながら、ついにそれを相対的剰余価値の生産につなげられないのである。マルクスがリカードウの利潤論に相対的剰余価値論を読み破ったことを、リカードウの利潤論が相対的剰余価値論であることにすりかえてはならない」（内田弘『中期マルクスの経済学批判』有斐閣, 1985年, 104頁）。まず第1に、同時的労働日の増大それ自体は絶対的剰余価値の生産でもありうるし相対的剰余価値の生産でもありうる。同時的労働日の増大をもっぱら絶対的剰余価値に含めていたのは「要綱」段階のマルクスであって、1861～63年草稿ではそれほど強調されなくなり、『資本論』では完全に絶対的剰余価値の定義から除外されている。したがってリカードの剰余価値論を絶対的剰余価値論だと総括することは、不正確である。第2に、「リカードウの利潤論が相対的剰余価値論である」と言ったのは、本文でも引用したようにマルクス自身である。リカードはすでに引用したように、相対的剰余価値の生産論の目前に迫っていたのであり、リカードの利潤論は相対的剰余価値論ではないと言い切ることは、今度は逆にリカードの剰余価値論を過小評価することである。したがって第3に、リカード理論の欠陥を相対的剰余価値論の不十分さにのみ見るならば、より決定的な限界である「絶対的剰余価値論の不在」を、したがって「リカードのドグマ」を見逃してしまうことにもなる。

第2章

より具体的には3つの異なった側面に区別して理解することができるだろう。以下、それぞれ見ていこう。

第1の側面──「本源的な絶対的剰余価値」に対する無理解

まず第1に、本源的な意味での絶対的剰余価値（これは同時に剰余価値そのものでもある）の発生メカニズムを看過していることである。リカードにあっては、労働日の大きさは最初から与えられた不変量であり、その1日の労働日に生み出される価値が最初から利潤と賃金とに分かれることが前提されているため、その利潤（剰余価値）がなぜ発生するのかという問題そのものが存在しない。本源的な意味での絶対的剰余価値は、マルクスが明らかにしたように、必要労働時間を超えて労働日が強制的に延長されることで発生するのだが、このような観点がリカードにはそもそもない。これは、経済を総じて静態的・マクロ的・均衡論的観点から考察するリカードの方法的立場から必然的に生じているが、それと同時にそれは、資本主義的生産そのものを所与の前提とみなし、したがって剰余労働の存在を所与の前提とみなすそのブルジョア的立場からも生じている。

この点について、マルクスは、前著1でも引用したように、1861～63年草稿で次のようにはっきりと指摘している。

> リカードは、資本主義的生産の眼前の事実から出発する。……彼にとっては、生産物の価値が賃金の価値よりも大きいということは、〔所与の〕事実なのである。この事実がどうして成立するのかは、はっきりしないままである。総労働日は、労働日のうちで賃金の生産に必要な部分よりも大きいのである。なぜか、という問題は出てこない。したがって、総労働日の大きさが間違って固定的なものとして前提され、このことから直接に間違った結論が出てくる。したがって、剰余価値の増減は、必需品を生産する社会的労働の生産性の増減からのみ説明することができる。すなわち、ただ相対的剰余価値だけが理解されているのである。……さらに明らかなことは、剰余労働が存在しうるためには、労働の生産性の一定の発展が前提されなければならないにしても、こうした剰余労働の単なる可能性（つまり労働の生産性のこうした必要最低限の存在）だけでは、まだ剰余価値の現実性は作り出されない。そのためには、まず、労働者が、前に述べた境界〔必要労働時間〕を超えて労働することを強制されなければならない。そして、この強制を加えるものが資本なのである。リカードにはこの点〔の認識〕が欠けており、し

第1節 「リカードのドグマ」とは何か？

がってまた、標準労働日の制定のための全闘争が欠けているのである。（草稿集6，575〜576頁，Ⅱ/3-3，S.1029-1030）

この引用文の冒頭でマルクスが言っている「生産物の価値」は正しくは「価値生産物」でなければならないが（「v＋mのドグマ」）、この問題については本書の第3章で扱うとして、この「本源的な意味での絶対的剰余価値」の発生メカニズムを理解していなかったこと、したがって強制関係としての資本の本質を理解していなかったことが、「リカードのドグマ」の第1の側面である。この点については、現行版『資本論』第1巻第14章「絶対的および相対的剰余価値」でも次のように指摘されている[5]。

> リカードは剰余価値の源泉については少しも気にかけない。彼は剰余価値を、彼の目には社会的生産の自然形態に見えた資本主義的生産様式に先天的に備わった一事象として取り扱っている。彼が労働生産性について語る際には、彼は労働生産性に剰余価値の存在の原因を求めているのではなく、ただ剰余価値の大きさを規定する原因を求めているだけである。（KⅠ，668〜669頁，S.539）

この一文は、初版および第2版『資本論』にはなく、フランス語版『資本論』で追加された部分だが、このように、リカードは「資本主義的生産様式」を自然的な自明の前提とみなして、剰余価値はそれに「先天的に備わった」ものとして理解していたため、「剰余価値の源泉」のことを少しも気にかけなかったのである。

この「労働日一定のドグマ」は言うまでもなく、リカードのみならずスミスにも共通したものであった。マルクスは先に引用した1861〜63年草稿の一文でもスミスに言及していたが、『資本論』でも、第1巻第17章「労働力の価値または価格の労賃への転化」の中でも、「労働日を不変の大きさとして扱うアダム・スミス」（KⅠ，701頁，S.563）と述べ、それに注をつけて「アダム・スミスは出来高賃金を扱うときに偶然的に労働日の変動をほのめかしているだけである」（KⅠ，702頁，S.563）と批判している。スミスは、資本家の獲得する利潤を労働者が原材料につけ加えた価値（added value）からの控除であり、労

---

[5] この章は相対的剰余価値に対する絶対的剰余価値の論理的・現実的先行性を強調することを1つの主題としており、したがってまた、この章を含む第5編全体は「リカードのドグマ」に対する批判を1つの主題としている。

働者に前貸しした賃金を上回る価値分とみなしたが、これは利潤を事実上、労働者の剰余労働に求めるものであった（もっともスミスは一方ではこのような事実上の剰余価値論と並んで、利潤を価格に対する一定の追加額とみなす俗流的見解をも述べている）。にもかかわらず、このような偉大な洞察においても労働日は与えられた一定の大きさとみなされており、労働者がその賃金分を上回って労働をすることが最初から前提されていたのである。

　このような立場は、古典派全体にあてはまるのであり、マルクスは同じ第5編における第16章「剰余価値率を表わす種々の定式」において、剰余労働を労働日全体で割る（あるいは剰余価値を価値生産物で割る）「派生的定式」（定式Ⅱ）を提示しつつ、次のように述べている。

> 労働日を不変の大きさとして扱う〔古典〕学派の方法は、定式Ⅱによって確立された。なぜなら、これらの定式では常に剰余労働は所与の大きさの1労働日と比較されるからである。ただ価値生産物の分割だけに注目する場合も同様である。1つの価値生産物に対象化された1労働日は常にある与えられた限界を持つ1労働日である。剰余価値と労働力価値とを価値生産物の諸部分として表わすこと……、この表わし方は、資本関係の独自な性格、すなわち可変資本と生きている労働力との交換やそれに対応する生産物からの労働者の排除を覆い隠している。（KⅠ，691頁，S.555）

　この定式Ⅱ（労働日分割率ないし価値分割率）については、前著1の第4章で述べたように、本源的な絶対的剰余価値の発生メカニズムが十分理論的に解明された後には、絶対的剰余価値と相対的剰余価値とを概念的に区別する上で有益な役割を果たすのだが、本源的な絶対的剰余価値の解明抜きにこの定式Ⅱを前提することは、労働日ないし価値生産物の大きさをアプリオリに不変の一定量とみなす「リカードのドグマ」に陥ることになるのである。

第2の側面──「追加的な絶対的剰余価値」に対する無理解

　この第1の側面の理論的延長線上に、「リカードのドグマ」の第2の側面が生じる。先に引用した1861～63年草稿の文章の末尾から明らかなように、（絶対的）剰余価値というものがそもそも必要労働時間を越えての労働日の強制的延長によって生じるとすれば、当然、それがどこまで延長可能なのかという問題が生じ、ここから労働日の「境界（グレンツェ）」と「制限（シュランケ）」とい

第1節 「リカードのドグマ」とは何か？

う問題が生じ、したがって標準労働日をめぐる階級闘争という問題群が生じる。そしていったん、標準労働日が成立したならば、今度は、その標準労働日をさらに越えて労働日を延長させればどうなるのかという問題が生じる。われわれはこのような労働日のさらなる延長によって生じる絶対的剰余価値を、前著1において「追加的な絶対的剰余価値」と呼んだ。そして、標準労働日が成立すれば、それを越える労働日の延長は追加的な賃金増大をもたらすので、労働力価値と剰余価値とは同時的に増大しうる。しかし、リカードにあっては、そもそもこの追加的な絶対的剰余価値について論じられておらず、したがってこの同時的増大も完全に看過され、賃金（労働力価値）と利潤（剰余価値）とは常に反比例（相反）する関係にあった。つまり、剰余価値の率と剰余価値の量とは常に連動関係にあり、率を上げなければ量が増大しないという関係にあった。これが「リカードのドグマ」の第2の側面である。

この点についてもマルクスは、前著1で紹介したように、1861～63年草稿において次のようにはっきりと指摘している。

> ある与えられた大きさを取り上げて、それを2つの部分に分割する場合には、一方の部分は他方の部分が減るかぎりにおいてしか増えることができず、逆の場合には逆である、ということは明らかだ。しかし、この大きさそのものが増大（膨張）する場合には、けっしてこうはならない。そして、労働日は（標準労働日が戦い取られないかぎり）、このような増大する大きさなのである。〔労働日が〕このような大きさである場合には、両部分〔賃金と剰余価値〕とも、同等であろうと不等であろうと増大することができる。一方の増大は他方の減少を条件としないし、逆の場合も同じである。これは実際、賃金と剰余価値との両方が増大しうるような、おそらくまた交換価値から見て一様に増大しうるような、唯一の場合である。（草稿集6，578頁，Ⅱ/3-3，S.1031）

このようにマルクスは、労働日そのものが増大するならば、労働力価値と剰余価値とが「同等であろうと不等であろうと」同時に増大しうることを的確に指摘している。労働日が可変であれば、もはや賃金と利潤との相反関係も普遍的には妥当しなくなるのであり、こうした事態は、たとえば、物価騰貴などによって賃金が上昇し、資本家がこの賃金上昇分を取り返そうとして労働時間をその分延長した場合にはいつでも起こりうることである。リカードは常に労働日が一定であると考えていたので、このような物価騰貴による賃金上昇期には

必ず利潤も下がるだろうとみなした。マルクスは1861〜63年草稿においてこの点のリカードの誤りを次のように指摘している。

> リカードが労働日を固定的なものとみなし、それゆえ剰余価値率が、必要生活手段の騰貴にもかかわらず……増大しうること、または少なくとも同じままでありうることを見抜けなかったのは、ちょうどこの時代〔穀物の高騰と労働日延長の同時進行の時代〕に生きた彼のほとんど考えられない大失敗の1つである。（草稿集9，472頁，Ⅱ/3-6, S.2199）

この点のリカード批判は、『資本論』においても繰り返されており、現行版『資本論』第1巻第15章においてマルクスはまず、今度は労働日延長のみならず労働強度の増大にも触れながら、1799年から1815年までの価格高騰による名目的な賃金上昇にもかかわらず、剰余価値（利潤）は減るどころか増大したとしてこう述べている。

> 1799年から1815年までの期間にイギリスでは生活手段の価格騰貴は……名目的な賃金上昇を伴った。このことから、ウェストやリカードは、農業労働の生産性の減退が剰余価値率の低下を引き起こしたという結論を引き出し、彼らの空想の中でのみ有効なこの仮定を、賃金と利潤と地代との相対的な量的関係に関する重要な分析の出発点にした。ところが、引き上げられた労働強度と労働時間の強制された延長のおかげで剰余価値は当時、絶対的にも相対的にも増大したのである。（KⅠ，684頁，S.551）

マルクスはさらにこの部分に注をつけて、マルサスが労働日の延長に言及していることを肯定的に引用しつつ、次のように「リカードのドグマ」に言及している。

> リカードやその他の人々は、このまったくはっきりとした事実を目の前にしていながら、労働日の不変の大きさを彼らの全研究の基礎としたのに、マルサスが……労働日の延長について強調しているのは彼にとってまったく名誉なことである。（KⅠ，685頁，S.551）

このように、明らかに労働日の大きさが変化する場合には、剰余価値率と剰余価値量とのあいだに普遍的な連動性が存在しないこと、したがって、リカードが普遍的に想定した利潤と賃金との相反関係（相対的剰余価値の法則）が成立しないことは明らかである。こうして労働日を一定とする「リカードのドグマ」は、その本源的側面に関しても、その追加的ないし派生的側面に関しても

第3の側面──「内包的な絶対的剰余価値」に対する無理解

「リカードのドグマ」の第3の側面は労働強度に関連している。これまでは基本的に労働日だけを問題にしていたが、労働者の支出労働量を絶対的に増大させ、したがって生産される価値量と剰余価値量を絶対的に増大させる方法は、労働日の延長だけではない。労働強度ないし労働密度を高めることもそうした方法の1つである。われわれはこれを前著1で「内包的な絶対的剰余価値」の生産と呼んだ。形式的包摂段階でもそうした労働強化は資本による監督の強化や賃金支払いの方法の工夫などを通じて達成しうるが、よりいっそう本格的に労働強化をなしうるのは生産様式の変革による実質的包摂を通じてである。とくに機械は、個々の動作の強度を低めるが（筋肉の緊張を不要とする）、労働密度をそれ以上に高めることによって、結局トータルで労働強度を高めることができる。しかし、リカードは労働日のみならず労働強度も与えられた不変量とみなしていた。リカードは自分の労働価値論について論じつつ次のように述べている。

> しかし、労働がすべての価値の基礎であり、諸商品の相対価値を相対的労働量が決定すると述べたからといって、私が、労働の質の差異と、ある仕事における1時間または1日の労働を、別の仕事における同じ時間の労働と比較することの困難さとに注意を払わぬ者だ、と考えてはならない。異質な労働が受ける評価は実用上の十分な正確さをもって、市場でただちに調整されるようになる。そしてそれは、大部分は労働者の相対的熟練度と遂行される労働の強度（intensity of labour）とに依存している。この基準は、いったん形作られると、ほとんど変更されることがない。もし宝石細工師の1日の労働が普通の労働者の1日の労働よりも大きな価値を持っているなら、それはずっと以前に調整されて、価値の目盛りの上でそのしかるべき位置に置かれてきたのである。（前掲リカードウ『経済学および課税の原理』上，29頁）[6]

このようにリカードは、資本による生産ではなく伝統的な職人による生産だ

---

(6) ちなみに、この箇所につけられた注でリカードはスミスを参照するよう勧めているが、この問題はむしろ労働の強度よりも複雑労働に関連している。以下の拙論を参照せよ。森田成也「アダム・スミスと複雑労働の還元問題」（『駒澤大学経済学部研究紀要』第62号，2007年）。

けを念頭に置いて、熟練度と労働強度は歴史的におおむね一定だったとして問題対象からはずしてしまっている。リカードは機械に関する重要な考察をしていたにもかかわらず、機械化による労働強化には注目しなかった。したがって、当然ながら、労働強化による剰余価値の生産を見逃し、したがってまたその場合も「労働力価値と剰余価値との同時的増大」が生じうることも見逃された。こうして「利潤と賃金との反比例関係」はどんな場合にも妥当する普遍的法則にされた。

　先の1861〜63年草稿の引用文においてマルクスは、労働日の延長を、「賃金と剰余価値との両方が増大しうるような、おそらくまた交換価値から見て一様に増大しうるような、唯一の場合」としていたが、同じ1861〜63年草稿の別の箇所では、労働日だけでなく労働強度についてもこのような同時的増大が生じうることを認めている。

　　もし資本家が労働の延長または強化に対して何も支払わないならば、彼の剰余価値は……彼の資本が増加したよりももっと急速に増大する。つけ加えられた資本について彼は必要労働の代価を支払わないからである。〔だが〕もし彼が以前と同じ割合で超過労働に支払うとすれば、剰余価値は資本が増加したのと同じ割合で増加する。……この場合には必要労働と剰余労働との純粋な数的比率は攪乱されず、むしろ、これは両方が一様に増大しうる唯一の場合であるにもかかわらず、労働の搾取は増大している。労働日の延長の場合もそうだし、また労働日が同時に短縮される（たとえば10時間労働法案によって）のではない場合の労働の強化（濃縮）の場合もそうである。（草稿集7, 392頁, Ⅱ/3-4, S.1444）

　マルクスは以上のような観点を『資本論』でも継続発展させており、現行版『資本論』第1巻第15章において、労働日、労働強度、労働生産性という3つの要因の変動の組み合わせによって労働力価値と剰余価値との量的関係がどのように変動するかを具体的に考察している。これは、労働日も労働強度も最初から所与の不変量とみなして、ただ労働生産性の変動だけを問題にした「リカードのドグマ」に対する批判を念頭に置いてのものである（後で再論する）。同じく、『資本論』第3巻においても、利潤率と剰余価値率との関係について論じた章（初版『資本論』出版以降に書かれた草稿に基づく部分）において、かなり総括的な形で「リカードのドグマ」を批判している。

この場合、すなわち、資本の百分比構成が不変、労働日が不変、労働の強度が不変で、剰余価値率の変動が賃金の変動によって引き起こされるという場合は、次のようなリカードの仮定があてはまるただ一つの場合である。「利潤は、賃金が低くなるか高くなるかに正確に比例して、高くなるか低くなるだろう」（…）。(KⅢ, 81頁, S.74-75)

　このようにマルクスはここで、賃金と利潤との相反関係という「リカードの法則」（「リカードの仮定」）が成り立つのは、労働日と労働強度が不変の場合に限られるとはっきり述べている。したがって、基本的にマルクスは、1861～63年草稿の段階で、そして『資本論』においてはなおさら、「リカードのドグマ」の3つの側面すべてを基本的には理解し、それを批判していたことがわかる。

第2節　初期・前期マルクスにおける「リカードのドグマ」

　しかしマルクスは、この3つの側面を同時に理解したわけではないし、その理解の度合いもけっして同じではなかった。とくに最後の2つの側面に関しては、1861～63年草稿の段階でも、また『資本論』の段階ですら、全面的に理解していたわけではなかった。したがって、この「リカードのドグマ」の克服の過程を慎重に確認していく必要がある。マルクスによる「リカードのドグマ」の克服の歴史は同時に、マルクス剰余価値論そのものの形成と発展の歴史でもあり、したがってまたその克服の限界はマルクス剰余価値論の限界線をも提示するものでもある。

　本節では最初に、マルクスの基本的到達点に即して剰余価値の発生メカニズムについて振り返りつつ、こうした発生メカニズムの解明と「リカードのドグマ」の克服とがどのように連関しているかについて明らかにしよう。この点を明らかにするためには何よりも、「労働」と「労働力」との区別論が成立していなかった段階の、すなわち「経済学批判要綱」執筆以前の初期・前期マルクスの利潤論と「リカードのドグマ」とが密接に結びついていたことを確認しなければならない。いわば、マルクス自身における「リカードのドグマ」の存在を確認する作業が最初に必要になるわけである。

第2章

(1) 剰余価値の発生メカニズム

強制関係としての資本

すでに述べたように、「リカードのドグマ」の根幹にあったのは、労働日の大きさ（外延的および内包的なそれ）あるいは価値生産物の大きさを最初から与えられた不変量とし、剰余価値（利潤）ないし剰余労働時間の存在を最初から前提し、その歴史的・階級的起源を問わないことであった。これはすべての古典派経済学に、あるいはすべてのブルジョア経済学に共通する本源的な誤りであるが、リカードもまたそれを共有していた。リカードは自らの眼前に存在している資本主義経済を自明の前提とし、したがって剰余価値（利潤）の存在を自明の前提としていた。資本主義経済そのものをその発生、発展、消滅の過程の中にあるものとして理解しようとせず、ただその存在と発展だけを考察の対象にし、したがって、剰余価値そのものの起源を問わなかった。労働日は常に利潤を生み出しうるのに十分なほど長いのであり、それがなぜなのかについては問われなかった。

人類が、その生命と生活を再生産するのに必要な労働時間（もちろんそれは歴史的にも地理的にも可変である）よりも長く労働することができ、したがって一定の剰余労働時間を（他人のためであれ自分のためであれ）遂行することができ、したがって一定の剰余生産物を生産することができるということは、一定の労働生産性の高さがあって初めて可能になる。だが、ある一定の労働生産性の高さが存在するからといって、それは、人が自己（ないし家族）の生命を再生産するのに必要な労働時間以上に労働しなければならない理由にはならないし、ましてやその労働を赤の他人のために行ない、それによって生じた剰余生産物を自分たちの生活をより豊かにするためではなくて、他人に奪われて他人をより豊かにするために用いられる根拠にはならない。そのためには、何らかの強制（Zwang）が必要になるのであり、それは資本主義においても同じである。その「強制」の行使の仕方（主としてその経済的性格）に資本主義的搾取の特殊性があるにしても、それはやはり強制なのである。資本主義のもとでの労働日を与えられた不変量とみなさず、いかにしてなぜそれが必要労働時間よりも長いのかを問うことは、搾取の起源そのものを問うことであり、剰余価値の発生根拠そのものを問うことである。リカードを含むすべての古典派経済学が

有していたブルジョア的限界は、このような問いを最初から排除していた。

マルクスが現行版『資本論』第1巻第14章「絶対的および相対的剰余価値」で述べているように、「リカード学派は、労働の生産力が利潤（剰余価値と読め）の発生原因であることを声高に宣言した」（KⅠ，669頁，S.539）。しかし、利潤が生まれたのは、労働の生産性が増大して、労働者が自分の生活維持分を上回る使用価値を生産することができるようになったからだという説明（たとえばJ・S・ミル）は、典型的に「リカードのドグマ」を示すものである。そこでは労働日は一定の大きさとして前提されており、生産力の増大とともになぜ労働日が短縮しないのか、あるいはなぜその増大分が労働者自身の生活欲求の拡大に使われないのか、なぜ必要労働時間を越えて労働者は他人のために労働しなければならないのかは説明されない。マルクスが何よりもこのような問いを提出し、必要労働時間以上に労働者に労働させる社会的強制関係としての資本の本性を暴露したことは、「リカードのドグマ」を克服する決定的な一歩であり、古典派経済学の理論設定の転換を意味するものであった。

この点に関しては1861〜63年草稿からはすでにいくつか引用したので、ここでは『資本論』での記述だけ確認しておこう。マルクスは「絶対的剰余価値の生産」編の最後に、これまでの議論を総括して次のように述べている。

> 生産過程の中では資本は労働に対する、すなわち活動する労働力ないし労働者そのものに対する指揮権にまで発展した。……資本はさらに、労働者階級に自分の生活上の諸欲求の狭い範囲が命ずるよりも多くの労働を行なうことを強要する強制関係にまで発展した。そして、他人の勤勉の生産者として、剰余労働の抽出者および労働力の搾取者として、資本は、エネルギーと無制限さと効果とにおいて、それ以前の、直接的な強制労働にもとづくあらゆる生産システムを凌駕している。（KⅠ，407頁，S.328）

このような「強制関係としての資本」という認識は「要綱」から『資本論』に至るまで首尾一貫して見られるものであり、マルクスの資本概念の核心に位置する認識である[7]。たしかに、リカード派社会主義者たちやその他の初期社

---

[7] 資本主義における賃労働の「強制労働」的性格については、マルクスの最初期の「経済学・哲学草稿」にも見られるし（全集40，434頁，MEW40，S.514）、晩年におけるヨハン・モストの『資本と労働』の改訂版でも強調されているが（ヨハン・モスト著、カール・マルクス加筆・改訂『マルクス自身の手による資本論入門』大月書店，2009年，110〜111頁）、ここでのポイントは、その強制性と剰余価値の発生メカニズムとの有機的連関である。

第2章

会主義者たちの多くも、労働価値説と労働全収権論にもとづいて資本家の利潤や利子や土地所有者の地代を労働者が生み出したものからの不当な控除とみなしていたが、そのような強制的控除が成り立つ経済的・社会的仕組みを解明することはできなかった。そのような仕組みの核心に位置するのが、周知のように賃金を「労働の価格」としてではなく、「労働力の価値」として把握することであった。

「労働」と「労働（能）力」との区別

周知のように、リカードを含む古典派経済学にあっては、賃金は「労働の価格」であり、あるいは「労働の価値」であった。スミスもリカードも、一方では諸商品の価値をそれに投下された労働量で規定しながら、他方では、賃金という特殊な商品の価値を「労働の価値」とみなしていた。すると労働は二重の尺度を持つことになる。労働が生み出す価値と労働それ自身の価値とである。だが、労働それ自身の価値とは何か？　たとえば、12時間の「労働」の価値はいくらか？　言うまでもなく12時間である。では、この12時間労働が生み出す価値はいくらか？　これも12時間である。ではどうやって資本家は、この労働の価値を支払った後に、剰余価値を入手しうるというのか？　賃金は「労働の価値」であるというドグマに固執するならば、「労働が生み出す価値＝労働の価値＝賃金」となり、剰余価値は発生しようがない。このドグマは本書の序文で示したように、すべての古典派に共通するものであるから、それを私は「古典派のドグマ」と呼んでいるが、スミスはこの難問を解くことができず、資本主義発生以前と以後とで価値規定が変わるという解決策へと後退した（一種の歴史的「転回」論）。それに対してリカードは、資本主義発生以降も投下労働価値説に固執したが、この困難を解決することはなかった。この点についてマルクスは「要綱」の中で次のように指摘している。

> リカードが生きた労働と交換させること——だからただちに生産過程の中に入り込んでしまうこと——によって、解決不能な二律背反が、すなわち商品の価値はその商品の中に含まれている労働の量とイコールであるにもかかわらず、一定の量の生きた労働は、その労働がつくり出しその労働が客体化された商品〔が含んでいる労働の量〕とイコールではないという二律背反が、彼の体系の中に残るのである。（草稿集2, 249頁, Ⅱ/1-2, S.456）

第2節 初期・前期マルクスにおける「リカードのドグマ」

 ところでリカードは、賃金の価値、すなわち「労働の価値」を理論的に規定できなかったので、賃金が労働者に支払われた後で、労働者によって実際に購入される諸商品、すなわち生活諸手段に投下された労働量でそれを規定することにした。これによってようやく、「労働の価値」が規定できることになった。すなわち「労働の価値＝必要生活手段の価値」。こうして、全般的に労働が生み出しうる価値量と、特殊に労働者向けの必要生活手段（必需品）に体現されている価値量とが無媒介に比較されることになる。前者の方が後者より大きい場合に剰余価値が発生する。すなわち、「労働が生み出す価値－生活手段の価値＞0」。このような差が生まれるのは、労働者の平均的な欲求水準を一定と前提した上で一定の高さの労働生産性が存在する場合だけである[8]。こうして、剰余価値発生の問題は全般的な労働生産性の問題に還元されることになり、ただその労働生産性の高低に応じての賃金の大小が、したがって利潤（剰余価値）の大小だけが問題にされ、資本による剰余労働の強制という点が看過される。

 だが、労働と労働力とが概念的に区別され、資本家に対して労働者が売るのは労働そのものではなく、労働力という特殊な商品であることが理解されるならば、すなわち、一方における、労働が全般的に生み出す価値量と、他方における、労働者の消費する生活諸手段に体現されている価値量とが無媒介に比較されるのではなく、両項が労働力の価値によって媒介されることを理解するならば、問題の構成全体が変化する。今では、賃金は、労働力という特殊な商品

---

[8] マイケル・リボウィッツは、ドイッチャー賞を受賞した『「資本論」を越えて』という著作の中で、労働者の平均的な欲求水準を固定されたものとみなす古典派経済学の立場を批判しており、このドグマがマルクスにも受け継がれていること（より正確には、「要綱」では論じられていたこの問題の解明が『資本論』では論じられず、「賃労働」の部に先送りされながら、肝心の「賃労働」の部が執筆されなかったこと）を批判している（Michael A. Lebowitz, *Beyond Capital: Marx's Political Economy of the Working Class*, Second ed., Palgrave, 2003）。この批判は一定根拠がある。ただしマルクスは、現行版『資本論』第1巻第15章において、生産力の上昇によって労働力価値が下がってもそれが実際にどれだけの労働力価格の低落になるかは階級闘争によって決まると述べており（K I, 677頁, S.545）、リボウィッツがこの部分に注目していないのは残念である。とはいえマルクスのこの記述が不十分なのも明らかであって、この問題は、「賃労働」の部ではなくて、『資本論』それ自体においてより詳細に論及されるべきだったろう。労働者の平均的な欲求水準の変動と相対的剰余価値との関係に関する私の考えについては、前掲拙書『マルクス経済学・再入門』の第10講を参照せよ。

を生産し再生産するのに必要な社会的労働量によって規定されるので、「労働の価値」をめぐる混乱は基本的に一掃される[9]。労働力という特殊な商品を生産し再生産するのに必要な労働時間が1日あたり平均して6時間に相当するとすれば、剰余価値が発生するのはただ、この商品を購入した資本家が、この商品に体現されている労働時間（つまり必要労働時間）である6時間より長く労働者に労働させる場合のみである。こうして、労働日は与えられた不変量であることをやめ、あくまでも資本家によって必要労働時間以上に延長される任意の可変量となる。しかし「任意」といっても一定の肉体的および社会的な限界が存在するので、このことから必然的にどこまで労働日の延長が可能なのか、そしてどのような長さが社会的に妥当な長さなのかをめぐる資本家と労働者との階級的攻防へと議論が移行することになる。

　このように、労働と労働力との区別をはっきりと理論的に理解することが、労働日を不変とした上で労働生産性の高低による利潤（剰余価値）の大小だけを問題にする「リカードのドグマ」を理論的に克服することに向けた決定的な一歩だったのである。この点は、「労働」と「労働力」とをまだ明確に区別していなかった時期の初期・前期マルクスの経済学文献を見ればはっきりする。それらの文献では、賃金を「労働の価値」とする古典派全体に共通するドグマと、労働日を与えられた不変量とみなす「リカードのドグマ」とがともに見られるのであり、したがってその理論的克服はまさに、「労働」と「労働能力」とを明確に区別した「要綱」において果たされるのである。

(2)「経済学・哲学草稿」における「リカードのドグマ」

　すでに杉原四郎氏が『ミルとマルクス』で指摘しているように、労働時間問題に対する関心はすでに「経済学・哲学草稿」や『ドイツ・イデオロギー』などの初期マルクスの代表的文献に見出せるし[10]、エンゲルスの初期文献にも見出せる。とりわけ、エンゲルスの『イギリスにおける労働者階級の状態』では、多くの頁を割いて長時間労働の問題や、当時、労働者の要求として出され

---

(9) ただし労働力価値を必要生活手段の価値に無媒介に等値するという一面性は残っている。この点については前著3（『家事労働とマルクス剰余価値論』）の第4章を参照せよ。
(10) 前掲杉原『ミルとマルクス』, 109〜110頁。

ていた10時間法案の問題が詳細に論じられている[11]。しかし、資本主義のもとで労働者が置かれている窮状の1つとして過度労働や長時間労働の問題が認識されていることと、剰余価値の発生メカニズムに労働日問題が有機的に位置づけられること、あるいはより一般に剰余価値ないし利潤と労働日の大きさとの関係が正しく理解されることとは、まったく別の事柄である。

そこでこの点を、マルクスの最初の経済学的文献と言える「経済学・哲学草稿」から順に見ていこう。

「経済学・哲学草稿」における労働日論

周知のように「経済学・哲学草稿」は、パリ時代にマルクスが集中的に行なった経済学研究の最初の成果であり、未完成の手稿とはいえ、そこには「労働の疎外」論を基軸にして資本と賃労働と土地所有の本質を解明するというマルクスの天才的な洞察が示されている。マルクスは、同草稿の最初の部分において、労働者が資本主義社会の中でこうむっている窮状の1つとして長時間労働の悲惨な実態について、さまざまな批判的経済学者の文献から引用を行なっている。そこで取り上げられているものとしてとくに重要なのは、アダム・スミスの『国富論』、ヴィルヘルム・シュルツの『生産の運動』、ウージューヌ・ビュレの『英仏労働者階級の貧困』である[12]。

まず、マルクスは第1手稿の「労賃」の部分で、スミスの『国富論』をマルクスなりに要約しながら抜粋している部分で、次のように書いている。

> では次に、富が増進しつつある社会を取り上げよう。この状態は労働者にとって唯一有利な状態である。ここでは資本家同士の競争が起こる。労働者

---

[11] たとえば、マルサスの人口論を批判する中で登場する次の箇所は、過剰人口との関係で労働時間を論じており重要である——「過剰人口は、むしろ各々の労働者をその力の許す限度ぎりぎりまで毎日働かせる、労働者相互の競争によってつくり出される。ある工場主が毎日10人の労働者を9時間働かせることができるのに、労働者が毎日10時間働くならば、工場主はただの9人しか働かせることができなくなり、10人目の労働者は失業することになるだろう。そしてもしこの工場主が、労働者に対する需要があまり大きくない時に、解雇という脅し文句で9人の労働者に同じ賃金で毎日1時間だけ多く、したがって10時間働くことを強制できるならば、彼はその10人目の労働者を解雇して、その賃金を節約するのである」(全集2，312頁，MEW2, S.311)。

[12] シュルツについては以下の労作を参照のこと。植村邦彦『シュルツとマルクス——「近代」の自己認識』新評論，1990年。ビュレについては以下の文献を参照のこと。服部文男「マルクスとビュレー」，大村泉・宮川彰編『マルクスの現代的探求』八朔社，1992年。

に対する需要がその供給を上回る。しかし、第1に、労賃の上昇は過度労働（Überarbeitung）をもたらす。彼らはより多く稼ごうとすればするほど、ますます多く自分たちの時間を犠牲にし、すべての自由を完全に放棄し、金銭的貪欲の虜となって奴隷労働をやりとげなければならない。そのさい彼らはそうすることによって自らの生涯を短くする。（全集40，392頁，MEW40，S.473）（強調ママ）

ここではスミスの分類を踏襲しながら「富が増進しつつある社会」について分析し、この労働者にとって唯一有利な場合ですら、「過度労働」をもたらし、労働者がますますもって自分たちの時間を犠牲にするようになり、そのことによって結局自分たちの寿命を短縮させてしまうと述べている。

次にマルクスは少し後の方で、ドイツの急進的政治評論家シュルツの『生産の運動』からも長く引用しているが、その中には次のような文章が存在している。

　最後にさらに、以前と現在の通常の労働時間に注目しなければならない。だが、この労働時間は、イギリスの木綿工場の労働者にとっては、約25年来、まさに労働を節約する機械が導入されて以来、企業家の営利追求欲のために、1日あたり12ないし16時間に延長されてきている。そしてこの一国での、また一産業部門での労働時間の延長は、富者による貧者の無制限な搾取の権利がまだどこでも認められている状態のもとでは、多かれ少なかれ他のところでも妥当せざるをえない。（全集40，397頁，MEW40，S.478）（強調ママ）

ここではシュルツの『生産の運動』から労働時間の野放図な延長とそれによる「無制限な搾取」について述べられている。さらに、マルクスは、労働時間について論じたシュルツの次の2つの文章も引用する。

　国民が精神的により自由になっていくためには、もはやその肉体的欲求に隷属していてはならず、肉体の奴隷であってはならない。その国民には、とりわけ精神的な創造と享受とを可能とする時間が残されていなければならない。労働有機体の進歩がこうした時間を獲得させる。（全集40，397〜398頁，MEW40，S.478）

　フランスで計算されたところでは、現在の生産段階で社会のすべての物質的関心を満たすには、労働能力（Arbeitsfähigen）を有する者1人あたり1日

第2節　初期・前期マルクスにおける「リカードのドグマ」

平均5時間の労働時間で十分であろうとのことである。……機械の改善で労働時間が短縮されたにもかかわらず、数多くの人々にとって工場内部で行なわれる奴隷労働の時間数は増大するばかりである。(全集40, 398頁, MEW40, S.479)

このようにマルクスは、国民が精神的により自由になるためには「精神的な創造と享受とを可能にする時間」が残されていなければならないとするシュルツの文章に注目し、さらには、現在の生産段階で社会のすべての物質的関心を満たすには、「労働能力」を有するもの1人あたり平均5時間の労働でいいとするシュルツの文章にも注目する。この2つの主張はいずれも後に『資本論』において重要な役割を果たす認識であり、とくに後者は、これをより徹底していけば、剰余価値そのものの本源的な発生メカニズムの解明へと至る洞察に他ならない。ちなみに、この2つの引用文は――引用箇所に多少のずれはあるが――1861～63年草稿でも引用されている（草稿集9, 306～307頁, II/3-6, S.2088-2089）。

マルクスはまた、フランスの経済学者ビュレの大著『英仏労働者階級の貧困』からも広範な引用を行なっているが、その中でも労働時間問題に関するビュレの次の文言を引用している。

　　彼らを召集した産業は、彼らを必要とするときだけ彼らを生かしておき、彼らなしですませることができるやいなや、ほんのわずかな配慮もなく彼らを解雇する。それゆえ労働者は、その人身（Person）と力（Kraft）とを、相手側の言い値で売り渡すことを強要される。彼らに与えられる労働が長く苦痛で不快きわまるものであればあるほど、それだけ彼らに支払われる額が少なくなる。1日に16時間も、絶えざる緊張のもとで働きつづけてようやく、死なない権利をあがなうことができる人々がいるのだ。(全集40, 402頁, MEW40, S.483)

ここでは、「1日16時間」という労働時間的要素と「絶えざる緊張」という労働強度の要素の両方に言及されている。さらに、マルクスの剰余価値論形成史にとって重要なのは、ここでビュレが、労働者が資本との取引において「その人身と力」を売り渡していると述べていることである。これは先のシュルツにおける「労働能力」への言及と同じく、「労働」と「労働力」との区別論へとつながりうる重要な論点である。

第2章

　以上見たように、マルクスはその最初の経済学的文献の時点からすでに、労働者がこうむる窮状として長時間労働の問題に注目していた。そこでなされた少なからぬ引用の中には、後に『資本論』における体系的な剰余価値論へと結びつきうる要素がいくつも存在していた。それにもかかわらず、この時点でのマルクスはけっして、剰余価値の発生メカニズムそのものを理解してはいなかったし、したがってまた「リカードのドグマ」を自覚的に克服してもいなかった。次にその点を見てみよう。

「経済学・哲学草稿」における「リカードのドグマ」

　マルクスは既存の経済学文献から広範な引用を行なったうえで、「疎外された労働」と「私的所有」という2つのキーワードを中心に、「国民経済学」の基本的諸カテゴリーと諸法則に対する独自の分析へと移っている。その「第2手稿」において、マルクスは、リカードとJ・S・ミルにおける国民経済学の最近の進歩について触れる中で、次のように述べている。

>　同じく最近のイギリス国民経済学の偉大で首尾一貫した進歩であるのは、労働を国民経済学の唯一の原理にまで高め、それと同時にまったく明瞭に、労賃と資本利子〔利潤〕との反比例関係を解明したこと、そして資本家は通常、ただ労賃の引き下げによってのみ儲けることができ、その逆もまた真であることを明らかにしたことである。(全集40, 445頁, MEW40, S.524)

　このようにここでは、リカードの理論を明らかに念頭に置きながら、労賃と利潤とのあいだの「反比例関係」の解明を「最近のイギリス国民経済学の偉大で首尾一貫した進歩」であるとし、資本家は通常、「ただ労賃の引き下げによってのみ儲けることができる」としている。これは、リカードが意図せずして資本と賃労働との利害の根本的対立を明らかにしたことを意味しており、たしかに「偉大で首尾一貫した進歩」に他ならないのだが、資本家がただ労賃の引き下げによってのみ儲けることができるという一般的命題を打ち立てることは、まさに剰余価値を相対的剰余価値に還元することであり、典型的な「リカードのドグマ」に陥ることを意味する。

　このように、この時点でのマルクスは、労働日問題への関心にもかかわらず、その問題と剰余価値の発生メカニズムの解明とを結合させることができず、「リカードのドグマ」に陥っている。それゆえ、その「疎外された労働」

第2節　初期・前期マルクスにおける「リカードのドグマ」

論においても、「疎外された労働」からいかに「私的所有」が必然的に根拠づけられ、発生するかを説得的に論じているにもかかわらず、その逆、すなわち、いかにして「私的所有」(にもとづく等価交換)から「疎外された労働」(にもとづく剰余価値)が法則的に発生するのかについては何ら解明することができないままで終わっている。たとえばマルクスは「第1手稿」の終わりの方で次のように述べている。

> たしかにわれわれは、外化された労働(外化された生)という概念を、国民経済学から、私的所有の運動の結果として獲得してきた。しかし、この概念を分析して明らかになるのは、私的所有は、外化された労働の根拠、原因として現われるとしても、それはむしろ外化された労働の帰結だということであり、それがちょうど、神々が本源的には、人間の知的錯乱の原因ではなくてむしろその結果であるのと同じである。後にこれは相互作用に転回する (umschlagen)。(全集40, 440頁, MEW40, S.520)

このようにマルクスは、「外化された労働」(ここでは「疎外された労働」と同じ意味だろう)の概念を分析して、それこそが私的所有の原因・根拠であることを明らかにしたと述べているが、その逆については、すなわち、私的所有からいかにして「外化された労働」が出現するのかについては具体的に解明しておらず、ただその概念を(あるいはその実態を明らかにする諸事実を)国民経済学から獲得してきたとしている。たしかに、マルクスが言うように、「私的所有」は「外化された労働の根拠、原因」であるのではなく、そのように「現われる」にすぎないのだが(それは、後に「領有法則の転回」論でマルクスが明らかにするように、等価交換法則が領有法則の転回によって事実上廃棄され、人を欺く「仮象」になる、という論理に通じる見地である)、それにもかかわらず、どのようにして私的所有から、直接的にはその所有法則を侵害することなく、資本家の領有する剰余労働と剰余価値が発生するのかを明らかにしなければならないのであって、それは国民経済学の分析を前提にすることによっては解決されないのである[13]。

---

(13) このことからまた、この時点での「労働疎外」論がしばしばフォイエルバッハ的な「自己疎外」論になっており、賃労働の「強制」的性格が強調されているにもかかわらず、この強制労働性と剰余価値(利潤)の発生メカニズムとの有機的連関が曖昧なままになっているという弱点が生じる。

第2章

そもそも、この草稿でのマルクスは労働価値論に対する態度がまだ曖昧であり、価値と使用価値との区別自体も曖昧だったのだから、労働力価値の労働時間規定に即して剰余価値の発生メカニズムを説くことはどだい無理な話であった。すでに1844年のエンゲルスとの共著『聖家族』には、プルードンを論じている箇所（マルクス執筆）において労働価値論を部分的に受け入れている文言が見出せるが（全集2, 48頁, MEW2, S.52）、これはドイツの哲学者に対する批判の書であって、けっして経済学の書ではなかった。それゆえ、この面での解明の本格的な出発点となるのは、やはり、労働価値論を明確に受け入れた上で古典派経済学の提起する諸問題に本格的に取り組んだ『哲学の貧困』と『賃労働と資本』であろう。

(3) 『哲学の貧困』における「リカードのドグマ」

『哲学の貧困』は、当時フランスで話題になったプルードンの分厚い『貧困の哲学』に全面的な反駁を加えたものであり、マルクスが最初に経済学者として公式にデビューした論争書である。マルクスはこの中で、明らかにリカードの水準にも至らないプルードンの俗説の多くを正しく批判しているのだが[14]、しかしリカード自身に見られた3つのドグマそのものについてはそれらを基本的に受け継いでいる。「v＋mのドグマ」については次章で見るとして、ここでは「古典派のドグマ」と「リカードのドグマ」の継承についてのみ見ておこう。

まずマルクスは、スミスやリカードにならって、はっきりと労働価値論に立脚し、その上で、労賃が「労働の価値」であることを繰り返し断言している。

> 商品の相対的価値がその商品を生産するのに必要な労働量によって規定されるとすれば、そこから必然的に、労働の相対的価値ないし賃金もやはり、賃金を生産するのに必要な労働量によって規定されるという結論が生じる。賃金、言いかえれば、労働の相対的価値ないし価格は、労働者の生活維持に必要なあらゆるものの生産に要する労働時間によって規定される。（全集4, 80頁, MEW4, S.82）

このようにここでは、商品の価値がその商品を生産するのに必要な労働量によって規定されるとしながら、そして賃金を「労働の相対的価値」であるとし

第2節　初期・前期マルクスにおける「リカードのドグマ」

ながら、この「労働」そのものを生産するのに必要な労働量についてはいささかも論じず、いきなり、「賃金を生産するのに必要な労働量」によって規定されると言いかえられ、それはさらに「労働者の生活維持に必要なあらゆるものの生産に要する労働時間」であると再度言いかえられている。こうした二重の言いかえを通じて、ようやく理論的に規定可能な実体に行き着いたのである。この論理はリカードと同じである。またその数頁先でもマルクスは、「だが賃金とは何か？　それは労働の価値である」（全集4，85頁，MEW4，S.87）と述べている。

このように、賃金に関するスミスやリカードの理論を共有しつつ、今度は労賃と利潤との関係について次のようにリカードの理論を紹介している。

> ついで彼〔リカード〕は、賃金と利潤と〔の関係〕についての一個の理論を展開して、賃金と利潤とは相互に反比例して騰落するものであり、生産物の相対的価値に影響を及ぼすことはないということを証明する。（全集4，77頁，MEW4，S.80）

このようにマルクスはリカードのこの理論を全面的に受け入れており、『哲学の貧困』の後半部分では、賃金が全般的に上昇すれば商品の価格が全般的に

---

(14) プルードンのこの著作は、古典派の3つのドグマを引き継ぎつつ、それらをさらにいっそうひどくした議論を展開している。まず、プルードンもまた賃金を「労働の価値」とみなしているのだが（「古典派のドグマ」）、プルードンはさらに、労働が生み出す価値の大きさは「労働の価値」（つまり賃金）と同じであると述べている（プルードン『貧困の哲学』上，平凡社，2014年，27頁）。したがって、すぐ後でも見るように商品の価値は賃金に等しく、利潤はこの商品価値への外的な追加だとされ、利潤の発生メカニズムを解明する道は最初から閉ざされる。また、プルードンはこの著作の中で最も重要な公理として「労働は必ず剰余を生む」という基本命題を繰り返しているのだが（同前，140頁）、この「公理」は、労働日が常に必要労働時間を上回っていることをアプリオリの前提にし（リカードのドグマ）、かつそれを労働そのものの何か神秘的な自然性質に転化するものでもある。また、プルードンは生産物の価値を、最初はその生産に費やされた生産物の価値と賃金とによって規定しているのだが（プルードンは「賃金」を労働者の受け取る報酬として非歴史的に理解している）、前者は結局は賃金に還元されるとして、あらゆる生産物の価値がそれを生産する労働者の賃金によって規定されるとみなしている（同前，82〜83頁）。これは、商品の価格を、賃金に還元された「価値」とそれに外的に追加される利潤とによって構成されるとみなすものであるが（「ｖ＋ｍのドグマ」）、価値だけにかぎれば、「ｖ＋ｍのドグマ」をさらに極端にした「ｖのドグマ」とでも呼ぶべきものになっている。ちなみに、この「価値＝賃金」ドグマからは当然にも、賃金の全般的上昇は必ず物価の全般的上昇をもたらすので、全般的な賃上げは意味がないだけでなく有害であるという結論が生じる（同前，181頁）。

第2章

上昇するとするプルードンの俗論をこの論理でもってきっぱり批判している。

> 利潤と賃金の騰落は、資本家と労働者とが1労働日の生産物の分配にあずかる割合を表わすにすぎないのであって、ほとんどの場合、生産物の価格には影響を与えない。(全集4, 184頁, MEW4, S.176)

ここには、「資本家と労働者とが1労働日の生産物の分配にあずかる」という表現のように「v＋mのドグマ」も見られるが(本書第3章の注7参照)、それと同時に「1労働日」の大きさが最初から与えられたものとして前提されてもいる。ここで問題にされているのは、それが資本家と労働者とによって分割される割合だけである。もちろん、プルードンの俗論を批判するという限定された課題においては、1労働日を(そして労働強度も)一定の大きさと前提するという手続きは許されるだろうし、むしろ必要ですらあるだろう。しかし、マルクスはここでは、1労働日の大きさと労働強度の一定という条件付与が必要であるとはまったく意識していない。無意識のうちに、「1労働日」は与えられた大きさであると最初から前提されているのである。

さらに、マルクスは、労働時間の延長に関する記述を含んでいるプルードンの次の文章を引用しながら、この労働時間延長の記述そのものにはまったく注目していない。

> 「労働の細分化は」とプルードン氏は続ける、「知性の退化に続けて労働時間の延長を引き起こす。労働時間は、費やされる知性の量が少なくなればなるほどそれに反比例して増大する。……しかし、労働時間は1日16時間ないし18時間を超えることができないので、時間の上での埋め合わせができなくなった瞬間から、価格の上での埋め合わせがされ、こうして賃金が下落していく」。(全集4, 153頁, MEW4, S.148)[15]

このように、マルクス自身が引用したプルードンの記述には、労働日の延長に関する重要な記述が存在しており、後の『資本論』の用語で言いなおせば絶対的剰余価値の制限を相対的剰余価値の増大によって取り戻そうとする資本の傾向が潜在的に指摘されているとも言える。だが、マルクスはこのプルードンの文言に皮肉な言葉をぶつけるのみで、労働時間の延長問題にはまったく触れていない。

---

(15) プルードンからの引用部分は、前掲プルードン『貧困の哲学』上, 167頁にある。

マルクスは結局、賃金を「労働の価格ないし価値」とする「古典派のドグマ」を受け入れており、その上で、賃金と利潤との関係に関しては完全にリカードの理論にのっとっている。そのためプルードンが言及している労働日延長の問題にも注目しないままに終わっている。

(4)「ロンドン・ノート」における「リカードのドグマ」

『哲学の貧困』が出版されたのと同じ年の末になされた講演にもとづいている『賃労働と資本』についても基本的に同じ傾向が見られるが、これについてはすでに本書の第1章で詳細に論じたので、ここでは割愛しておこう。そこでこの節の最後に、1850年代初頭にロンドンで作成された24冊のノート（「ロンドン・ノート」）に記されたマルクスの剰余価値論について簡単に検討しておこう。

この抜粋ノートの中で、とくにマルクスはリカードの『経済学と課税の原理』から多数の詳細な抜粋を行ない、その合間に自分の見解を書き記しているが、そこには、基本的に『賃労働と資本』で見出されたのと同じ限界が見出せる。まず第1に、労働日を一定とみなす「リカードのドグマ」を無意識のうちに受け入れていること、第2に、「労働」と「労働力」との区別が存在せず、したがって剰余価値の発生を等価交換を媒介にして解明することに成功していないこと、である。ただし、第2の限界に関しては、『賃労働と資本』の場合よりも少しだけ進歩した面が見られるが、そのことによって矛盾も深まっている。まず第1の限界から見ていこう。

「ロンドン・ノート」における「リカードのドグマ」

マルクスは、「価値（自然価格）と富の区別」という表題のもとに、『経済学および課税の原理』の第20章「価値と富、両者を区別する特性」の冒頭にある「100万人の労働は常に同じだけの価値を生産する」という有名な一句を引用している（以下これを**「100万人の労働」命題**と呼ぼう）。次の章でも見るように、マルクスはこのリカード命題に繰り返し立ち返り、それに対する批判をしだいに深化させていくのだが、その最初の試みがここに見出せるわけである。まず、その一文を含むリカードの文章をマルクスよりももう少し長く引用して

おこう。そこには、リカードの価値論の真髄が、したがってその強みと弱みとが集中的に示されているからである。リカードは価値と富、すなわち価値と使用価値とは本質的に異なるものだとして次のように説明している。

> 価値は本質的に富とは異なる。なぜなら価値は豊富の度合いに依存するのではなく、生産の難易に依存するからである。製造業における100万人の労働は常に同じだけの価値（the same value）を生産するけれども、常に同じだけの富を生産するとはかぎらない。機械の発明、熟練（skill）の向上、分業の改善、あるいはより有利に交換することのできる新市場の発見があれば、100万人は……別の社会状態で生産できる富、すなわち「必需品、便宜品、娯楽品」の分量の2倍ないし3倍を生産するかもしれない。だが、それだからといって、彼らは価値にいささかも〔より多い価値を〕付け加えないだろう。なぜなら、あらゆる物の価値は、その生産物の難易に比例して、言いかえれば、その生産に充用される労働の量に比例して騰落するからである。（前掲リカードウ『経済学および課税の原理』下, 87頁）

価値と富とを、すなわち価値と使用価値とを明確に区別して、前者を生産の難易に、すなわち一単位当たりの生産物を生産するのに必要な労働量に帰せしめ、後者を有用な生産物そのものの豊富さに求めることは、労働価値論の核心に関わることである。ここには、古典派の限界内で労働価値論を完成させたリカードの面目が躍如している。にもかかわらず、「100万人の労働は常に同じだけの価値を生産する」というこのリカードの命題（「100万人の労働」命題）はここで言われているような形で主張されるならば、誤ったものになるのである。

なぜなら、まず第1に、この100万人の労働者が生み出す新しい価値、すなわち価値生産物に即してみるならば、個々の労働者における労働日と労働強度が変われば、100万人の労働者の生み出す価値量も変化するからである。本当ならば、単位時間あたりの生産価値量は変化しないと言うべきだったのだろうが、「労働日一定のドグマ」を無意識のうちに前提しているリカードに、そのような限定が必要だとは感じられなかったのである。第2に、この引用文でリカードはあたかも富の量が2倍、3倍になってもその総価値も変わらないかのように述べているのだが、しかし、明らかに労働生産性の増大によって不変資本（原材料のような流動資本のみならず、「機械の発明」の場合には固定資本も）の価値量も増大するはずであるし、したがって生産物価値も増大するはずであ

第2節 初期・前期マルクスにおける「リカードのドグマ」

る。つまり、リカードはここでは、「価値生産物」と「生産物価値」とがきちんと区別できておらず、後者を前者に還元してしまっているのである（「v＋mのドグマ」）。後で見るように、マルクスはこのリカードの「100万人の労働」命題をその後、1861～63年草稿でも『資本論』でも繰り返し取り上げており、この2つの観点から批判している。しかし、この時点でのマルクスはこの一文の最初の数行を引用しつつ、それについて次のように述べているだけである。

> しかし、いったい価値はどのようにして増大するのか？　地代を度外視して、100万の人間ではなく200万の人間が労働する場合は明らかである。つまり、人口の増加によって。同一の生産的活動を増大させることによって。そのためには、一生産物がその他の場合よりも多くの労働を費やすことは必要ではない。そのために必要なのは次のことだけである――人口の増加。それを使用する資本の増加。(全集補巻3, 100頁, Ⅳ/8, S.363)

ここでは、後で登場するような「リカードのドグマ」に対する批判はいささかも見られない（もちろん「スミスのドグマ」に対する批判も）。それゆえ、生産価値量（価値生産物）を増やすには労働人口の増大が必要であるとされている。この点は、ここでの記述を敷衍したもう少し先の記述を見ても明らかである。

> リカードにあっては、地代の場合のように、一方から取り上げられたものを他方が取得するということではなしに、どのようにして価値が、したがってまた資本が増加しうるのかということが、一般に少しも明らかではない。人口の増加、資本の生産力の増加、すなわち労働者の相対的賃金の減少、すでになされた労働の節約以外で、それに数えられるものには、とりわけ事業方法の比例的な多様化がある。より多くの価値がつくり出されるのは、1、より多くの人手が仕事につく、また、2、それと交換される他の部門でそれに相応する労働が呼び起こされることによって、である。……この交換可能性と等価物との創出とを、リカードはまったく無視している。(全集補巻3, 103～104頁, Ⅳ/8, S.365-366)

このように、マルクスはここでは「より多くの価値がつくり出されるのは、1、より多くの人手が仕事につく、また2、それと交換される他の部門でそれに相応する労働が呼び起こされることによって、である」とのみ述べており、やはり個々の労働者の労働日の大きさの変化にはまったく言及されていない。この時点でのマルクスが「リカードのドグマ」を無意識のうちに共有していたことは明らかである。

第2章

「ロンドン・ノート」における剰余価値の発生メカニズム

　この第1の限界は必然的に第2の限界と結びついている。マルクスは、もう少し先で利潤と賃金との相反関係というリカードの例の命題を抜書きした上で、次のように書き記している。

> リカードの大部分の論敵——たとえばウェークフィールドのような——は、リカードが剰余を説明できていないと主張する。つまり、たとえば、一製造業者が30ポンドを原材料に、20ポンドを機械に、50ポンドを労賃に投下するものとする。総計100ポンドである。彼は自分の商品を110ポンドで販売する。どこからのこの〔差額の〕10ポンドは来るのか？　かりに彼が50ポンドを機械に、30ポンドを原材料に、20ポンドを労働に投下し、すなわちやはり100ポンドとなるが、それをあいかわらず110ポンドで販売するとしよう。この〔差額の〕10ポンドはどのように賃金と関係しているのか？　彼の利潤は明らかに、彼がどれだけ〔の価格〕でこの100ポンド〔の商品〕を販売するのかによって決まるのであって、彼にとって労働の費用がどれだけかかるのかによって決まるのではない。(全集補巻3, 135頁, Ⅳ/8, S.413)

　まずマルクスはここで、『哲学の貧困』や『賃労働と資本』と違って、資本家の獲得する利得を「利潤」という範疇ではなく、「剰余」という範疇でとらえている。これはまだ「剰余価値」ないし「剰余労働」にまで至っていないが、それに向けた一歩前進であることは間違いない。その上でマルクスは、「リカードが剰余を説明していない」という批判者からの論難を取り上げている。この非難については、後で見るように、「経済学批判要綱」でも繰り返し取り上げられており、この問題の検討を通じてマルクスはしだいにその剰余価値論を形成していくのである。それはともかく、ここでは、そもそも産業資本家が獲得する「剰余」がどこから生じるのかという源泉問題と、資本家が労働者に支払う賃金の大きさに関わらずその総資本に比例して利潤が獲得されるのはどうしてなのかという平均利潤の問題の両方が区別なしに提出されている。しかしここでマルクスが直接的に取り組んでいるのは前者の問題である。というのもマルクスはこの文章に続けて、このような剰余は商業からは、すなわち流通過程からは生じないとし、その上で次のように述べているからである。

> しかし、彼らの総資本を補填した後に、彼らのうちの誰かの手に剰余が残るためには、剰余がそれ自体として存在していなければならない。彼らが詐欺によって得る相対的利潤は、総剰余の不平等な分配であるにすぎない。し

第2節　初期・前期マルクスにおける「リカードのドグマ」

かし、分配のためには分配される何かが存在していなければならない。利潤が不平等であるためには、利潤〔の存在そのもの〕は前提されているのである。だから、個別的な超過利潤を商業から説明することはできるけれども、剰余は商業から説明されない。産業資本家の階級全体の剰余を問題にするなら、それははじめから消失する。（全集補巻3，135～136頁，Ⅳ/8，S.413）

ここでマルクスは、「産業資本家の階級全体」という概念を提出することで、「要綱」における「資本一般」という認識に接近している[16]。そして、この「産業資本家の階級全体」という次元に即せば、剰余は資本家同士の交換からは発生しようがないことを的確に証明する。この記述は『資本論』でも生かされている。では、剰余はどこから生じるのか？　それは資本家同士の交換からではなく、資本と労働との交換から導き出されなければならない。マルクスは次のように述べている。

　　資本家は彼の生産物を、他の生産物──その価値はそれに費やされた労働時間によって規定されている──と交換する。彼はたとえば20労働日の一生産物を販売し、それとの交換で〔同じ20労働日が費やされている〕一生産物を手に入れる。剰余は、交換ではじめて実現されるとはいえ、この交換では成立しない。剰余は、20労働日を要したこの生産物のうち、労働者は10等々の労働日の生産物しか受け取らないということで成立するのである。（全集補巻3，136頁，Ⅳ/8，S.414）

このようにここではマルクスは、剰余〔価値〕は、「20労働日を要した生産物」のうち、労働者が「10等々の労働日の生産物しか受け取らない」ということで成立すると述べている。第1章で示したように『賃労働と資本』では「10グロッシェンと5グロッシェン」というように貨幣表現であったが、ここでは「労働日」を単位とした労働時間表現になっており、これは進歩の側面である。しかし、この記述では、あたかも生産物の価値が剰余（利潤）と賃金とから構成されているように記述されている点は措いたとしても（「ｖ＋ｍのドグマ」）、ここで言う「労働日」が何時間の労働によって構成されているのかまっ

---

[16]　この点について内田弘氏は次のように述べている。「『ロンドン・ノート』の一部をなす1851年の『リカードウ「経済学および課税の原理（第3版）」の抜粋ノートおよび評注』では……、多くの諸資本を総資本に抽象して、総資本が分配するまえに本源的に領有する剰余（価値）を規定する。この総体としての産業資本家階級の規定こそ、『要綱』の資本一般の経済学的内容である」（前掲内田『中期マルクスの経済学批判』，13頁）。

第2章

たく不明であり（リカードのドグマ）、このことによって資本家と労働者との間の交換が直接的な不等価交換であるような外観がいっそう強まっている。すなわち、20労働日と10労働日との交換というように。したがって、資本と労働との交換関係の記述が労働時間表現に近づけば近づくほど（それ自体は理論的前進である）、よりあからさまな不等価交換表現に近づいてしまうというジレンマを内包することになるのである。

第3節　「リカードのドグマ」の克服Ⅰ
——剰余価値の発生メカニズムの解明

　以上のようなジレンマと限界が基本的に解消されたのが、「経済学批判要綱」である。そこでは、労働と労働能力との区別論にもとづいて本源的な剰余価値の発生メカニズムが明らかにされており、それと不可分に結びついて「リカードのドグマ」の第1の側面の克服が見られる。それを以下に具体的に見ていこう。

(1)「要綱」における「本源的な絶対的剰余価値」の発見

　「要綱」はその執筆時期によってその理論的水準に一定の相違が見られる。言うまでもなく、後になればなるほど1861～63年草稿と『資本論』の水準に近づいている。そこで、「要綱」を便宜的に3つの部分に分けよう。
　第1の部分は、最初の「貨幣の章」から新メガ編集部が「絶対的剰余価値と相対的剰余価値」と名づけた項の最後までである（草稿集1の頁数で言うと425頁まで）。なぜここで区切るかというと、この「絶対的剰余価値と相対的剰余価値」の節においてはじめて、不変資本部分を含む生産物の価値構成の問題が本格的に論じられるようになり、これが後で見るようにマルクス剰余価値論の発展において重要な役割を果たしているからである。第2の部分は、「絶対的剰余価値と相対的剰余価値」から始まって「利潤と剰余価値に関する諸学説」の終わりまでである（草稿集2の頁数で言うと232頁まで）。ここで区切るのは、過去ないし現在の古典派経済学者およびその後継者の諸理論を検討することで、マルクスの剰余価値論自身も発展しているからである。第3の部分は、こ

第3節 「リカードのドグマ」の克服 I

の「利潤と剰余価値に関する諸学説」以降の部分である（この区切り方はあくまでも、「リカードのドグマ」の変遷を見るための便宜的なものであり、次章では別の区切り方をしている）。

「労働」と「労働能力」との区別

まず第1部分から見ていこう。この部分にはすでに、「労働」と区別されて「労働能力（Arbeitsvermögen, Arbeitsfähigkeit）」という概念が提出され[17]、直接的に売買されるのは、「労働」ではなく、労働者の身体および精神と一体となったこの「労働能力」であり、したがってその「能力」の価値が問題になり、それは他のどの商品とも同じくそれを生産するのに必要な労働分量によって決まるということが言われている。

> では、労働者の価値はどのようにして決められるのだろうか？ 彼の商品の中に含まれている対象化された労働によってである。この商品は彼の生命力のうちに存在している。この生命力を今日から明日まで維持するためには……労働者は一定量の生活手段を消費し、使い果たされた血液の補充などをしなければならない。彼は等価物を受け取るだけである。したがって明日には、つまり交換が行なわれた後にも……彼の労働能力（Arbeitsfähigkeit）は、以前と同じ様式で存在している。……彼の生命力の中に含まれている対象化された労働の分量は、資本によってすでに彼に支払われている。彼はそれを消費してしまったが、それは物として存在していたのではなく、生命を持つものの中に能力として存在していたのであるから、その商品の特有の本性——生命過程の特有の本性——からして、彼は再び交換を行なうことができる。（草稿集1，395〜396頁，II/1-1，S.239-240）

ここでは、労働者が交換の結果として資本家から受け取るものが「労働能力」のうちに対象化された価値であることが明快に指摘されている。このことにもとづいて、マルクスは剰余価値を、労働能力の価値を体現する長さの労働日（半労働日）を超えて労働をさせることによって生じるものとして、した

---

[17] 最初のうちは、「Arbeitsfähigkeit」という単語の方がよく使われていたが、しだいに「Arbeitsvermögen」の方がより一般的に使われるようになっている。両者を訳し分けることにあまり意味はないので（マルクス資本論草稿集編集委員会は、当初、前者を「労働能力」、後者を「労働力能」などと訳し分けていたが、草稿集の第2巻ではむしろ「Arbeitsvermögen」が「労働能力」と訳されている）、ここではどちらも「労働能力」と訳しておく。

97

第2章

がって資本による剰余労働の強制によるものとして把握する。

> たとえば、1人の労働者をまる1労働日生存させるのに、半労働日しか必要しないとすれば、おのずから生産物の剰余価値が生まれてくる。なぜなら資本家は、価格ではただ半労働日分についてしか支払をしなかったのに、生産物ではまる1労働日を対象化されたかたちで受け取るからであり、したがって労働日の後の半分と交換されたものは何もないからである。……すなわち、労働者がまる1労働日暮らしていくために、ただ半労働日だけあればよいというのであれば、彼の労働者としての存在をつづけるためには、彼はただ半日だけ労働すればよい。労働日の後の半分は、強制労働であり、剰余労働である。資本の側で剰余価値として現われるものが、そっくりそのまま労働者の側では、労働者としての彼の必要を超える剰余労働として、つまり彼の生命力を維持するための彼の直接的必要を越える剰余労働として現われるのである。(草稿集1, 397〜398頁, Ⅱ/1-1, S.240-241)

このようにここでは、労働者が労働者として生存するのに必要な時間（必要労働時間）を超えて行なわれる労働が「強制労働」としてはっきりとつかまれている。必要労働時間を超える剰余労働を（経済的に）強制することのうちに資本の価値増殖の本質を見出す視点は、「要綱」の第2部分にもはっきりと見出せる。

> 何よりもまず、資本は労働者を強制し、必要労働を越えて剰余労働を行なわせる。ただこのようにしてのみ、資本は自己を増殖し、剰余価値をつくり出す。(草稿集2, 37頁, Ⅱ/1-2, S.334)

これはもちろん、奴隷労働のように直接的な強制労働ではなく、労働者の形式的な自立性と労働力の「自由」で「自発的な（自由意志による）」販売によって媒介された間接的な強制労働なのだが、それでもやはり強制労働なのである。

> 自立化した富は一般に直接的な強制労働である奴隷制によってか、それとも媒介された強制労働である賃労働によってか、いずれにかによってだけ存在する……。(草稿集1, 399頁, Ⅱ/1-1, S.242)

このように、資本と労働との交換において「労働能力の価値」を媒介することによって、マルクスは、労働価値論にもとづいて等価交換法則を侵害することなく剰余価値が発生するメカニズムを解明するとともに、どのようにして結果としてより少ない労働とより多くの労働とが「交換」されるのか、したがって結果としてどのように等価交換法則が廃棄されて不等価交換となり、した

がって資本による剰余労働の強制とその一方的な領有（取得）へと転回するのかを明らかにすることができた。この論点は「領有法則の転回」論へとただちに結びつく。「要綱」の各所で領有法則の転回論が繰り返し展開されているのは偶然ではない[(18)]。ここに古典派の理論からマルクス剰余価値論への飛躍が集中的に示されている。

「労働日」を単位とした表現の限界

　しかし要綱のこの部分では、「1労働日」「半労働日」という曖昧な表現しかなされておらず、明確に何時間の労働時間というようには把握されていない。すでに述べたように、『賃労働と資本』では「10グロッシェンと5グロッシェン」という貨幣表現であったのが、「ロンドン・ノート」では「20労働日と10労働日」という労働時間表現へと進化した。しかし、「ロンドン・ノート」では多くの労働者を一塊にしての労働日表現であったのが、この「要綱」では、個々の労働者に即して「1労働日と半労働日」という表現に進化している。これによってより明確に剰余価値の発生をとらえることができるようになった。しかし、それでもなお「労働日」という表現にとどまっており、8時間と4時間という具体的な労働時間表現にはなっていない。

　「労働日」という用語は、「1日あたりの労働時間」を1つの単位として表現する言葉であり、しかもここではそれが具体的に何時間であるのかが明示されていない。そして単位というのは通常、固定的なものである。それゆえ、必要労働時間は「半労働日」という言い方になる。すなわち、一個の単位である「労働日」の半分という表現方法である。この時点でのマルクスが「1労働日」「半労働日」という表現を用いていたことは、1日の労働時間を固定的なものとみなすリカード的観点をまだ引きずっていたことを意味している。また、この「半労働日」の内実を表現する際にも、労働能力を再生産するのに必要な労働時間として表現されておらず、より曖昧に「1人の労働者をまる1労働日生存させるのに、半労働日しか必要しないとすれば」とか「労働者がまる1労働

---

(18) マルクスの「領有法則の転回」論については、本書第1章の注4で紹介した2つの拙稿を参照のこと。「要綱」には繰り返し「転回」論が登場する。たとえば、以下の箇所（新メガの頁数のみ記載）。Ⅱ/1-1, S.160；S.215-216；S.226-227；Ⅱ/1-2, S.365-369；S.377-378；S.416-417；S.456；S.486；S.555-556. これほど繰り返し登場するのは、このことの解明こそがマルクス剰余価値論の核心をなすものでもあるからである。

日暮らしていくために、ただ半労働日だけあればよいというのであれば」などと表現されている。

「1労働日」や「半労働日」とはいったい具体的に何時間を指すのか？　これが自覚的に問題化されるならば、剰余価値は、必要労働時間を超えて延長される剰余労働時間のうちによりはっきりと求められるようになるだろうし、ここからさらには、追加的な絶対的剰余価値の発見へとつながる本質的な媒介項である労働日の「境界」と「制限」という問題へと進むこともできるだろう。しかし、この第1部分での記述ではまだそこまで至っていない。そもそもこの部分には「必要労働時間」という用語さえまだ登場していない。

(2)「要綱」第1部分における剰余価値論の諸限界

「リカードのドグマ」の根源は、本源的な絶対的剰余価値の存在を最初から所与の前提としていたこと、したがってその発生を、必要労働時間を超える労働日の延長として、したがって剰余労働時間の強制として理解していなかったことにあり、したがってこの点を解明した「要綱」の第1部分において、「リカードのドグマ」の克服に向けた重大な一歩が踏み出されたことは間違いない。しかし、この点を理解したからといって、労働日を与えられた不変量と見る「リカードのドグマ」が全体として克服されたことにはまだならない。

「要綱」第1部分における労働日の制限論

先に述べたように、「要綱」の第1部分ですでに、労働と労働能力との区別がなされ、労働能力の価値を媒介にして剰余価値の発生が解かれていたが、それらの価値の大きさは具体的な労働時間としては把握されておらず、したがって労働日の「境界」と「制限」という問題は十分自覚的には設定されていなかった。たしかに第1部分にも10時間法案についての記述はあるが、必要労働時間を越えてどこまで労働日が延長可能かという問題は不十分にしか提出されていない。たとえば、労働能力を労働者のファンド（基金、元本）ないし資本とみなす俗論に反論している中で登場する次の箇所を見てみよう。

> 労働者が資本と交換するものは、労働者がたとえば20年間に支出するその全労働能力なのである。労働者にこの20年分を一度に支払う代わりに、資本

第3節　「リカードのドグマ」の克服Ⅰ

は、労働者が労働能力を資本の処分に委ねるのに応じて、小刻みに区切って、たとえば週ごとにそれの支払をする。だからこのことは、ことの性質を少しも変えることはないし、また労働者はその労働を繰り返し、またそれの資本との交換を繰り返すことができるためにはまず、10〜12時間、眠ったりしなければならないのだから、労働が労働者の資本なのだというような推論をおよそ許すものではない。事実、上の考えで資本として把握されているのは、労働者が永久運動機関ではないという、その労働の制限であり、それの中断のことである。10時間労働法案などをめぐる闘争が証明しているのは、資本家が望んでいるのは、まさに労働者がその1人分の生命力をできるだけ多く中断せずに使い切ることでしかない、ということである。（草稿集1，350〜351頁，Ⅱ/1-1，S.214）

　ここで言われているのは、1日分の労働には「制限」があり、労働者は毎日の労働をするには一定の睡眠時間を必要とすること、ところが10時間労働法案をめぐる闘争に見られるように、資本はそれさえも許そうとせず、労働者の生命をできるだけ中断なく使い切ろうとする、ということである。ここには、1861〜63年草稿で展開される標準労働日論の萌芽が見られるが、標準労働日という概念そのものは登場していない（この部分は後に1861〜63年草稿でほぼそのまま再録されているのだが、そのときにマルクスはある重要な修正をしている。本書、120頁参照）。

　そのため、「要綱」の第1部分には「本源的な絶対的剰余価値論」しか存在しておらず、したがって、剰余労働時間をすでに含んでいる一定の長さの労働日の存在を前提にして、そこからさらに労働日を延長することによって生じる「追加的な絶対的剰余価値」の問題は看過されている。そのために、この第1部分は、（絶対的）剰余価値の発生そのものを解いた後にはただちに相対的剰余価値の考察へと移っている（草稿集1，412〜414頁，Ⅱ/1-1，S.248-250）。そして、この文脈の続きでマルクスは、労働日の絶対的延長についても言及しながら、それについて次のように留保している。

　　……1労働日——これは常に限界として現われる（工場主諸氏は、もちろん労働日を夜まで延長した。10時間法案。レナード・ホーナーの報告を見よ）（労働日そのものは、自然日〔自然の昼間〕を限界としているわけではない。それは深夜まで延長されうる。このことは労賃の章で論ずべきことである）……。（草稿集1，415頁，Ⅱ/1-1，S.250）

第2章

　この一文の一部はすでに前著1でも引用したが、ここにはっきりと「要綱」における絶対的剰余価値論の限界が示されている。「1労働日」とは具体的に何時間を指し、その「境界」と「制限」は何かという問題設定がなされず、それは「1労働日」という曖昧な表現のまま放置され、それを越えての労働日の延長はすべて「自然日」を超える不自然な延長としてのみ把握され、したがって「資本一般」では論じられず、「労賃の章」で論じられるべき事柄だとみなされている。このような理論枠組みからは当然ながら、一定の絶対的剰余価値がすでに含まれている労働日をさらに延長させることによって生じる追加的な絶対的剰余価値は、固有の問題としては設定されえないだろうし、その労働時間の長さをめぐる階級的攻防も問題にされえないだろう。

　これとの関連で紹介しておきたいのは、マルクスが第1部分の最後に近いところで、必要労働と剰余労働との関係について3点にわたって総括している箇所である。マルクスは、生産力の上昇によってしだいに必要労働時間が短縮するとしても、その短縮による剰余労働時間の増大割合は、必要労働時間が短くなるにつれて必然的にますます小さくなっていくことを数学的に示した上で、「以上を要約すると次のことがわかる」として、3点にわたってまとめている。その第1点目は以下の通りである。

>　第1に、生きた労働の生産力の増大が資本の価値を増加させる（あるいは労働者の価値を減少させる）のは、それが同一労働によってつくり出された諸生産物ないしは諸使用価値の量を増加させる……からではなく、それが必要労働を減少させるから、つまりそれが必要労働を減少させるのと同じ割合で剰余労働をつくり出すから、または同じことだが剰余価値をつくり出すからであり、また資本が生産過程を通して獲得する資本の剰余価値が、要するに必要労働を超える剰余労働の超過分にほかならないからである。生産力の増大は、それが必要労働の剰余労働に対する割合を減少させるかぎりでのみ、しかもそれがこの割合を減少させていく割合でのみ、剰余労働……を増加させることができる。剰余価値は剰余労働と正確に等しく、その増大は必要労働の減少によって正確に測られる。（草稿集1, 421頁, Ⅱ/1-1, S.253）

　最後の一文――「剰余価値は剰余労働と正確に等しく、その増大は必要労働の減少によって正確に測られる」――を文字通りに解釈するならば、あたかも剰余価値を増大させるには必要労働を減少させなければならず、そして必要労働時間を短縮させるのは生産力の増大によってだとみなしていたというように

読める。これもまた典型的な「リカードのドグマ」である。実を言うとマルクスは、この部分を1861～63年草稿で簡略化して再録しているのだが、その際、このような認識を大きく改める加筆を施している。この点については、1861～63年草稿における「追加的な絶対的剰余価値」論を論じるときに紹介しよう（本書、123～124頁）。

「要綱」第1部分におけるリカード批判

さて、「要綱」の第1部分におけるこのような限界は、そのリカード批判の曖昧さにも現われている。マルクスは剰余価値の発生を論じた後に、次のようにリカード批判を展開している。

> A・スミスの、賃金による価値規定と商品に対象化された労働時間による価値規定との混同に対するリカードの反論が示しているように、剰余を埋解したのは、すべての経済学者の中でリカードだけであった。……たしかにリカード自身もしばしば混乱に陥っている。というのも彼は、剰余価値の成立が資本の前提だということを、なるほど理解してはいるのだが、剰余価値の成立を基礎にして価値の増加を理解するうえで、同じ生産物により多くの対象化された労働時間が投下されること、言いかえれば、生産がより困難になることにその理由を求めるという〔間違い〕をはじめとして、しばしば間違いを犯しているからである。そこから彼の場合、価値と富との絶対的対立が出てくる。……価値そのものの増加を説明する唯一の方法としては、生産の困難の増大（地代論）の他には、人口の増加（資本の増大による労働者の自然的増加）が残されているだけである。根本的欠陥は、賃金による価値規定と対象化された価値規定との区別が、そもそもどこから生じるのかを論究している箇所がどこにもないことである。……利潤などは、奴隷制を基礎にしても行なわれるような生産物の分配割合としてのみ現われる。媒介の形態について彼は一度たりとも論究していない。（草稿集1，400～401頁，Ⅱ/1-1, S.242～243）

かなりわかりにくい表現になっているが、ここでのリカード批判は、すでに引用した1861～63年草稿におけるリカード批判の原型とも言うべき諸論点を含んでいる。まずマルクスは、リカードが「剰余価値の成立が資本の前提だということを理解している」と述べている。しかし、リカードにあってはこの剰余価値の発生そのものは問われなかったので、ここから2つの問題が生じる。1、この剰余価値の本源的な発生そのものについて理解していないこと、2、こ

第2章

の剰余価値を前提にしてそこからさらに価値がどうやって増えるかを理解していないこと、である。マルクスは、まず後者の問題から指摘する。リカードは、この価値の増大を基本的には「同じ生産物により多くの対象化された労働時間が投下されること、言いかえれば、生産がより困難になること」に求めていた。これでは、剰余価値は増大せず、むしろ賃金の上昇となって利潤の低下をもたらす。それゆえリカードは、収穫逓減法則にもとづいて利潤率の低下を論じた。それ以外の方法としてリカードが認識していたのは、労働者の数が増大することだけだった。つまり、リカードは、剰余価値（利潤）を増大させる方法としては、いわば「同時的労働日の増大」、すなわち充用労働者数の増大だけを見ていたのである[19]。

しかし、マルクスは、2の問題をさらに深めて労働日のさらなる延長による剰余価値の生産をリカードは見ていないという批判にまで踏み込むことなく、そのまま今度は1の問題へと移っている。この1の問題こそリカードの「根本的欠陥」である。すなわちマルクスは言う、「（リカードの）根本的欠陥は、賃金による価値規定と対象化された価値規定との区別が、そもそもどこから生じるのかを論究している箇所がどこにもない」ことだと。「賃金による価値規定」と「対象化された価値規定」との「区別」ということはつまり、賃金（労働力価値）に対象化されているかぎりでの必要労働時間と、その労働力が発揮する労働の継続時間（労働日）との区別ということであり、本源的な絶対的剰余価値の理論的把握へと結びつく区別である。しかし、リカードは、「賃金による価値規定」と「対象化された価値規定」との「媒介の形態」、すなわち労働能力の価値を理解していないために、本源的な意味での絶対的剰余価値の概念的に把握することができず、生産物の配分、分け前としてのみ賃金と利潤とを把握する。マルクスがここで言わんとしているのは、おそらくこういうことであろう。

ここでのリカード批判は、「要綱」のもう少し先でも繰り返されている。次にそれを見てみよう。

---

(19) この点をマルクスがリカードの限界として理解していたことは、マルクスが、「経済学批判要綱」では絶対的剰余価値の生産方法として「同時的労働日の増大」だけを認識していたという後の一部の解釈が誤っていることを改めて示している。この点に関しては以下の拙稿を参照。森田成也「『資本論』における労働日と労働力価値――拙書『資本と剰余価値の理論』への補足と修正」『社会理論研究』第9号, 2008年。また注20も見よ。

第3節 「リカードのドグマ」の克服 I

　リカードの考え方は、簡単に言えば、諸生産物は、それらに含まれている対象化された労働の量にしたがって、相互に——つまり資本が資本と——交換されるということである。労働日は常に労働日と交換される。これが前提である。……そこで問題は、どのような割合でこの生産物が分配されるのかということだけである。これらの割合は、前提された交換価値の一定の分け前とみなされようと、その内容の、すなわち物質的富の一定の分け前とみなされようと同じである。……いつもまる1労働日とまる1労働日とが交換されるのだから、諸価値の総額はもとのままである。生産諸力の増大は富の内容に影響するだけで、その形態には影響しない。したがって諸価値の増加は、農業における生産の困難の増大を通じて生じる以外にはありえない。そしてこの困難の増大は、自然力が同一量の人間労働に対して、もはや同じだけの貢献をしない場合にだけ、つまり自然的諸要素の豊度が減退する場合にだけ生じる。したがって利潤の低下は地代によって引き起こされる。第1に、どんな社会状態においても、〔労働者が〕常に1労働日まるまる働いているという間違った前提がある、等々（前出箇所を見よ）。（草稿集1，411〜412頁，II/1-1, S.248）

　引用文の最後にある「前出箇所」とは、先に引用したリカード批判の一文のことである。リカードは労働日を与えられた不変量とみなし、その中には最初から利潤（剰余労働）が含まれていると考えていたので、最後の一文にあるように、「どんな社会状態においても、〔労働者が〕常に1労働日まるまる働いているという間違った前提」を立てていたわけである。もし労働日が不変量ではなく、労働者がある社会状態にあっては自分の生活を再生産する分しか働いていないとすれば、それ以上に労働者に働かせて剰余を作り出し、それをわがものとするためには、それを可能とする強制力が必要である。奴隷労働の場合には直接的な強制力が行使され、賃労働の場合には媒介的な形で強制力が行使される（つまり剰余労働時間を含む労働時間分だけ労働しないかぎり労働力商品が資本家によって購買されない）。いずれにせよ、必要労働時間を超えて労働日を延長することが必要になる。リカードはこの点を理解していなかった。資本と労働との交換では、資本同士の交換のように「いつもまる1労働日とまる1労働日とが交換される」のではなく（この場合も、第3章で見るように不変資本価値の無視という問題があるのだが）、すでにマルクスが書いていたように「1労働日と半労働日」とが「交換」されるのである。このあからさまな不等価交換を等価交換として媒介するものが労働能力の売買である。しかし、マルクスはここ

105

第2章

でも、この論点からさらに議論を深めようとはせず、結局、追加的な絶対的剰余価値の生産をめぐる「リカードのドグマ」に対する批判には進んでいないし、また本源的な剰余価値の発生をめぐるリカード批判に関してもかなり曖昧な表現になっている。

(3) 「要綱」第2部分における剰余価値論の発展とその限界

さて次に「要綱」の第2部分の検討に移ろう。先に述べたリカード批判の曖昧さは、この第2部分になるとかなり払拭されるのだが（といっても完全ではない）、その最初の契機となったのは、相対的剰余価値の生産に関するより具体的な考察がなされるようになり、それとの関係で生産物の価値構成が具体的に論じられるようになったことである。

「要綱」第2部分における剰余価値発生メカニズム

相対的剰余価値は必要労働時間の短縮とそれによる剰余労働時間の内的延長によって生じる。これによってまず、「半労働日」と表現されていたものの量が流動化する。しかし、「要綱」の第1部分においてマルクスは一貫して必要労働時間を「労働日」の分数で、すなわち労働日という固定化された単位を用いて表現していた。すなわち、生産力が2倍になったときには「$\frac{1}{4}$労働日」と表現し、したがって剰余労働時間は「$\frac{3}{4}$労働日」に増大する、と（草稿集1, 412頁, II/1-1, S.249）。この分数表現はしばらくのあいだ続く。生産力がさらに2倍化すれば今度は必要労働時間は「$\frac{1}{8}$労働日」となり（草稿集1, 419頁, II/1-1, S.252）、さらに2倍化すれば「$\frac{1}{16}$労働日」になり、こうして無限に分母の数字は大きくなる。このような分数表現は、生産力の増大と比例して相対的剰余価値が増えるわけではなく、ますます少なくなる割合でしか増えないことを示すというこの場面でのマルクスの問題意識に沿ったものではあるが、生産物価値のより具体的な構成を解明する上では不適当である。

それゆえ、その後の「絶対的剰余価値と相対的剰余価値」の項目になると、具体的な労働時間での表現が登場するようになるし、ここではじめて「必要労働時間」という表現が登場する。それ以前は、「必要労働」や「必要労働日」という用語は登場していたが、「必要労働時間」という用語は登場していな

かった。本来、相対的剰余価値を論じるためにはまずもって必要労働時間という概念が確立していなければならないのだが、「要綱」では、相対的剰余価値を論じはじめてかなり過ぎてからようやく「必要労働時間」という概念が登場している。

> まず第1に、次のことは明らかである。資本がすでに剰余労働を増大させて、生きた労働日全体が生産過程で消費されるまでになったとしても（われわれがここで想定しているのは、労働者が他人の処分に委ねることのできる労働時間の自然的分量としての労働日のことである。つまり労働者は自分の労働能力を常に一定時間にかぎって、すなわち一定の労働時間にかぎって他人の処分に委ねるのである）、生産力の増大によって、労働時間は、したがってまた対象化された労働時間は増加するわけにはいかない。必要労働時間が6時間によって示されようと、3時間によって示されようと、すなわち労働日の$\frac{1}{2}$で示されようと、$\frac{1}{4}$で示されようと、生産物に対象化されているのは1労働日なのである。資本の剰余価値は増大している。すなわち、労働者と比べてみたときの資本の価値は増大している。……しかし資本の価値が増大したのは、絶対的労働量が増大したからではなく、相対的労働量が増大したからである。すなわち労働の総量は増えていない。あいかわらず1日の労働がなされているのである。つまり剰余時間の絶対的増加はなくて、むしろ必要労働の量が減少し、それによって相対的剰余労働が増加したのである。（草稿集1，427頁，Ⅱ/1-1，S.256）

ここでは「労働者が他人の処分に委ねることのできる労働時間の自然的分量としての労働日」とあるように、「労働日」を固定的な単位とみなす発想は続いている。しかし、他方では、必要労働時間は「半労働日」「$\frac{1}{4}$労働日」としてだけでなく、「6時間」「3時間」というように具体的な労働時間しても表現されており、そして「必要労働時間」という表現そのものもここで初めて登場している。このように必要労働時間の概念が確立されるなら、それとの対比で総労働量も変動しうるものとして把握されるようになるだろう。実際、上の引用文に見られるように、マルクスは相対的剰余価値を特徴づける中で「絶対的労働量が増大したからではなく」とか「労働の総量は増えていない」と述べている。この発想は、一定の剰余労働時間がすでに存在しているもとで労働の総量を増やすこと、すなわち総労働日を延長させることもすでに視野に入っていることを示している。

さらにそのすぐ後には、生産過程で消費される生産手段の価値（「要綱」では

第2章

「生産手段」概念は確立されていないので「用具と原料の価値」と表現されている）が生産物に再現される事態が考察されているのだが、この場面になると、諸価値の足し算が必要になり、したがって、いっそう労働時間表現の必要性が増大する。こうして、「この場合、労働は、その生きた労働能力に対象化された労働時間——たとえば4時間の労働時間——を表わす40ターレルと交換して、資本に8時間を与えると仮定しよう」（草稿集1，428頁，Ⅱ/1-1，S.257）という表現も見出せるようになる。ここでは必要労働時間はもはや「半労働日」としてではなく、「4時間」と具体的に表現され、1日の労働時間はもはや「1労働日」ではなく、「8時間」と表現されている。そして、この文脈の続きで、「追加的な絶対的剰余価値」に対する事実上の言及も登場するようになる。すなわち、総労働時間が8時間で必要労働時間が4時間のときに生産力が2倍になって必要労働時間が2時間になる場合を考察して、マルクスは次のように述べている。

> 労働者は事実上2時間長く、すなわち4時間ではなく6時間、資本家のために無償で労働した。これは彼にとっては、前の状況下で8時間ではなく10時間労働し、彼の絶対的労働時間が増大したのと同じことである。（草稿集1，431頁，Ⅱ/1-1，S.259）

このように、必要労働時間が2時間短くなることは、総労働時間が2時間絶対的に延長されるのと同じことであると指摘されている。こうした議論の延長として、労働日の延長による剰余労働の産出は、必要労働時間の短縮によるそれと一対のものとしてつかまれるようになる。

> 個々の労働日についてみれば、この過程はもちろん単純である。すなわち、(1) 労働日を自然的可能性の限界まで延長すること、(2) 労働日の必要部分をますます短縮すること（したがって生産諸力を際限なく高めること）である。（草稿集1，522頁，Ⅱ/1-1，S.307）

ここで言う「労働日の延長」は、最初から「自然的可能性の限界」まで達することになっており、前著1でも述べたように、標準労働日の問題と結びついていない。これは「要綱」の限界である。とはいえ、ここには「追加的絶対的剰余価値」の認識の萌芽がはっきりと見出せる（なおこの一連の文章は1861～63年草稿で一定の書き直しをしたうえで再録されており、そこでの叙述の変化は、「要綱」から1861～63年草稿への理論的発展をはっきりと示すものになっているので、後で再論する）。以下の部分においても、相対的剰余価値との対比で「追加

第3節　「リカードのドグマ」の克服Ⅰ

的な絶対的剰余価値」の認識の萌芽を見出すことができる。

> 第1に資本は、それが絶対的労働時間を増加させるのではなくて、生産力の増加によって相対的必要労働時間を減少させるかぎり、自己自身の生産費用を減少させる。（草稿集2，6頁，Ⅱ/1-2, S.315-316）

しかし、この第2部分における絶対的剰余価値論の発展はまだ限定的なものだった。それは、この部分における絶対的剰余価値の定義の曖昧さにはっきりと示されている。1861～63年草稿から『資本論』にかけての絶対的剰余価値の定義の変遷に関しては、すでに前著1で詳しく取り上げたが、紙幅の関係上、「要綱」における絶対的剰余価値の定義についてはまったく触れることができなかった。そこで、本章では、この問題についても少々論じておきたい。

「要綱」第2部分における絶対的剰余価値の定義

すでに何度か論じたように、絶対的剰余価値は剰余価値一般であるとともに、相対的剰余価値という特殊な剰余価値との対比では、それ自体一つの特殊な剰余価値でもある。このような絶対的剰余価値の弁証法的定義は「要綱」の中でいつどのように確立されたのだろうか？

まず「要綱」の第1部分では、絶対的剰余価値の定義そのものが存在していない。それもある意味で当然である。『資本論』においてさえ、絶対的剰余価値が定義されるのはようやく、相対的剰余価値の概念が規定される箇所（現行版では第10章）になってからのことだからである。「要綱」でも、相対的剰余価値について詳細に論じられるようになる第2部分になってから、絶対的剰余価値も定義されるようになる。しかし、そこにおける絶対的剰余価値の定義はまだかなり曖昧である。たとえば、次のような文言を見てみよう。

> さしあたってここでわれわれにとって重要なのは、必要労働時間以上に資本によって働かされた絶対的ないし相対的な労働時間の等価としての剰余価値の本性を説明することだけである。（草稿集1，496頁，Ⅱ/1-1, S.294）

ここでは、「必要労働時間以上に資本によって働かされた」という規定（『資本論』では剰余価値一般の規定であるとともに絶対的剰余価値の規定でもある）が、「絶対的労働時間の等価としての剰余価値」（絶対的剰余価値）と「相対的労働時間の等価としての剰余価値」（相対的剰余価値）の双方を均等に修飾しており、したがって、両者とは別個の、そして両者に共通する土台であって、それが

109

第2章

「剰余価値の本性」であるかのように解釈することも可能な言い回しになっている。また次のような叙述も誤解の余地がある。

> 剰余時間は、労働日のうちわれわれが必要労働時間と呼んでいる部分を超える超過分として存在し、第2に同時的労働日、すなわち労働人口の増加としても存在する。(草稿集1, 521頁, Ⅱ/1-1, S.306)

ここでも、あたかも無規定な「剰余〔労働〕時間」が「必要労働時間と呼んでいる部分を越える超過分」として存在しているかのように読め、したがって、絶対的剰余労働時間でも相対的剰余労働時間でもない、両者に共通の土台として「剰余〔労働〕時間」一般が存在すると読める。このような曖昧さは、この時点でのマルクスが、絶対的剰余価値および相対的剰余価値とは別個に無規定な「剰余価値」一般が存在すると方法論的に捉えていたことを示すものでは必ずしもないだろうが、この時点ではまだ十分明確なものではなかったと言えるかもしれない。

しかし、「定義」という形ではないが、事実上、必要労働時間を越えての労働日の延長によって生じている剰余労働時間を「絶対的剰余労働時間」として把握している箇所も「要綱」の第2部分には存在する。たとえば、「剰余価値と利潤」について論じる中でマルクスは、4時間を必要労働時間とし、労働日が8時間で、したがって4時間が剰余労働時間である場合を想定しているが、この剰余労働時間を「絶対的剰余労働時間」と呼んでいる（草稿集1, 468頁, Ⅱ/1-1, S.278)。さらに労働の生産性が2倍に増大して必要労働時間が4時間から2時間に下がり、労働日が引き続き8時間である場合を想定して、次のように述べている。

> 合計は140ターレルで前と変わらない。しかしそのうち60ターレルが剰余価値である。またその剰余価値のうち40ターレルは前と同じ剰余時間の絶対的な増加に見合うもので、20ターレルは相対的な増加に見合うものである。(草稿集1, 469頁, Ⅱ/1-1, S.278)

このようにマルクスは、必要労働時間を超える労働日の増大分を「剰余時間の絶対的な増加」と呼んでおり、生産性の増大によって生じた「相対的な増加」と明確に区別している。このように、マルクスはこの文脈では事実上、必要労働時間を越える労働日の延長によって生じる剰余価値を絶対的剰余価値として把握していると言えるだろう。とはいえ、この認識は事実上のものであっ

て、定義の形では記述されていない。だが、同じ「要綱」でも第3部分になると、定義の上でもはっきりとしたものになる。

(4) 「要綱」第3部分における剰余価値論の発展とその限界

　「要綱」の第2部分では、「必要労働時間」概念が登場し、この必要労働時間を超える労働日の延長による剰余価値は事実上、「絶対的剰余価値」と把握されていたが、定義そのものは曖昧であった。このような不十分さは、「要綱」の第3部分では払拭される。「要綱」におけるこのような絶対的剰余価値認識の発展にとって重要な契機になったのは、ヘーゲル論理学から批判的に摂取した「一般と特殊の同一性」という弁証法的認識である。これは「要綱」の第2部分のかなり後半になってから登場する。念のためその部分を引用しておこう。

　　　一般的なものは、一方では観念上の種差にすぎないが、それは同時に、特殊的なものや個別的なものの形態と並ぶ1つの特殊的な実在的形態でもある（われわれはこの点に、いずれ立ち返るだろう。これは、経済学的というより論理学的性格をもっているが、それにもかかわらず、われわれの研究の発展上大きな重要性をもつであろう。代数学でもそうである。たとえば、a、b、cは総じて数である。つまり数一般である。だがそれらは、$\frac{a}{b}$, $\frac{b}{c}$, $\frac{c}{d}$, $\frac{c}{a}$, $\frac{b}{d}$ 等に対しては整数である。これらは、それらの整数を一般的要素として前提している）。(草稿集2, 86〜87頁, Ⅱ/1-2, S.359)

　このように、「一般的なもの」が単に諸個別の抽象的な共通性にとどまるものではなく、種々の実在的な「特殊的なもの」と並ぶ1つの「特殊的な実在的形態」であるという方法的認識にもとづくなら、絶対的剰余価値の定義および相対的剰余価値の定義とは別に両者に共通する剰余価値一般の定義を想定する必要はなくなり、絶対的剰余価値の定義がそれ自体として剰余価値一般の定義にもなることは明らかである。

　さらに、もう1つ重要な契機となったのは、利潤と剰余価値に関する他の経済学者の諸理論を改めて再検討したことである。マルクスは、「資本の流通」に入った後に、いくつかの論点をめぐって重要な理論的寄り道をしている。その1つは有名な「資本主義的生産に先行する諸形態」論であるが、もう1つ重要な寄り道をしている。それが「剰余価値と利潤に関する諸学説」である。こ

第2章

れは、1861〜63年草稿における『剰余価値学説史』の原型とも呼ぶべきものであるが、マルクスは自己の理論を構築する過程で何度となく古典派の議論に戻って、それを批判することでさらなる理論的発展を成し遂げている。1840年代の各種ノートしかりであり、1850年代初頭の「ロンドン・ノート」しかりであり、そしてこの「要綱」の場合もしかりである。

「要綱」第3部分における剰余価値発生メカニズム

まず、剰余価値の発生メカニズムの叙述に関して、より明確な労働時間による規定が見られるようになる。先に見たように、「要綱」の前半部では、1日の労働時間は「1労働日」という曖昧な表現しかなされておらず、必要労働時間もまた「半労働日」という曖昧な表現であった。その後、生産力の増大による不変資本の価値問題を論じる中で、具体的な労働時間表現が登場し、それに伴って本源的な絶対的剰余価値に関する認識もより明確なものになっていった。この「剰余価値と利潤に関する諸学説」では、マルサスを批判する中で、特定の労働時間を超えて労働時間を延長することによって本源的な意味での（絶対的）剰余価値が発生することが、いっそう明快に説かれている。

> 労賃は必要労働の価格である。もし労働者が生きていくために6時間労働しなければならず、そして彼が、労働者として自分のために生産するのであれば、彼は6時間の労働を含む商品、たとえば6ペンスの商品を毎日手に入れるだろう。ところが資本家は、労働者に12時間労働させ、そして彼に6ペンスを支払う。資本家は労働者に1時間に$\frac{1}{2}$ペンスを支払う。すなわち、12時間という与えられたある量の労働が12ペンスの価値を持つのであり、また実際12ペンスというのは、生産物が売られるときにそれと交換に受け取られる価値なのである。（草稿集2, 270頁, Ⅱ/1-2, S.463-464）

このように、ここでも必要労働時間は6時間として、1労働日は12時間として具体的に提示されており、剰余価値の発生は資本家が労働者を6時間ではなく12時間働かせることで生じるものとして、より具体的に把握されている（ちなみに、この文章には、価値生産物と生産物価値とを同一視する「v＋mのドグマ」が見出せるのだが、この問題については本書の第3章を参照してほしい）。

第3節 「リカードのドグマ」の克服 I

「要綱」第3部分におけるリカード批判

次に、この学説史研究を通じて、マルクスは「リカードのドグマ」に関しても、より明確な認識を示すようになっている。マルクスは「剰余価値と利潤についての諸学説」の冒頭でリカードを批判するラムジ（ラムゼー）の議論を取り上げ、その批判の問題点を指摘しつつ、本来どのようにリカードが批判されるべきなのかについて次のように論じている。

> リカードにあっては、客体的な労働時間の一定量……がすでに存在しているものなのであって、彼があれこれ問題にするのは、この量がいかに分割されるのかということでしかない。ところがむしろ問題なのは、この量がどのようにして生み出されるのか、であり、そしてこのことこそがまさに資本と労働との関係の特有な本性、言いかえれば資本を説明する資本の種差なのである。……だから剰余価値を理解していないといってリカードが非難されたのは当然であった。といっても、彼の反対者たちは彼以上に理解していないのであるが。資本は労働の（生産物の）既存の価値のうちから一定部分を取得するものとして描かれるが、しかし資本が領有する再生産された資本を超えるこの価値の創造が剰余価値の源泉として描かれることはない。この創造は、交換なしに他人の労働を取得することと一致するのであって、だからまた、ブルジョア経済学にはそれをはっきりと理解することがけっしてできないのである。(草稿集2, 238頁, Ⅱ/1-2, S.449)

ここでは、「要綱」の第1部分におけるリカード批判といささか趣を異にしている。第1部分では、リカードが「剰余」を理解していないという非難に対してどちらかというとリカード擁護的であった。しかし、ここでは逆に「剰余価値を理解していないといってリカードが非難されたのは当然であった」としている（もちろん、批判者はリカード以上に理解していなかったという文言を付け足すことをマルクスは忘れていない）。リカードにあっては「客体的な労働時間」は与えられた「一定量」として前提されており、それが資本家と労働者によって分割される割合だけが問題にされ、したがって剰余価値そのものの「創造」とその「源泉」については問題にされない。同じ問題はリカードだけでなく、その後のリカード派全体にも共通して見られるとマルクスは言う。

> 利潤と賃金とは、必要労働と剰余労働との関係によって規定されているにもかかわらず、必要労働および剰余労働と一致するわけではなく、これらのものの2次的形態であるにすぎない。しかしことの核心は、リカード派に

第2章

> あっては労働の一定量が前提とされてしまうことである。この量がまず生産物の価格を規定し、次にこの価格から、労働は賃金の形で資本は利潤の形で自己の分配を引き出すのであって、そのさい、労働者の分配分は必要生活手段の価格に等しい。(草稿集2, 242頁, Ⅱ/1-2, S.453)

このように「労働の一定量」を所与の前提としてただその分配だけを問題にする態度はリカード派全体に共通するものであった。以上の指摘は、「リカードのドグマ」の第1の側面に対する自覚的批判を表現するものであるが(ヘーゲル流に言えば「対自化されている」)、そのもう少し先には、もっとはっきりとした理論的批判が見出せる。

> だから、剰余価値は必要労働との関係においてのみ評価することができる。利潤は、剰余価値の2次的で派生的で変形された形態、その生成のもろもろの痕跡が拭い去られているブルジョア的形態にすぎない。リカード自身、このことをけっして概念的に把握しなかったが、その理由は次の通りである。1、彼は常に出来合いの量の分割を問題にするだけで、この区別のもともとの措定を問題にしない。2、リカードがもしこのことを理解していたならば、彼は資本と労働とのあいだには交換の関係とはまったく別の関係が生じることを見ないわけにはいかなかったろう。〔このことを理解しなかった〕リカードには、諸等価〔同士の交換〕というブルジョア・システムが等価なしの領有に転回し、しかもこの取得にもとづいているのだということを洞察する必要がなかった。3、割合から見た利潤と賃金についての彼の命題が意味しているのはただ、ある一定の総価値が2つの部分に分割される〔場合には〕、つまりそもそも1つの量が2つに分割される〔場合には〕、この2つの部分の大きさは必ず反比例の関係にあるということでしかない。……割合から見た賃金と利潤という問題を立てた際のリカードの関心は、剰余価値の創出の根源を究めることではなかった。というのは、彼は与えられた価値が賃金と利潤とのあいだで、労働と資本とのあいだで分割されなければならないという前提から出発するのであり、したがってこの分割を自明なものとして前提しているからである。(草稿集2, 313〜314頁, Ⅱ/1-2, S.485-486)

このようにリカードにあっては、「出来合いの量」ないし「与えられた価値」の分割だけが問題にされ、したがって剰余価値の源泉とその発生メカニズムの問題は消去される。そしてマルクスは、リカードのこの限界から「領有法則の転回」の見逃しや、剰余価値と利潤との混同という問題も生じているとみなしている。ここでは、本源的な意味での「(絶対的)剰余価値の創出の根源」を

第3節 「リカードのドグマ」の克服Ⅰ

めぐる「リカードのドグマ」が明確に指摘されており、「要綱」第1部分に見られたような表現のわかりにくさはなく、その理論的主張は実に明快である（実はこの一文には「v＋mのドグマ」も見られるのだが、それについては本書の第3章で検討する）。

絶対的剰余価値の定義の変化と「要綱」の限界

このように第3部分には、本源的な意味での絶対的剰余価値に関する明確な理論的把握が見られる。この点については、絶対的剰余価値の定義に関しても確認することができる。すでに述べたように、第1部分にはそもそも絶対的剰余価値の定義がなく、第2部分では、定義に曖昧さがあった。しかし、この第3部分では、1861～63年草稿や『資本論』とほぼ同一の表現が登場するようになる。

> 絶対的剰余価値を考察すると、それは、必要労働時間を越えて労働日を絶対的に延長することによって規定されたものとして現われる。（草稿集2，589～590頁，Ⅱ/1-2，S.639-640）

ここでの絶対的剰余価値の規定は、「必要労働時間を超えて労働日を絶対的に延長すること」であるのだから、これは剰余価値一般の規定でもある。このように「要綱」においても、絶対的剰余価値は「一般＝特殊」としてつかまれており、それは剰余価値一般であるとともに、相対的剰余価値との対比では特殊に絶対的な剰余価値でもあるのである。

しかしながら、この「要綱」第3部分にも重大な限界があった。それは何よりも、追加的な絶対的剰余価値の把握の不十分さと「労働力価値と剰余価値との同時的増大」論の不在に見出すことができる。たとえば、先に引用した第3部分におけるリカード批判の中でマルクスは、本章の第1節で引用した1861～63年草稿の場合とは違って、追加的な絶対的剰余価値の生産をめぐる「リカードのドグマ」に対する批判へと議論を展開させてはいない。それどころか、このリカード批判の中でマルクスは次のように述べている。

> 賃金が表現するのは、支払われた労働だけであって、この支払いそのものの限度は労働生産性に依存する。というのは、労働生産性が必要労働時間の量を規定するからである。（草稿集2，270頁，Ⅱ/1-2，S.464）

このようにマルクスは、賃金の「支払いの限度は労働生産性に依存する」と

述べており、したがって、労働日のさらなる延長と労働強化によって、労働生産性が一定でも賃金の支払いが増大する事態（労働力価値と剰余価値の同時的増大）は最初から排除されている。

このようなリカード批判の不十分さは、「要綱」における剰余価値論の不十分さそのものと密接に結びついていた。「要綱」では結局、標準労働日概念は確立されず、労働日は基本的にその自然的限界に達していると想定され、したがって「追加的な絶対的剰余価値」論も萌芽的にしか見られなかった[20]。

このように、「要綱」の剰余価値論に関して、マルクスが絶対的剰余価値を「同時的労働日の増大」に還元していたという誤解が生じたのは、この時点のマルクスが「リカードのドグマ」を十分には克服していなかったからであった。より鮮明により深くリカードの限界を抉り出すためには、労働日と労働力価値とをめぐるより明確な理解が必要だった。

第4節　「リカードのドグマ」の克服 II
――「追加的な絶対的剰余価値」論の確立

以上見たように、「要綱」は、「本源的な絶対的剰余価値」に関しては明確な認識を示していたが、「追加的な絶対的剰余価値」に関してはそうではなかった。それはまだ曖昧であり、不十分であり、中途半端だった。「要綱」におけるこのような限界が基本的に克服されるのが1861～63年草稿である。

(1) 1861～63年草稿における理論的発展とその限界

「労働」と「労働能力」との区別の進展

まず、マルクスは1861～63年草稿では、「労働」と「労働能力」との区別を

---

[20] たとえば、その萌芽的言及の一例として次のような文言がある――「すでに措定されている剰余時間、すなわち資本そのものの大きさが大きくなればなるほど、いよいよもって、労働時間の絶対的増加は不可能になり、生産力の増大による相対的増加は幾何級数的に逓減していくということが前提される」（草稿集1, 430頁, II/1-1, S.258)、「資本の傾向は、もちろん、絶対的剰余価値を相対的剰余価値と結合することである。つまり、労働日の最大の延長を同時的労働日の最大の数と結合すると同時に、一方では必要労働時間を最小限に縮減することと結合することである」（草稿集2, 592頁, II/1-2, S.641）。

第4節 「リカードのドグマ」の克服Ⅱ

「要綱」よりもずっとはっきりと行なっている。「要綱」ではしばしば「労働能力」ないし「労働能力」という表現以外に単に「生命力」とか「労働者の価値」などという表現が用いられていたし、本来「労働能力」と表現すべきところがなおしばしば「労働」と表現されていたが（とくに第1部分）、1861～63年草稿では首尾一貫して「労働能力（Arbeitsvermögen）」という表現が用いられている（第1章でも触れたように、ごくたまに「労働力（Arbeitskraft）」という表現も登場するが、ほとんどが「労働能力」である）。

この点での「要綱」から1861～63年草稿への理論的進展は、「要綱」の文章が1861～63年草稿に書き写されている箇所でとくにはっきりとしたものとなっている。1861～63年草稿には「要綱」から書き写した文章がいくつも存在するのだが、その際、マルクスはそのまま書き写すのではなく、たいてい何らかの修正を施したり要約したりしている。そしてその修正部分にマルクスの理論的認識の発展が反映されている場合が多々あり、この問題ではとくにそうである。

たとえば、「資本と労働との交換」に関する部分が「要綱」から1861～63年草稿に書き写されているが、「要綱」段階ではまだ「労働者は、彼の商品たる労働（Arbeit）、つまり他のすべての商品と同じように、商品としてやはり1つの価格をもっている使用価値を、資本が彼に渡してくれる一定額の交換価値、一定額の貨幣と交換する」（草稿集1，327頁，Ⅱ/1-1，S.198）と書かれていたのだが、この部分が1861～63年草稿に書き写された時には、次のような表現になっている。「労働能力（Arbeitsvermögen）の販売。これは、他のいかなる売買の場合でもそうであるような単純な売買、単純な流通関係である」（草稿集4，261頁，Ⅱ/3-1，S.146）。

それに続く一連の文章でも、「要綱」で「労働」と表現されていた箇所がことごとく「労働能力」に書きかえられている。

要綱：「労働者が売るのは一定の労働であり……自分の労働の処分権」（草稿集1，338頁　Ⅱ/1-1，S.204）→61～63：「労働者が売るものは自分の労働能力の処分権」（草稿集4，262頁，Ⅱ/3-1，S.146）

要綱：「非資本そのものとして措定された労働」（草稿集1，353頁，Ⅱ/1-1，S.216）→61～63：「労働能力は非資本として、対象化されていない労働として現われる」（草稿集4，264～265頁，Ⅱ/3-1，S.147-148）

第2章

要綱：「絶対的窮乏としての労働」（草稿集1，354頁，Ⅱ/1-1，S.216）→61〜63：「絶対的窮乏としての労働能力」（草稿集4，265頁，Ⅱ/3-1，S.148）

このように、1861〜63年草稿では「労働能力」概念が「要綱」よりもずっと明確かつ確固として確立されていることがわかる。

1861〜63年草稿における剰余価値の発生メカニズム

このような理論的明確化はもちろんのこと、剰余価値の発生メカニズムの叙述にも影響を与えている。たとえば「要綱」では「必要労働時間」を表現するのに、「1人の労働者をまる1労働日生存させるのに必要な労働日」という曖昧な言い方がされている場合があったが（とくに第1部分）、1861〜63年草稿では最初から「労働能力を再生産するのに必要な労働時間」というより明確な表現が用いられている。

> 労働過程で剰余価値が……発生しうるのは、明らかにただ次の場合だけである。すなわち、貨幣所有者が労働能力の一定時間の使用の処分権を買い、その時間が、労働能力が再生産されるのに必要とする労働時間の大きさよりも、すなわち、労働能力そのものになし加えられ、労働能力自身の価値をなし、このような価値としてそれの価格で表現されている労働時間の大きさよりも大きいという場合だけである。（草稿集4，135頁，Ⅱ/3-1，S.76）

さらにマルクスは続けて、具体的な数値例を挙げて剰余価値の発生をより具体的に明らかにすることへと進み、その際もはや「半労働日」「1労働日」という曖昧表現ではなく、最初から明確に特定の労働時間を越える特定の労働時間を明記しており、しかもそれを労働日の制限と関わらせて論じている。

> 綿花と紡錘とが紡績工自身のものであったとすれば、彼は生きていくために、すなわち翌日のために自分自身を紡績工として再生産するためには、10時間労働をつけ加えなければならないだろう。ところで、貨幣所有者が労働者に10時間ではなくて11時間労働させるとすれば、1時間の剰余価値が生産されることになる。なぜなら、労働過程で対象化された労働には、労働能力そのものを再生産するのに必要な……労働時間よりも、1時間だけ多く含まれていることになるからである。……
> 労働者が、24時間からなる1日全体を生きていくために（もちろんこの24時間の中には、有機体としての彼が労働から休息し、眠り、等々することのできる時間、つまり労働することのできない時間が含められる）、10時間労

第4節 「リカードのドグマ」の克服 II

働しなければならない一方で、彼が1日全体の中で12、14時間労働することができるのであって、それは、この12、14時間のうち10時間しか、労働者としての彼自身の、生きた労働能力としての彼自身の再生産のためには必要ではないにもかかわらず、そうなのである。(草稿集4, 135〜136頁, II/3-1, S.76-77)

このようにマルクスは、24時間という1日の絶対的時間から一定の休息や眠りなどの「労働することのできない時間」を除いた上でも、労働者は必要労働時間を越えて可変的な労働時間を遂行することができると指摘し、労働能力を再生産するのに必要な10時間を超えて、たとえば11時間、12時間、14時間と労働させることができ、この延長分がそのまま資本家の獲得する剰余価値になるのだと把握している。労働日は一定の制限内ではこのような可変量なのであって、その絶対的な長さは資本家がどれだけ労働日を延長するのかに依存している。以上のことにもとづいて、マルクスは剰余価値の発生メカニズムを次のように総括する。

　労働能力そのものの交換価値を測る労働時間と、それが使用価値として使用される期間である労働時間との間のこの差は、労働能力がそれの交換価値の中に含まれている労働時間を超えて、つまりそれがはじめもっていた価値を越えて労働する労働時間であり、またかかるものとして剰余労働であり、剰余価値である。(草稿集4, 138頁, II/3-1, S.78)

以上の剰余価値発生メカニズム論は、ここでの記述の少し後の「2、絶対的剰余価値」と題された部分でより体系的な形で再論されており(草稿集4, 268〜272頁, S.149-155)、より『資本論』に近い形になっている。また相対的剰余価値について論じた箇所では、絶対的剰余価値は、必要労働時間を越える労働日の延長によって生じるものとして明確に定義されている。だが、これらの点についてはすでに前著1で詳しく紹介したので、ここでは割愛しよう。

「標準労働日」概念の登場

労働時間タームを通じて本源的な絶対的剰余価値の発生メカニズムが明瞭に解かれたならば、当然その次には、必要労働時間を越えての労働日の延長がどこまで可能なのかが、したがって、労働日の「境界」と「制限」、標準労働日の制定といったことが問題となるだろう。すでに引用したように、マルクスは

第2章

必要労働時間を越えての労働日の延長について述べた際にすでに労働日の制限について論及していた。労働日の境界と制限の問題についてほとんど論じていなかった「要綱」と違って、ここでも1861～63年草稿での理論的発展は明らかである。

その点を象徴的に示すのが、1861～63年草稿が「要綱」の叙述を一部修正しながら再録している箇所である。労働能力を労働者のファンド、資本とみなすブルジョア経済学者に反論した「要綱」での記述を先に引用しておいたが（本書、100～101頁）、マルクスはその部分を1861～63年草稿で次のように若干言葉を変えて書き写している。

> 彼が資本と交換するものは（彼に対して資本を代表するものがたとえ次々と代わる異なった資本家たちであるにせよ）、彼がたとえば30年間に支出する自分の全労働能力なのである。彼がそれを分割して売るのに応じて、彼に対するそれの支払も分割して行なわれる。このことは事柄をまったく変えないのであって、労働者は自分の労働および自分と資本との交換を繰り返すことができる前にある一定の時間眠らなければならないのだから、「労働は彼の資本である」という推論を可能にするものではけっしてない。実際、この推論で彼の資本と解されるものは、彼の労働の制限であり、その中断であり、彼が永久機関ではないということなのである。彼が自分の生命力を分割して、しかしできるだけ多くを中断なく使い尽くすことしか資本家は望んでいないこと、このことを標準労働日のための闘争は実証しているのである。（草稿集4，264頁，Ⅱ/3-1，S.147）

先に紹介した「要綱」での記述と比べてみよう。労働者が資本家に売る全労働能力の期間が「20年間」から「30年間」になっているなど、いくつかの細かい変更があるが、重要なのは最後の一句である。「要綱」では、「標準労働日」という言葉はまったく出てこなかった。ところが、1861～63年草稿において「要綱」の一文を再現する際に、「10時間法案をめぐる闘争」を「標準労働日のための闘争」という表現に書き換えているのである。この2つは基本的に同じことを言っているのだが、「要綱」では、具体的な歴史的事実としての「10時間法案」にすぎなかったのが、1861～63年草稿では「標準労働日」という理論的範疇に昇華している。ここには、労働日をめぐる、「要綱」から1861～63年草稿への理論的発展がはっきりと示されている。

1861～63年草稿における標準労働日論についてはすでに前著1で詳細に論

じたので、ここでは簡単に振り返るだけにしておく。

　必要労働時間が明確に定義され、本源的な（絶対的）剰余価値がこの必要労働時間を超えて労働日が延長されることによって生じることが明らかになったならば、当然、この労働日はどこまで延長可能なのかという固有の問題が生じる。1861〜63年草稿において初めて労働日の肉体的制限（『資本論』では肉体的および精神的制限）が自覚的な理論問題とされ、その制限（シュランケ）はさらに、短期的なものと長期的なものに区別されて把握される。長期的制限とは、ある一定の長さの労働時間が長期間にわたって反復継続されても、労働力の正常な生涯耐用期間を短縮しない長さである。1861〜63年草稿においては、この長期的制限によって画される労働日、すなわち私の言葉で言えば「標準最大労働日」こそが「標準労働日」とされている。したがってこの標準労働日は労働日の長期的制限と一致するため、それを超えての労働日の延長は例外的なものとなってしまった。ここに、この時点でのマルクスの理論的限界があった。とはいえ、はじめて明確に標準労働日概念が理論の中に組み入れられるのであり、したがって、標準労働日を超えての労働日の延長による剰余価値の生産（追加的な絶対的剰余価値の生産）という固有の問題もまた自覚的に提起されることになったのである。

「追加的な絶対的剰余価値」論の確立

　最初から労働日がその自然的限界まで長いことが自明の前提とされていた「要綱」と違って、労働日の「境界（グレンツェ）」と「制限（シュランケ）」という問題に正面から取り組まれ、したがって「標準労働日」概念が確立している1861〜63年草稿においては、本源的な絶対的剰余価値のみならず、追加的な絶対的剰余価値についても、すなわち、すでに一定の長さの剰余労働時間が存在しているもとで、さらに労働時間を延長することによって発生する剰余価値についても、正面から論じられるようになっている。

　この労働日延長は、1861〜63年草稿においては、標準労働日との関係で2つのパターンに分かれる。まず1つ目は、法定標準労働日がまだ成立していない場合を——明示的ないし暗黙のうちに——想定して、労働日が野放図に延長されるパターンである。この場合、標準労働日がまだ成立していないので、労働力価値ないし労賃が一定であることが前提されており、労働日の延長はその

ままずべて剰余労働時間の増大となり、したがって剰余価値率の上昇となる。

2つ目は、すでに法定標準労働日が成立したことを前提として、労働時間がこの標準労働日を超えて延長されるパターン、あるいは、法定標準労働日はまだ成立していないが、慣習的な標準労働日はすでに存在していて、この慣習的な標準労働日の長さそのものが延長されるパターンである。1861〜63年草稿にあっては、標準労働日は標準最大労働日と同一視されていたので、それを超えて労働日が延長された場合には、あるいは標準労働日そのものが延長された場合には、労働日の正常な生涯耐用期間が短縮され、したがって労働力価値の増大を想定する必要性が生じてくる。なぜなら、1日あたりの労働力価値は生涯労働年数を基準にして計算されるからである。「要綱」では労働時間が延長されても常に労賃は一定であると前提されていたのだが、1861〜63年草稿ではその独特の標準労働日論のおかげで、労働日延長による労働力価値の増大という新しい論点が生じることになったのである。ということは、標準労働日を越えて労働日が延長された場合、あるいは、標準労働日そのものが延長された場合、剰余価値が増大するだけでなく、それと同時に労働力価値も増大することになるだろう。これこそまさに、リカードも「要綱」も想定していなかった「労働力価値と剰余価値との同時的増大」という事態である。

1861〜63年草稿の各所に出てくる労働日延長の記述がこの2つのパターンのいずれであるかは必ずしも明確でない場合もあるが、おおむねこの2つのパターンが存在するものとみて間違いないだろう。前著1ではどちらのパターンについても詳しく論じておいたので、ここで詳細を繰り返す必要はない。だが、1861〜63年草稿は膨大であり、紙幅の都合もあって、すべての登場箇所を網羅したわけではない。そこで、ここでは、前著1では言及しきれなかった箇所として、「要綱」から1861〜63年草稿へのマルクス剰余価値論の発展史という観点から2つの事例だけ紹介しておこう。

「要綱」からの理論的発展Ⅰ──第1の事例

まず最初に紹介するのは、「要綱」から1861〜63年草稿にかけてのマルクスの認識の発展がよくわかるだけでなく、『資本論』と異なる1861〜63年草稿の独自性もよくわかり、したがって、マルクス剰余価値論の形成の過程をたどるのに好都合な事例である。すでに述べたように、1861〜63年草稿には、「要

第4節 「リカードのドグマ」の克服Ⅱ

綱」の記述を再録した部分がいくつもあるが、そのうちの1つは、相対的剰余価値について3点に渡って要約した「要綱」第1部分での記述をより簡略化して再録した部分である（本書、102～103頁）。マルクスは1861～63年草稿においてこの3点にわたる要約を再録した際、いくつかの重要な記述を追加している。まず、マルクスは、3点のうちの第1点目を次のように「要綱」の記述を簡略化した上で叙述している。

> 資本が生産力の発展によって獲得する剰余価値は、同一の労働で創造される生産物すなわち使用価値の量が増加することから生まれるのではなく、必要労働が減少し、それと同じ割合で剰余労働が増加することから生まれる。総じて、資本が生産過程を通して獲得する剰余価値は、必要労働を超える剰余労働の超過分にほかならない。剰余価値は剰余労働と正確に等しく、その増大は必要労働の減少によって正確に測られる。（草稿集4、559頁、Ⅱ/3-1, S.318）

この一文が、すでに引用した「要綱」の「第1に……」で始まる文章とほぼ同じであることは明らかだろう。問題はやはりその最後の文章である。「剰余価値は剰余労働と正確に等しく、その増大は必要労働の減少によって正確に測られる」という一文を文字通りに解釈すれば、剰余価値の増大はただ相対的剰余価値の増大としてのみ可能だということになってしまう。しかし、このような認識は、すでに「追加的な絶対的剰余価値」論を確立していた1861～63年草稿の水準とはあいいれない。それゆえ、マルクスはこの文章にただちに続けて、次のような文章を書き加えている。

> 絶対的剰余価値の場合には必要労働の減少は相対的である。すなわち、必要労働は、剰余労働が直接に増加されることによって相対的に減少する。必要労働が10時間で、剰余労働が2時間である場合に、いま剰余労働が2時間だけ増加されても、すなわち総労働日が12時間から14時間に延長されても、必要労働はあいかわらず10時間である。しかし、必要労働は剰余労働に対して以前には「10：2」、すなわち「5：1」の比率であったものが、今では「10：4＝5：2」の比率になっている。言いかえれば、必要労働は、以前は労働日の$\frac{5}{6}$であったが、今ではもはや$\frac{5}{7}$にすぎない。つまりこの場合には、必要労働時間は、総労働時間したがって剰余労働時間が絶対的に増大したために相対的に減少したのである。（草稿集4、559～560頁、Ⅱ/3-1, S.318-319）

このように、ここでマルクスは「必要労働の減少」を相対的な減少の意味に

第2章

無理やり再解釈したうえで、「総労働日が12時間から14時間に延長され」る場合を記述している。「要綱」の当該箇所には、このような労働日延長の記述はなく、ただ必要労働時間の短縮による剰余価値の増大だけが問題にされていた。マルクスが、「要綱」の記述を再録した際にあえてこの一文を追加したのは、この間における自分の認識の発展を踏まえて議論をより正確にしたかったからだろう。マルクスは、「絶対的剰余価値の場合」をつけ足すことによって、剰余価値の増大を相対的剰余価値論としてのみ構成する「要綱」的論理を止揚しているわけである。

そしてここで注目したいのは、マルクスが、総労働時間が12時間から2時間延長されて14時間になっても、必要労働時間は同じ10時間だとしていることである（だからこそ必要労働の相対的減少になる）。すなわち、この時点では標準労働日がまだ成立していないことが暗黙の前提となっているのであり、それゆえ、総労働時間が延長されても必要労働時間は一定なのであり、したがってそれはすべて剰余労働時間の増大になり、剰余価値率の増大になるわけである。

マルクスは、この一文に続けて、今度は標準労働日が成立すればどうなるのかについて論じている。それが以下の文章である。

> これに対して、標準労働日が所与であって、相対的剰余価値の増加が生産力の増加によって〔生じる〕ときには、必要労働時間は絶対的に減少するのであり、それによって剰余価値は、生産物の価値が増加しなくても、絶対的にも相対的にも増加するのである。それゆえ、絶対的剰余価値の場合には、剰余労働時間の絶対的増大と比べての、労賃の価値の相対的下落〔が生じる〕。それにもかかわらず、労働者にとっては常に、第1の場合〔相対的剰余価値〕の方が悪い。第1の場合には、労働の価格が絶対的に下落する。第2の場合には、労働の価格は上昇しうるのである。（草稿集4, 560頁, Ⅱ/3-1, S.319）

このように、マルクスは、今度は「標準労働日」概念を導入し、「標準労働日が所与の場合には」、剰余価値の増大は生産力の発展による必要労働時間の絶対的短縮によって生じるとしている。つまり、ここでは、前著1で詳細に論じたように、1861〜63年草稿における独特の論理、すなわち、標準労働日が成立する以前は剰余価値率は労働日の延長とともに増大するが、標準労働日が成立したならば、それ以上の労働日延長は原則不可能になり、したがって剰余価値を増大させようとすれば、生産力を発展させることによって必要労働時間

第4節　「リカードのドグマ」の克服Ⅱ

を短縮させなければならない、という論理が示されているわけである。

そして、標準労働日が成立した後に労働時間が延長された場合には、それは労働力の標準生涯耐用期間を人為的に短縮するので、労働力価値を増大させることになるだろう。その場合、労働力価値と剰余価値とが同時的に増大しうることになる。マルクスは、先に紹介した、「要綱」からの再録部分に先立って、そのような同時的増大のパターンを検討している。

> 必要労働と剰余労働とのはじめの割合が「10時間：2時間＝5：1」である場合に、いま労働が、12時間に代わって16時間、つまり4時間多く行なわれるとすれば、割合が元のままであるためには、この4時間のうちの$3\frac{1}{3}$時間を労働者が、そしてそのうちの$\frac{2}{3}$時間だけを資本家がそれぞれ受け取るのでなければならない。……労賃と剰余価値との比率は、超過時間が右の割合で分割される場合でさえ不変だということになる。(草稿集4, 558頁, Ⅱ/3-1, S.318)

このように、この1861～63年草稿においてはじめて、「労働力価値と剰余価値との同時的増大」という新しい論理が登場しているわけである。

「要綱」からの理論的発展Ⅱ──第2の事例

「要綱」から1861～63年草稿への理論的発展を典型的に示す第2の事例はこうである。「要綱」には、相対的剰余価値の生産に関連して、生産力の増大に応じて資本の一部とそれに応じて労働が遊離するので、その資本を充用するのに必要な新しい生産部門の開発が必要になり、したがって、新しい欲望、欲求の開発が必要になるという有名な一句が存在する（前著2でも一部引用しておいた）。

資本主義の発展に伴う新しい諸欲求の創出、新しい生産部門の絶えざる開発、それに伴う多面的な社会的人間の創出という論点は『資本論』にはまとまった記述としては存在していないため、「要綱」に独自の観点とみなされがちであるが、実際には、これと類似した議論は1861～63年草稿にも存在する（「要綱」重視派は「要綱」と『資本論』とを直接比較し、その中間にある1861～63年草稿を軽視しがちである）。しかし、「要綱」と違って、1861～63年草稿では、この論点は相対的剰余価値生産との関連で述べられているのではなく、それ以前に絶対的剰余価値生産との関連で述べられている。このような変化は、「リ

第2章

カードのドグマ」の第2の側面に対する克服が弱かった「要綱」と、その点の克服が進んだ1861〜63年草稿との相違をはっきりと示している。マルクスは、「2、絶対的剰余価値」の「g、剰余労働の性格」への「追補」の中で、交換価値による支配を貫徹する資本主義こそが、他のどの生産様式よりも強力に剰余労働を強制すると述べた上で、次のように述べている。少し長いが重要な部分なので引用しておく。

> ところが資本は、労働時間のこの自然発生的ないし伝統的な諸制限を乗り越えて進む。……あらゆる生産部門が資本主義的生産の手に帰すれば、剰余労働が……一般的に増大しただけのことによって、事業諸部門の分割が、労働の、また交換に入る諸商品の多様性が増大するだろう。ある事業部門で100人が、以前には110人が――より短い剰余労働ないしより短い総労働時間のもとで――していたのと同じだけの時間、労働するとすれば、10人は別の新たな事業部門に投じることができるし、また資本のうち以前はこの10人を雇用するために必要であった部分も同様である。それゆえ、労働時間がその自然発生的ないし伝統的な諸制限を超えて進み出る――労働時間を延長する――だけで、その結果として、社会的労働が新たな生産諸部門で用いられることになるであろう。というのは、労働時間が自由になるからである。それに剰余労働は自由時間を創造するだけでなく、ある生産部門に縛りつけられていた労働能力を、労働一般を、新たな生産諸部門のために(このことが要諦である)自由にするのである。だが、ある範囲の諸欲望が充足されれば、すぐに新たな諸欲望が自由となり創出されるというのが人間の本性の発展法則の特質である。それゆえ資本は、労働時間を、労働者の自然的欲求を充足すべく規定された限度を乗り越えて推進することによって、社会的労働の――社会の全体における労働の――分割〔分業〕の増大、生産の多様性の増大、社会的諸欲望の範囲とそれらの充足の手段との拡大を推進し、したがってまた人間の生産能力の発展をも、それとともに人間のもろもろの素質の新たな諸方向での実証を推進するのである。(草稿集4, 308〜309頁, Ⅱ/3-1, S.174-175)

このように、1861〜63年草稿においては、相対的剰余価値論にではなく絶対的剰余価値論に関連させて資本による新たな生産部門や新しい社会的諸欲求・諸欲望の創出、人間の種々の資質の発展などが説かれている。労働時間のさらなる延長によって資本と労働の一部が自由にされ、それが新たな生産部門へと投入されるのであり、したがってそうした生産部門を可能とする新たな欲求も開発される。「要綱」と違って、1861〜63年草稿では、労働時間のさらな

る延長による剰余価値生産、すなわち追加的な絶対的剰余価値生産という観点が確立されていたからこそ、相対的剰余価値論を待つことなく、こうした叙述が可能になったのである。

以上見たように、1861〜63年草稿においては、剰余価値の本源的な発生メカニズム論が「要綱」よりも正確なものになっているだけでなく、追加的な絶対的剰余価値の生産論も明示的に登場していることがわかる。では、「リカードのドグマ」に対する理論的批判はどうなっているだろうか？　この点に関しても、1861〜63年草稿における理論的進展は明白である。そこで次に、1861〜63年草稿のうちリカードらの古典派理論が正面から取り上げられている部分——後に『剰余価値学説』として編集された部分——を見てみよう。

(2) 『剰余価値学説史』における「リカードのドグマ」批判

周知のように、1861〜63年草稿のかなりの部分は、後に『剰余価値学説史』として出版されることになる、古典派経済学に対する膨大な批判的叙述からなっている。そして、本章の第1節で紹介したように、何よりもこの『剰余価値学説史』においてこそ、すなわち古典派経済学との本格的で体系的な対決を通じてこそ、「リカードのドグマ」の理論自覚的な克服が見られるのである。しかし、この『剰余価値学説史』自体が膨大な草稿なので、アダム・スミスとリカードを取り上げた部分だけ簡単に紹介しておこう。

アダム・スミスにおける「リカードのドグマ」

アダム・スミスは、利潤と地代の源泉を、労働者が労働対象につけ加える価値からの控除として、すなわち労働者が自己の生活を維持するのに必要な時間を超えて行なう剰余労働の対象化として事実上理解した。この理解は、それを発展させていけば、必然的にマルクスの剰余価値論へと至る科学的内実を有している。マルクスは、後述するように、1861〜63年草稿において、この点をリカードよりもスミスの優れた点であるとみなしている。しかし、それと同時にスミスは、「労働」と「労働（能）力」とを区別していなかったので、『賃労働と資本』段階でのマルクスと同じく、「リカードのドグマ」を自覚的に克服するに至っていないし、したがってまた、追加的な絶対的剰余価値の生産を見

第2章

逃している。

　たとえばスミスは、「ある社会の土地と労働の年々の生産物」を増大させるには次の2つしか方法がないと言う。1つは労働の生産性を引き上げることであり、もう1つは「この労働の量を増加させる」ことである。そして、この労働の量を増加させるにはそれを雇用する資本を増加させなければならない。そしてこの資本量を増加させるには、資本家による収入の節約が必要だと説く。この議論の流れから明らかなように、スミスがここで念頭に置いている「労働の量の増加」とは、雇用労働者数を増加させることであり、「収入の節約」とは、剰余価値のうち資本家が個人的に消費してしまう分を少なくして、それをできるだけ新規投資に回すことである。つまりここでは、資本蓄積による拡大再生産が言われているのである。マルクスは、スミスからの引用によってこの点を確認した上で次のように批判している。

　　しかしながら、労働量の増大は、労働者数だけではなく、労働日の長さにも依存している。したがって、労働量は、資本のうち賃金に分解する部分が増加しないでも増大しうる。同じように、この前提のもとでは、機械などを増加させる必要もない（もっともそれはより急速に損耗するだろうが。しかしこのことは何ら事態を変えるものではない）。（草稿集5，197頁，Ⅱ/3-2, S.456）

　スミスは労働日の長さを所与の前提としていたので、労働量を増加させるには充用労働者数を増やすしかないと考えた。しかし、1労働日の長さは不変なものではなく、ある一定の限界内で増やすことができるものである。労働日の長さを長くすれば、機械などの労働手段の量を増やさなくても生産量を増やすことができる（ただし原材料はその分増大する）。ところで、ここでマルクスが、労働日を延長させても「資本のうち賃金に分解する部分が増加しない」としていることからして、労働力価値の一定を前提していることがわかる。ここでは、「労働力価値と剰余価値との同時的増大」の可能性が暗黙のうちに排除されている。

リカード批判Ⅰ──第1の側面への批判

　マルクスはロートベルトゥスを論じた後にリカードを論じている。まさにこの「h、リカード」においてはじめて、すでに前著1の第4章および本章の冒

第4節 「リカードのドグマ」の克服 II

頭で引用したように、「リカードのドグマ」に対する体系的な批判が自覚的に遂行されているのであり、マルクス剰余価値論の形成史における1つの画期をなしている。

この批判は、「リカードのドグマ」の第1の側面(本源的な剰余価値の発生メカニズムの無理解)に関しても、第2の側面(追加的な絶対的剰余価値の無理解)に関しても、非常に明確な形で行なわれているのだが、まず第1の側面に関しては、次のように非常に明瞭な形でなされている。そして、すでに本章の第2節で説明したように、「労働」と「労働(能)力」との区別がここでは決定的な役割を果たしている。

> リカードは、日々の必需品に含まれている労働時間は、この必需品の価値を再生産するために労働者が労働しなければならない日々の労働時間に等しい、ということを当然前提している。しかし、彼はこれによって1つの困難を持ち込み、この関係の明確な理解を消し去っているのである。というのは、彼は、労働者の労働日の一部分を直接に労働者自身の労働能力の価値の再生産にあてられるものとして説かないからである。ここから二重の混乱が生じる。剰余価値の源泉は明らかでなくなり、したがって、リカードは彼の後継者たちから、剰余価値の性質を理解せず説明しなかったとの非難を受ける。……しかし、このように剰余価値の源泉と性質とが明確につかまれていないために、剰余労働＋必要労働、要するに総労働日が固定的な大きさとみなされ、剰余価値の大きさの違いが見逃され、また資本の生産性、剰余労働の強制、つまり一方では絶対的剰余労働の強制、次には必要労働時間を短縮しようとする資本の内的衝動、これらのことが見誤られることになり、こうして資本の歴史的な存在理由は説明されないことになる。(草稿集6, 575頁, II/3-3, S.1029)

リカードにあっては、「労働」と「労働(能)力」との無区別ゆえに、最初から労賃は生活必需品の価値に直接等値され、それは、労働者が1日に行なう労働の一部であることが最初から前提されている。それゆえ、剰余価値の源泉は、この労賃を再生産する部分を越えて労働者に対して強制される剰余労働時間には求められず、1日の労働時間は最初から剰余労働を含んだ固定的な大きさとみなされている。このように、ここでマルクスは、「労働」と「労働(能)力」との無区別、剰余価値の発生メカニズムの不明確さ(したがって強制としての剰余労働という観点の欠落)、総労働日を固定的なものとみなす「リカードのドグマ」という3つの誤謬が有機的かつ不可分に連関しているものとして説

第2章

明しているわけである。

この一文に続いて、リカードが労働日を固定的なものとみなした理由として、資本主義的生産を自明の前提として受け入れていたことを指摘する議論が展開されているが、これについてはすでに本章の第1節で引用したので、ここでは繰り返さないでおこう。

リカード批判Ⅱ——第2の側面への批判

「リカードのドグマ」のこの第1の側面に対する批判から第2の側面に対する批判も必然的に出てくる。マルクスはまず次のような数値例を出している。

> 必要労働時間が10時間、剰余労働時間が2時間、総〔労働〕日は12時間だとしよう。それに対して、必要労働時間が12時間、剰余労働〔時間〕が$2\frac{2}{5}$時間、そして総〔労働〕日は$14\frac{2}{5}$時間だとしたら、生産された価値は非常に違うだろう。第1の場合は12時間で、第2の場合には$14\frac{2}{5}$時間だろう。同様に剰余価値の絶対量も違うだろう。一方の場合には2時間で、他方の場合には$2\frac{2}{5}$時間だろう。それにもかかわらず、剰余価値率、すなわち剰余労働の率は同じだろう。(草稿集6,577頁,Ⅱ/3-3,S.1031)

ここでマルクスは、必要労働時間が10時間で剰余労働時間が2時間の場合と、必要労働時間が12時間で剰余労働時間が$2\frac{2}{5}$時間の2つの場合を想定し、「生産された価値」(つまり価値生産物)の大きさが総労働時間が変わることによって変わり、また剰余労働時間の大きさも異なるが、それでいて剰余価値率が同じであることを指摘している。そして、その数行後に「この場合には、賃金と剰余価値とは一様に増大するであろう」(草稿集6,578頁,Ⅱ/3-3,S.1031)と述べ、「賃金と剰余価値との同時的増大」をはっきりと確認している。そして、この一文に続いて、本章の第1節でも引用した「もしある与えられた大きさを取り上げて、それを2つの部分に分割する場合には……」で始まる文章が存在している(本書、73頁)。

マルクスは、続けて、1797年から1815年まで穀物価格と名目賃金が上がったにもかかわらず労働時間が延長されたおかげで利潤率の低下が阻止されたという話を展開し(本章の第1節で紹介したように、この論点は『資本論』でも繰り返されている)、その流れで次のようにによりはっきりと「リカードのドグマ」の第2の側面についても指摘している。

第4節　「リカードのドグマ」の克服 II

　　リカードはこのことをまったく顧慮しなかった。というのは、彼は、剰余価値の源泉も絶対的剰余価値も探求せず、したがって労働日を一定の大きさとみなしているからである。したがって、右の場合については、剰余価値と賃金（彼は間違って利潤と賃金と言っている）が——交換価値から見て——ただ互いに反比例して増減しうるだけだという彼の法則は間違いなのである。（草稿集6, 579頁，II/3-3, S.1032）

　このようにマルクスは、リカードが本源的な意味での絶対的剰余価値の生産のメカニズムを理解していなかったという「リカードのドグマ」の第1の側面から、その第2の側面が生じていることを指摘している。すなわち労働日延長による追加的な絶対的剰余価値の存在を理解せず、したがって労賃と利潤とが同時に増大しうることを見ず、労賃と利潤との相反関係という「リカードの法則」を不当に一般化してしまったことを指摘している。また別の箇所でも、マルクスは、リカードの相対的剰余価値論に関連して次のように「リカードのドグマ」の第2の側面を明確に批判している。

　　労働日は与えられており、限界づけられており、固定した大きさであるというリカードの見解は、彼によってたとえば次のような別の形でも言い表されている。「それら（労働の賃金と資本の利潤）の合計は常に同じ価値を持っている」（同前）……と。これは、言いかえれば、その生産物が労働の賃金と資本の利潤とに分割されるところの労働時間（日々の）は常に同じであり、不変であるということに他ならない。（草稿集6, 589～590頁，II/3-3, S.1040）。

　この引用文では「v＋mのドグマ」的な表現（「その生産物が労働の賃金と資本の利潤とに分割されるところの労働時間」）も見られるが、このテーマは本書の第3章で取り上げるとして、ここで確認しておくべきは、リカードの「労働日一定のドグマ」に対する批判が明確になされていることである。その後もマルクスは、「リカードの法則」に関連して、それが労働日一定の場合のみ妥当することを以下のように繰り返し指摘している。

　　すでに詳しく証明されていることだが、剰余価値の法則——というよりはむしろ剰余価値率の法則（労働日が与えられたものとして前提すれば）——は、リカードが考えているように、利潤の法則と直接かつ単純に一致しているものではなく、あるいはこれに適用しうるものではない。（草稿集6, 604

頁，Ⅱ/3-3，S.1049）

　ところでリカードにとっては、利潤率と剰余価値——彼は労働日を同じままのものとして前提するのだから相対的剰余価値——の率と同じだから、利潤の永続的な低下または利潤の低下傾向は、ただ剰余価値率の……永続的な低下または低下傾向からしか説明されえない。だがこのような条件はどんなものか？　労働日を与えられたものとして前提すれば、そのうち労働者が資本家のために無償で労働する部分は、ただ彼が自分のために労働する部分が増大する場合にだけ低下し減少するにすぎない。（草稿集6，620頁，Ⅱ/3-3，S.1063）

　だが、リカードが剰余価値率を利潤率と同一視するとすれば——また同時に、彼が仮定しているように労働日の長さが与えられているものと仮定するとすれば——、利潤率の低下傾向は、剰余価値率を低下させる諸原因からのみ説明されうる。しかし、剰余価値率の低下は——労働日の長さが与えられている場合には——、賃金率が永続的に上がる時にのみ可能である。（草稿集6，656頁，Ⅱ/3-3，S.1085）

　この〔リカードの〕見解は、剰余価値率と利潤率とが同じである場合にだけ、したがって（労働日が同じままだと前提して）賃金率が上がらなければ下がりえない場合だけ正しいだろう。（草稿集6，662～663頁，Ⅱ/3-3，S.1089-1090）

　このようにマルクスは繰り返し、リカードがアプリオリに労働日を一定の固定された量とみなしていること、リカードの言う「利潤と賃金との反比例」法則が、ただ労働日が一定であると前提される場合のみ妥当するものであることを指摘している。

リカード批判Ⅲ——二重のドグマ批判

　マルクスはさらに、リカードにおける「労働日一定のドグマ」に関する批判を継続し、その延長上で、リカードの例の「100万人の労働」命題を取り上げて、今度は「リカードのドグマ」に対してだけでなく、「v＋mのドグマ」に対しても批判を展開している。まず「リカードのドグマ」に関しては次のように批判している。

第4節 「リカードのドグマ」の克服Ⅱ

　われわれはそれについて主要な点を挙げる前に、なおリカードの見解を示すための若干の引用文を挙げておこう。「製造業における100万人の労働は常に同じだけの価値を生産するだろうが、しかし、必ずしも同じだけの富を生産しないだろう」（同前、320ページ）。
　すなわち、彼らの日々の労働の生産物は常に100万労働日の生産物で、同じだけの労働時間を含むだろうと言うのだが、これは間違いである。というより、これが正しいのはただ、異なった労働部門の困難さなどの相違を考慮しながら、仮に同じ標準労働日が一般に確立されている場合だけである。（草稿集6，586頁，Ⅱ/3-3，S.1038）

　「ロンドン・ノート」の時と違って、ここではマルクスはこの「100万人の労働」命題をきわめて批判的に扱っており、この命題のうちに典型的に「労働日一定のドグマ」を見出している。しかしいくつか他に注目すべき点もある。まず第1に注目すべきは、この一文に「標準労働日」が登場していることであり、「同じ標準労働日が一般に確立している場合」には、リカードの「100万人の労働」命題は正しいとされていることである。ということは、ここでは標準労働日は、それ以上労働時間を延長させることができないような限界値とみなされていることになる。これは、前著1の第2章で検討した、1861～63年草稿における独特の標準労働日論にもとづいている。第2に注目すべきは、ここでは「労働強度」そのものは登場せず、「異なった労働部門の困難さ」という曖昧な表現になっていることである。この第2の点については次節で取り上げよう。
　しかし、マルクスの批判はこの「リカードのドグマ」批判の観点からだけではない。マルクスはさらにもう1つの観点からもこのリカード命題を批判している。マルクスは先の文章に続いて次のように述べている。

　しかし、その場合であっても〔標準労働日が確立されている場合でも〕、この命題は、それがここで言い表されたような一般的定式では間違いである。……もし前貸資本がただ可変資本だけから、すなわちこの100万人の労賃に投下される資本だけからなっているとすれば、リカードは正しいであろう。……資本主義的発展が進むにつれて、可変資本に対する不変資本の割合は増大するから、100万人の年生産物の価値は、彼らの年々の生産における要因として協働する過去の労働が増大するのに比例して絶えず増大する傾向を持つだろう。すでにこのことからわかるように、リカードは蓄積の本質も利潤の性質もどちらも理解できなかったのである。（草稿集6，586～588頁，

Ⅱ/3-3, S.1038-1040)。

　このようにマルクスは、リカードの「労働日一定のドグマ」に対する批判の観点（「第1の観点」と呼ぼう）だけでなく、「ｖ＋ｍのドグマ」に対する批判の観点（「第2の観点」と呼ぼう）にももとづいて「100万人の労働は常に同じだけの価値を生産する」というリカード命題を批判しているわけである。つまり、このリカードの「100万人の労働」命題の一面性は、この生産される「価値」を価値生産物の意味に理解するならば、労働日を固定的なものとみなす「リ・カ・ー・ド・のドグマ」＝「労働日一定のドグマ」から生じており、第2に、ここで言う「価値」を生産物価値の意味に理解するならば、生産力の上昇によって増大する不変資本の価値を無視する「ｖ＋ｍのドグマ」から生じているというのである。「価値生産物」という概念はまだ1861～63年草稿では確立されていないが、事実上マルクスは、それぞれの観点からこのリカード命題を批判しているわけである。

　この「100万人の労働」命題に対する批判は、リカードの蓄積論について論じたところでももう1回登場しており、そこでも、「労働日を与えられたものと前提」していることを指摘しつつ、不変資本価値を無視しているという二重の批判をしている（草稿集6, 670頁, Ⅱ/3-3, S.1098）。以上の二重の観点については本書の第3章で詳しく再論しよう。

　「リカードのドグマ」に対するマルクスの批判は、『剰余価値学説史』を終えて「生産過程論」に戻った後にも繰り返されているのだが、これについては本章の第6節で、労働強化論との関連で紹介することにする。

(3) 『資本論』における理論的発展とその限界

　以上見たように、1861～63年草稿において初めて「リカードのドグマ」が自覚的に克服され、「追加的な絶対的剰余価値」論も本格的に展開され、したがってまた「労働力価値と剰余価値との同時的増大」論も展開された。しかし、最後の「労働力価値と剰余価値との同時的増大」論に関しては、それほど十分自覚的なものではなかった。その証拠に、1861～63年草稿それ自身の中でも、労働時間が延長されても労働力価値ないし必要労働時間が一定のままで

第4節　「リカードのドグマ」の克服 Ⅱ

あるとする記述が見られたし、剰余価値の大きさを剰余価値率と充用労働者数という「2つの要因」で規定するという見方は1861～63年草稿の全体にわたって何度も繰り返されている。すべての認識が同時に発展するわけではないという真理がここでもあてはまる。では、最後の『資本論』ではどうだろうか？　この問題における『資本論』の発展は——後で見るように労働強化の場合と同じく——アンビバレントである。

　まず一方では、1861～63年草稿においては標準労働日が標準最大労働日と同一視されていたため、標準労働日を超えての労働日の延長が例外的な事態とされていたという限界があったが、すでに前著1で詳細に論じたように、『資本論』ではこうした「標準最大労働日としての標準労働日」という捉え方それ自体に大きな変化が生じており、標準労働日はもはや標準最大労働日ではなく、標準最大労働日以下のある一定の長さの労働日である。したがって、この標準労働日を越えての労働日の延長はもはや例外的な事態でも、不正常な事態でもなく、普通にありうる事態として再把握されることになった。したがって、標準労働日ないし一定の労働日を越えての労働の延長による「追加的な絶対的剰余価値」の生産もまた不正常な事態ではなく、商品交換の正常な進行を前提にしたうえでも十分に理論的枠組みの中に収めることのできる現象となっている。こうして、「労働力価値と剰余価値との同時的増大」論も『資本論』では復活し、よりはっきりと記述されるようになっている。

　しかし、他方では標準労働日が標準最大労働日から区別されたとはいえ、独自の理論的規定がなされるまでには至っておらず、むしろ『資本論』では標準労働日の概念が曖昧になってしまっている。そのため、標準労働日の成立後も労働力価値を一定とするドグマが継続しており、それゆえ、「労働力価値と剰余価値との同時的増大」論もまた理論的に十分には把握されておらず、さまざまなパターンの1つとしてのみ捉えられている。以下、簡単に見ていこう（詳しくは前著1を参照のこと）。

標準労働日概念の曖昧さ

　まず、『資本論』において標準労働日が標準最大労働日と区別されたことで、今度は2つの新たな問題を抱えることになった。

　まず第1に、標準労働日は標準最大労働日とは異なるものとして規定された

第2章

が、それに代わる標準労働日の新たな概念が確立されることがなかったため、労働日の最小限と最大限のあいだに挟まれた一定の大きさの労働日という以上の規定を持たなくなってしまったことである。標準最大労働日と同一視されていたときには、それは、長期的制限によって画される労働日として一定の明確な質的規定性も持っていた。しかし、標準最大労働日と切り離されることで、そのような明確な質的規定性を失うことになり、単なる量的範囲を持つだけになってしまった。1日は最大24時間である。誰も24時間ぶっ通しで毎日働けないことぐらいはわかる。労働時間にはおのずから自然的・社会的制限がある。その制限を越えて働かせることは、労働力の正常な使用を超えており、それは使用ではなく濫用であり、したがって認められない。認められないといっても資本は労働者の寿命など気にしないので、そのような濫用を平気で行なうだろうから、下からの階級闘争と上からの国家規制の両者によって、そうした制限を守らせなければならない。しかし、その制限内で、いったいどの水準で「1日分の労働力価値」に見合う「1日分の労働時間」が設定されるべきなのか？　それを客観的に確定する経済法則など存在しない。それは、いったい何時間の労働時間が標準的なものとして社会的に承認されるのかという問題である。そのような社会的合意ないし承認は、労働者の階級闘争をはじめとするさまざまな社会的運動の進展、世論の動向、人権意識の発達水準、法的枠組み、国際的基準などによって形成され、決定される。このような過程を経て成立するのが標準労働日である。したがって標準労働日とは、①労働日の最小限と最大限に挟まれた一定の大きさの労働日であり（量的範囲規定）、②その範囲の中で「1日分の労働力価値」に見合う「1日分の労働時間」として社会的に承認された労働日（質的概念規定）、という二重の規定性を持つ。この二重の規定によってはじめて標準労働日は経済理論的に意味のある概念になるのである。

　だが『資本論』はこのような明確な標準労働日概念を提示することはなかった。それゆえ、『資本論』においてはかえって標準労働日の理論的意義が低くなり（現実的・歴史的意義は非常に高いのだが）、標準労働日が登場する「労働日」章以降においても標準労働日はほとんど何の理論的役割も果たしておらず、もっぱら単なる1労働日か平均労働日だけが労働日の基本単位として登場している。それゆえ、標準労働日を超えての労働日の延長として概念的に理解されるべき「追加的な絶対的剰余価値」も曖昧になっている。それは、すでに

ある一定の労働日を延長することによる絶対的剰余価値の生産としてのみ理解されており、そのため、後の『資本論』解釈では、いったいマルクスは絶対的剰余価値を、必要労働時間を超えての労働日の延長によって生じるものとして規定しているのか、それともすでに一定の剰余価値が存在している一定の長さの労働日をさらに延長することで生じるものとして規定しているのかをめぐって論争が生じることになったのである。

労働力価値一定のドグマ

この標準労働日概念の曖昧さから第2の問題が生じる。1861～63年草稿においては、すでに述べたように、標準労働日は標準最大労働日と同一視されていた。したがって、それは「1日分の労働力価値」に相当する「1日分の労働時間」の最大限（長期的制限）と一致していた。ということは、標準労働日を越えて労働日を延長すれば、労働力の正常な耐用期間を短縮することになり、したがって、標準労働日を越えての労働日の延長は労働力価値の増大を必然的にもたらすことになる。こうして、標準労働日を超えての労働日の延長の場合に、「労働力価値と剰余価値との同時的増大」という論理を展開しやすかった。

ところが、『資本論』においては、標準労働日はもはや標準最大労働日と同一ではない。それでいて、標準労働日の新しい明確な理論的規定はなされていない。もしそれが、「1日分の労働力価値」に見合うものとして社会的に承認された「1日分の労働時間」として明確に規定されていたならば、この「1日分の労働時間」を超える労働日の延長はすべて、この社会的に承認された標準水準を超えるものであるから、当然、少なくともその分に比例する労働力価値の増大を理論的に導出することができるだろうし、実践的にもそう主張することができるだろう。なぜなら、契約上の賃金はあくまでも標準労働日を前提にした額であり、したがって、それ以上働かせたならば、その分は契約を超える追加的な労働時間であり、その分余計に労働力を消費し消耗させるのだから、その文の追加料金が発生することになるのは当然だからである。

ところが、『資本論』では、そのような標準労働日概念が確立していなかったために、標準労働日を超える労働日の延長が必然的に労働力価値の増大をもたらすと把握できていない。そのため、標準労働日が理論的に確立される「労働日」章以降においてもマルクスは、労働日が延長されても労働力価値が一定

であるという理論的前提を引き続き置くことになったのである[21]。

たしかに、労働力価値（必要労働時間）を一定の大きさの与えられた不変量と前提することは、本源的な（絶対的）剰余価値の発生メカニズムを解く理論段階では必要不可欠である。なぜなら、剰余価値とは、必要労働時間を超えて労働日を延長させることによって生じるものであり、その場合には、さしあたり必要労働時間が一定であると前提しないかぎり、必要労働時間を越えて労働日を延長させるという理論操作もはなはだ困難になるからである。また現実的にも、標準労働日が確立されるまでは、賃金が一定のまま労働日は延長されえたのであり、したがって労働力価値ないし必要労働時間を与えられた不変量として前提することは現実においても恣意的な仮定ではなかった。しかし、いったん、（絶対的）剰余価値の本源的な発生が解かれ、それにもとづいて必要労働時間と剰余労働時間の概念規定がなされ、剰余価値率の規定がなされたならば、今度は、その労働日の延長がどこまで可能なのかということが問題になり、したがって、その客観的な「境界」と「制限」の問題、それをめぐる労資の対立と闘争が問題になり、最終的に、正常で標準的な長さの労働日の法的獲得という問題を解くことができるようになる。

こうして標準労働日の概念が確立されたならば、与えられた労働力価値の水準はこの標準労働日を前提にしたものとなり、それと不可分に結びついたものとなる。したがって、標準労働日を越えて労働日が延長された場合には、それに見合って労働力価値の増大が生じなければならない。そうなれば、剰余価値率が一定でも剰余価値量が増大しうること、したがって、「労働力価値と剰余価値との同時的増大」が生じうることになる。これによって、労働力価値（賃金）と剰余価値（利潤）とが普遍的に反比例関係にあるとみなす「リカードのドグマ」の2つ目の側面を完全に克服することが可能になるのである。

ところが、マルクスは現行版『資本論』の「労働日」章の直後の第9章冒頭で「これまでと同じく、この章でも労働力の価値、つまり労働日のうち労働力の再生産または維持に必要な部分は、与えられた不変量として想定される」（KⅠ, 399頁, S.321）としている。つまり、「労働日一定のドグマ」は打破された

---

[21] ただし、『資本論』においても、時おり労働日の延長によって労働力価値が増大するという論理が提示されていた。これはこの欄外注には収まらないので、この説の最後に補論として論じておく。

が、「労働力価値一定のドグマ」が事実上その代わりをつとめており、そのため、「労働力価値と剰余価値との同時的増大」という新しい論理の位置づけが不十分なままに終わったのである。

方法的前提の変化

以上の点を別の観点から見てみよう。先に述べたように、最初に労働力価値、すなわち必要労働時間を与えられた不変量とする前提は、絶対的剰余価値論を、したがって剰余価値論そのものを展開する上で必要不可欠のものであった。これがあってこそ、剰余価値論一般を科学的に解明でき、したがってそれを基礎にして絶対的剰余価値との対比で相対的剰余価値論も正しく展開できるのである。つまり、「リカードのドグマ」においては、最初から労働日が一定とされて賃金（必要労働時間）だけが可変だとされていたのだが（したがって相対的剰余価値論しか展開できない）、それを克服した『資本論』では、最初にまずもって労働力価値（必要労働時間）を一定とし労働日を可変とする前提を立てて（絶対的）剰余価値の発生を説き、次に、今度は逆に労働日を一定とし労働力価値（必要労働時間）を可変として相対的剰余価値の発生を説くという論理の展開が採用されているわけである。これは「リカードのドグマ」の全体としての理論的・方法的克服を意味するものであった。しかし、「労働日可変＋労働力価値一定」（絶対的剰余価値論）→「労働日一定＋労働力価値可変」（相対的剰余価値論）という論理の中間には、「労働日可変＋労働力価値可変」という理論的媒介項が存在しなければならない（労働強度の問題と特別剰余価値はここでは捨象しておく）。したがって、この中間項を入れると、「労働日可変＋労働力価値一定」（本源的な絶対的剰余価値論）→「労働日可変＋労働力価値可変」（追加的な絶対的剰余価値論）→「労働日一定＋労働力価値可変」（相対的剰余価値論）という3項関係が成立するわけである[22]。

そして、最初の「労働日可変＋労働力価値一定」と2番目の「労働日可変＋労働力価値可変」とを媒介するのが標準労働日の成立なのだが、マルクスの場

---

(22) ちなみにリボウィッツは注8で言及した著作で、相対的剰余価値論に関連して異なった3項関係を提示している。すなわち「生産力不変＋労働者の欲求水準一定」（絶対的剰余価値論）→「生産力可変＋労働者の欲求水準一定」（相対的剰余価値論）→「生産力可変＋労働者の欲求水準可変」（より進んだ相対的剰余価値論）。リボウィッツはこの3つ目が『資本論』では十分に論じられていないと批判している（Lebowitz, *Beyond Capital*, pp.101-119）。

合、標準労働日の理論的概念の曖昧さゆえに、せっかく、「労働日可変＋労働力価値一定」という枠組みの後に標準労働日の成立を説きながら、それが本来果たすべき理論的役割を果たしていない。本来、標準労働日を標準最大労働日と区別することは、「労働力価値と剰余価値との同時的増大」をより明確に理論的に明らかにする道を切り開くものなのだが、マルクスの場合には、新しい明確な標準労働日概念を確立することができなかったので、標準労働日成立後も労働力価値を一定とする仮定を継続させ、同時的増大論が不十分なままに終わっているのである。『資本論』では結局、この同時的増大論は、第15章「労働力の価格と剰余価値との量的変動」を論じた箇所で、さまざまなパターンの1つとしてのみ論じられている。こうして、「リカードのドグマ」の第2の側面の克服は、結局中途半端なものに終わったと言える。

補論　『資本論』における労働日延長と労働力価値増大の論理

　注21で触れたように、『資本論』にも、労働日の延長にともなって労働力価値が増大するという論理が時おり見出せる。その事例をいくつか検討しておこう。

　まず、肉体的・社会的制限を超えて労働日が「反自然的」に延長される場合には、労働者の生涯耐用期間（あるいは寿命そのもの）を人為的に短縮するので、その分、労働力価値が増大するという論理が見られる（KⅠ, 348頁, S.281）。この種の労働力価値増大論の是非については、前掲拙稿「『資本論』における労働日と労働力価値」を参照のこと。しかし、これはあくまでも労働日がある限界を超えて「反自然的」に延長された場合に限られる。

　だが『資本論』では、標準労働日は標準最大労働日未満なので、労働日が延長されても、標準最大労働日に達するまでは「反自然的」ではない。ではその場合、労働力価値は増大するのか？　『資本論』では、それによって労働力の損耗が生じるので労働力価値が増大するという論理が時おり提出されている（KⅠ, 682頁, S.549；KⅠ, 708頁, S.569）。しかしそれは理論的に一般化されていない。

　ただし、フランス語版『資本論』では、労働量の増大が労働力を損耗するかぎりで労働力価値を増大させるという論理が、ドイツ語版よりも明快に打ち出

されている。たとえば、現行版『資本論』第15章の第2節「労働日と労働生産力が不変で労働強度が可変ある場合」には次のような一文がある。

> すでに述べたように、一時的な例外はあっても、労働の生産性の変動が労働力の価値の大きさに変動を引き起こし、したがってまた剰余価値の大きさに変動を引き起こすのは、ただその産業部門の生産物が労働者の慣習的な消費に入る場合だけである。このような制限（Schranke）はここ〔労働量が変動する場合〕にはない。労働量の変動が外延的であれ内包的であれ、その量の変動に応じて……その価値生産物の大きさが変動する。（KⅠ，680頁，S.547-548）。

この一文はフランス語版で次のように変わっている。

> すでに述べたように、労働生産性の変動が労働力価値に影響を及ぼすのは、労働者の通常の消費に入り込む生産物を生産する産業部門〔の労働生産性〕に影響を及ぼす場合のみである。それに対して、労働の大きさのどんな変動も、それが外延的であろうと内包的であろうと、労働力の損耗を促進するかぎりで、労働力の価値に影響を及ぼす。（仏版下，167頁，Ⅱ/7，S.453）

このように、ドイツ語版では主として剰余価値ないし価値生産物の変動が問題にされているのに対し、フランス語版では労働力価値の変動が問題にされている。

さらに、同章の第3節「労働生産性と労働強度が不変で労働日が可変である場合」の冒頭において、フランス語版では3つの法則が最初に列挙されており（エンゲルス編集の英語版も同じ）、その3つ目には、「労働力の絶対的価値は剰余労働の延長が労働力の損耗度に及ぼす反作用によってしか変動しない」（仏版下，168頁，Ⅱ/7，S.454）という一句が存在する。ここでも、労働力の価値が、労働時間の延長に伴って労働力をそれだけ損耗させるので増大するという論理が出されている。

第5節　「リカードのドグマ」の克服Ⅲ
——「内包的な絶対的剰余価値」の発見

　すでに述べたように、リカードは労働日の外延量、すなわちその長さを与えられた不変量とみなしただけでなく、その内包量、すなわち労働強度も同じく

第2章

不変量とみなしていた。というよりも労働強度については固有の問題とはまったくみなしていなかった。こうした立場は、個々の論点ではまだリカード理論を引きずっていた前期マルクスの諸文献にも見られる。そこでも、労働日の大きさの問題だけでなく労働強度の問題も無視されている。「経済学批判要綱」では、労働強度の問題はかなり最後の方になってからようやく少しだけ登場する。「要綱」における労働強化論については前著1では紙幅の都合上ほとんど論じていないので、ここで簡単に論じておこう。

(1)「要綱」における労働強化論

「要綱」で労働強化論が登場するのは、そのほぼ最後近くになってからであり、生産力が増大する際に追加資本が必要かどうかという問題、したがって不変資本の節約について論じる文脈においてである。マルクスはいくつかの場合を区別しなければならないとして、その一番目に「熟練」の問題と並んで「労働強度」の問題に言及している。

> 次の場合を区別しなければならない。(1) 労働（すなわち労働の強度、速度）の増加が原料ないし労働用具への前貸しの増加を必要としない場合。たとえば次のようなことは同じ価値量の原料でもやっていける。すなわち同じ100人の労働者が同じ価値を持つ用具でもってより多くの魚を捕らえる、あるいは土地をよりよく耕す、あるいはより多くの鉱石を鉱山から、あるいはより多くの石炭を炭鉱から採掘する、あるいは、より高い熟練度とよりよい労働の結合および分割等によって、より多くの金箔を同じ量の金から作り出す、あるいは、原料の荒廃をより少なくする、といったことである。したがって、この場合、労働者たちの生産物そのものが彼らの消費に入っていくと仮定すると、彼らの必要労働時間は減少するのであり、彼らは同じ生活費でより多くの労働を行なうことになる。あるいは、彼らの労働のうち、労働能力の再生産のために必要な部分が減少する。労働時間の必要部分が剰余労働に比べて減少し、生産物の価値が同じまま、つまり100労働日であるにもかかわらず、そのうちの資本のものになる分け前、つまり剰余価値は増加する。(草稿集2, 595頁, Ⅱ/1-2, S.642-643)

ここでは、100人の労働者によって——もちろん「同じ価値を持つ用具」を用いて——生産された「生産物の価値」を「100労働日」としており、これは

第5節 「リカードのドグマ」の克服Ⅲ

典型的に「v＋mのドグマ」である。しかしここでは、労働強度の問題に集中しよう。労働強度の問題は、「高い熟練度」の問題や、「労働の結合および分割」（協業と分業）などの問題といっしょに論じられており、それが追加的な不変資本を必要としないかぎりにおいて、生産物価値の総額を少なくするので、その商品が労働者の消費に入っていくとき、必要労働時間を短縮し、したがって資本の獲得する剰余価値を増大させると主張されている。必要労働時間の短縮による剰余価値の増大という点だけを見れば、マルクスは「要綱」において労働強化による剰余価値を相対的剰余価値の一種とみなしていたようにも見える。しかし、ここでは、そうした効果が生じるのは、不変資本を増大させずに生産量を増やしたことが原因であるとされているので、むしろこれは不変資本の節約による効果であると考えていたとみなすべきだろう。このような効果はしたがって、労働時間を延長する場合にも生じるだろう。実際、マルクスは現行版『資本論』第3巻第5章「不変資本充用上の節約」において、労働日の延長が新たな不変資本（この場合は固定資本）の投下を節約し、したがって利潤を増大させると述べている（Ⅱ/4-2, S.111；KⅢ, 98頁, S.87）。そして、この不変資本節約効果のおかげで商品が安くなり、その商品が労働者の消費に入るなら、必要労働時間を短縮させるだろう。したがって、「要綱」の先の引用箇所では、労働の強化それ自体が必要労働時間を短縮させて（相対的）剰余価値を増大させると主張されているわけではない。

　興味深いことには、「要綱」の先の引用文において、新メガ編集者によれば、冒頭の「(1) 労働」の後に、マルクスは「絶対的労働時間であれ」と書いたのちに消している（草稿集2, 596頁）。これはどういうことだろうか？　おそらくこういうことだろう。不変資本の節約によって相対的剰余価値が発生するのは、労働強化のような絶対的〔剰余〕労働時間の増大の場合にも起こりうることだが、と書きかけて、労働強化をそのように規定してよいかどうかに迷いが生じたため、書きかけて消し、いずれにせよ労働強化が不変資本の節約になるかぎりでは必要労働時間を短縮して（相対的）剰余価値を増大させると考え直したのだろう。

　したがって、労働強化による剰余価値の生産そのものが剰余価値論上どのような理論的性格を持っているのかについては、「要綱」段階でのマルクスはまだきちんと考えておらず、この問題については正面切っての論及をしなかった

のである。結局この問題が本格的に論じられるのは1861～63年草稿においてであった。

(2) 1861～63年草稿における労働強化論

1861～63年草稿において初めて本格的に労働強度の問題について、したがって労働強化による剰余価値の生産の問題について論じられている。しかし、そこでの労働強化の理論的位置づけは、前著1で詳しく論じたように、きわめて多様で曖昧であり、少なくとも3つの説を見出すことができる。

3つの説

前著1の簡単なおさらいになるが、ここでもこの3つの説を簡単に概観しておこう。

この労働強度問題が最初に論じられるのはいわゆる「機械論草稿」の前半部においてであり、そこでは、それを労働日の延長と同じく絶対的剰余価値を生産するものだとする記述が存在している（草稿集4, 536～537頁, Ⅱ/3-1, S.307）。これは私の見解と一致するが、1861～63年草稿がこの見解で統一されていたわけではなかった。『剰余価値学説史』の執筆による長い中断を経た後の「機械論草稿」後半部になると、労働強化による剰余価値の生産の性格についてより多様な見解が示されるようになっている。

たとえば、「機械論草稿」の後半部では、労働強化は相対的剰余価値を生産する特殊な（あるいは例外的な）形態だとみなされるようになっている（草稿集9, 27頁, Ⅱ/3-6, S.1906）。これは『資本論』での見解と一致しており、私の見解とは対立する。しかし、この後半部分にはさらに、新しい労働強度が一般化するまでは新しい価値を生産し、したがって絶対的剰余価値を生産するが、新しい強度が一般化すれば価値として計算されなくなり、それは消滅するのであり、したがってそれは相対的剰余価値に転化するという論理も提示されている（草稿集9, 31頁, Ⅱ/3-6, S.1908）。一般化するまでは絶対的剰余価値を生産するという点を除けば、これもまた『資本論』にも見られる論理である。

最初のものを「絶対的剰余価値説」、第2のものを「相対的剰余価値説」、最後のものを「転化説」と呼ぶことができるとすれば、1861～63年草稿はこの3

つの説をすべて提示していたことになる。そして、これらの3つの立場は同時に、その後の『資本論』研究におけるさまざまな論者の主要な3つの見解でもあった。大きく異なるこれらの見解が同じ1861〜63年草稿に並存していることは、この問題について、1861〜63年草稿段階においてもマルクスがまだ大いに迷っていたことを示していると言えるだろう。

1861〜63年草稿における留保条件

　このような曖昧さは、労働強化によって「労働力価値と剰余価値との同時的増大」が生じるかどうかという問題を論じる際の制限として機能している。まずもって、マルクスは、1861〜63年草稿において同時的増大論に触れる際、しばしば、労働日の延長がその唯一の場合であるという記述を残している。すでに引用したリカード批判の文脈でもそうであったし、以下の記述もそうである。

　　　ところで、B〔ベイリー〕は、労働の価値と利潤とは逆比例するというR〔リカード〕の法則を覆そうとしている。しかも彼は、この法則が正当である場合にかぎってそれを覆そうとしている。つまり彼は剰余価値と利潤とを同一視しているのである。彼はこの法則の唯一可能な例外、すなわち、労働日が延長され労働者と資本家とがこの延長の分け前を平等にあずかる場合を挙げていない。（草稿集7, 218頁, Ⅱ/3-4, S.1333）

　ここでもマルクスは、「労働日が延長され労働者と資本家とがこの延長の分け前を平等にあずかる場合」を、賃金（「労働の価値」）と利潤とが同時に増大する唯一の例として挙げている。ところが、マルクスは別の箇所では、すでに引用したように、労働強化の場合もこのような同時的増大が起こりうることに気づいていた。しかし、その場合でも、常にある重要な留保条件を置いていた。すなわち、新しい労働強度が一般化するまでは価値の増大として計算されるが、それが一般化すれば価値の増大としては計算されなくなるという留保である。まず、本章の第1節で引用した、労働強化による同時的増大について語っているマルクスの文言をもう一度見てみよう（本書、76頁）。

　　　もし資本家が労働の延長または強化に対して何も支払わないならば、彼の剰余価値は……彼の資本が増加したよりももっと急速に増大する。つけ加えられた資本について彼は必要労働の代価を支払わないからである。もし彼が

第2章

> 以前と同じ割合で超過労働に支払うとすれば、剰余価値は資本が増加したのと同じ割合で増加する。……この場合には必要労働と剰余労働との純粋な数的比率は攪乱されず、むしろ、これは両方が一様に増大しうる唯一の場合であるにもかかわらず、労働の搾取は増大している。労働日の延長の場合もそうだし、また労働日が同時に短縮される(たとえば10時間労働法案によって)のではない場合の労働の強化(濃縮)の場合もそうである。(草稿集7,392頁, Ⅱ/3-4, S.1444)

この引用文の直前には実を言うと、労働強度の高まりが価値の増大として考慮されるのはそれが特定の部門に生じる場合だけであり、したがってそれが一般化されるまでであるという留保条件があらかじめ述べられていた[23]。これは『剰余価値学説史』における一節だが、それを踏まえていると思われる機械論草稿の後半部でも同趣旨の議論が見出せる。

> 労働時間の強度が強められる場合は別である。強度について言えば、ただ個々の労働部門で強度が強められる場合についてだけ言えることである。もし強められた強度が一般的なものになれば、この強度が労働の正常な強度であり、かりに1労働時間を問題にするとすれば、強度の強められた1労働時間が今や正常な1労働時間なのである。(草稿集9, 333頁, Ⅱ/3-6, S.2102)

ここでもマルクスは、労働強化による同時的増大が生じるのは、その新しい強度が一般化するまでだという留保を置いている。このように、1861～63年草稿において、労働強化による同時的増大が発見されていたにもかかわらず、それは結局あくまでも留保つきのものであった。このような限界はすでに述べたように、結局、労働強化による剰余価値の増大をどのように理論的に把握するべきかに関する曖昧さから生じている。

1861～63年草稿における並列論

しかしながら、1861～63年草稿には労働強化による絶対的剰余価値の生産を、労働日の延長と並列させて無条件に絶対的剰余価値の生産だとみなしてい

---

(23)「もしこのような労働の強化が一般的ならば、商品の価値は、それに費やされる労働時間の減少に応じて低下せざるをえないだろう。この強度が平均強度になり、その自然的な性質になるだろう。この強度が平均強度になり、その自然的な性質になるだろう」(草稿集7, 391頁, Ⅱ/3-4, S.1444)。

第5節　「リカードのドグマ」の克服Ⅲ

る記述も存在する。そのうちの1つはすでに先に該当頁を指示しておいたように、機械論草稿の前半部に見られる。だが、機械論草稿の後半部を書き終えた後の蓄積論のところでは、もっと明白な事例が見出せる。それは、前著1でも引用したが、1861〜63年草稿のかなり最後に近い部分にあたるノート22に登場しており、しかもかなり結論的な言い方で述べられている。

> 資本主義的生産過程の考察の際にはすでに次のことを見た。すなわち、(1) 生産の発展段階が与えられていれば、すなわち生産諸力の程度が与えられていれば、絶対的剰余価値を増大させることができるのは、ただ、労働の強度が増大させられるか労働日の外延が増大させられることによってのみであり、あるいはこの2つが与えられたものとして前提されているときには、ただ充用労働者数が増大させられることによってのみであって、これらすべての場合に投下資本量が増大しなければならない……。(草稿集9, 510頁, Ⅱ/3-6, S.2221)

このようにここでは、労働強度が一般化するまで云々といった留保条件はなく、きわめて一般的な形で、労働日延長と労働強化とが絶対的剰余価値を生産する方法であるとされている。

また1861〜63年草稿には、労働日と労働強度とを並列させて「リカードのドグマ」をはっきりと批判している記述も存在している。それは、先に引用した「100万人の労働」命題に対する二重の批判を、『剰余価値学説史』を終えた後の蓄積論でもう一度繰り返している箇所である。すでに引用したように、『剰余価値学説史』での批判では「労働強度」は明示的には登場していなかったが、この部分でもう一度この問題を取り上げたときには、「強度」の問題が明示的に出されている。ここでもマルクスは先に提示した「第1の観点」（労働日の大きさの問題）と「第2の観点」（不変資本価値の問題）の両方の観点にもとづいて次のように批判している。

> 労働日の大きさ（外延的および内包的な）が所与のものとして前提されていれば、同一の労働量はただ同一の価値だけを生産物につけ加えるのであり、したがってたとえば、毎日12時間労働する100万人の労働者は、労働の生産性の程度、および労働の〔生産性の〕この程度に対応する労働の対象的諸条件の量とは無関係に……同一の価値をつけ加えるのであるが、しかし、生きた労働の所与のある分量によって動かされる対象化された労働の量が増

第２章

大すればするほど……総生産物のうちの、同一の労働量が再生産する価値……はそれだけ増大する。（草稿集9, 519頁, Ⅱ/3-6, S.2229）

　ここでは直接にはリカードの名前は登場しないが、ここでの記述が『剰余価値学説史』で展開されたリカード批判と同趣旨であるのは明らかだろう。そして注目すべきは、この引用文では、『剰余価値学説史』の場合と違って、はっきりと、「労働日の大きさ」が「外延的」なもの（労働日の長さ）と「内包的」なもの（労働強度）との両方を含むことが明言されていることである。さらにマルクスは、以上の記述を受けて、その数頁後には、今度はリカードの名前を直接挙げて、次のように批判している。

だからリカードが、たとえば100万人の人間は（先に述べた、つまり彼が置いているのではない諸限定のもとで）、労働生産性の水準とは無関係に、毎年常に同じだけの価値を生み出すのだと言うとき、それは誤っているのである。機械、動物、肥料、建物、運河、鉄道、等々を用いて労働する100万人は、この大量の対象化された労働の助けなしに生きた労働を行なう100万人よりもはるかに高い価値を再生産する。（草稿集9, 521頁, Ⅱ/3-6, S.2230）

　ここで言う「先に述べた、つまり彼が置いているのではない諸限定」とはもちろん、「労働日の大きさ（外延的および内包的な）」を所与のものとして前提することを指している。この前提を置いた上でもなお、リカードの命題は、「機械、動物、肥料、建物、運河、鉄道、等々を用いて労働する100万人」がこのような「大量の対象化された労働の助けなしに生きた労働を行なう100万人よりもはるかに高い価値を再生産する」ことを理解していないものとして、つまりは不変資本（ここでは固定資本が主に列挙されている）の存在を忘れたものとして批判されている。このように「100万人の労働」命題に対する二重の批判（「リカードのドグマ」に対する批判と「v＋mのドグマ」に対する批判）は、後述するように『資本論』でも繰り返されており、マルクスにおける剰余価値論発展の1つの跳躍台（スプリングボード）となっていると言えるだろう。

　以上見たように、1861〜63年草稿においては、一方では労働強化に関して種々の留保条件が提示されながらも、他方では、留保なしに労働日と労働強度とをセットにして絶対的剰余価値の生産方法として論じる論理（並列論）も見出せるのであり、このような矛盾した傾向はその後も継続しており、より深刻にさえなっていると言える。その点は何よりも現行版『資本論』の記述におい

て確認できるのだが、『資本論』に関するこの種の記述の考察は、「リカードのドグマ」に対するマルクスの批判の総括とも重なるので、節を改めて論じることにしよう。

第6節 『資本論』における到達点と限界

「リカードのドグマ」批判をめぐる1861～63年草稿から『資本論』への進展は、他の問題と同じくアンビバレントである。一方では、『資本論』は、前著1で詳細に検討したように、労働強化による剰余価値生産に関する1861～63年草稿の多様な解釈を「相対的剰余価値説」に一元化してしまい、またそれと関連して、新しい労働強度が一般化するまでしかそれは価値増として計算されないという見方をよりはっきりと示している（KⅠ，679～680頁，S.547-548；同，728頁，S.583-584）。これによって、労働強化を労働日の延長と並んで「労働力価値と剰余価値の同時的増大」の方法とみなす見方はいっそう制限されることになる。

さらに、前著1でも少し述べたように、1861～63年草稿や『直接的生産過程の諸結果』では、形式的包摂のもとでも労働の強度が高くなる、労働の濃縮が起こるなどと書かれていたのが、『資本論』の「絶対的剰余価値」編では、そのような強い表現はなくなって、「通常の強度」「普通の強度」「しかるべき強度」というより曖昧な表現になっている（KⅠ，257頁，S.210；KⅠ，407頁，S.328）。また同じく、『資本論』の形式的包摂論では労働強化に関する記述がなくなっている（初版，580～581頁，S.497-498）。このように一方では明らかに『資本論』では労働強化をより一元的に相対的剰余価値に関わらせようとする傾向が見られる。

しかし他方では、それにもかかわらず、『資本論』にはあいかわらず、労働日の延長と労働強化とを留保なしに並列させて論じている記述（並列論）が複数存在するのであり、しかも、しばしば1861～63年草稿よりもはっきりとそうしているのである。そして、『資本論』におけるこのような記述は、「リカードのドグマ」に対する総括的な批判でもあり、その到達点を示すものでもある。

第2章

(1) 『資本論』第1巻における並列論

剰余価値論における並列論

まず、『資本論』第1巻における並列論から検討する。剰余価値論そのものを扱うこの第1巻にこそ、この問題に関する最も重要な記述が見出せるだろうし、また理論的にも、フランス語版『資本論』を含めるなら、マルクスの理論的到達点を示すものでもあるからである。

まず、労働力価値と剰余価値との量的関係について詳論している現行版『資本論』第1巻15章において、「労働の生産力と強度が不変で労働日が可変である場合」を論じる中で、マルクスは次のように記述している。

> 1労働日を表わす価値生産物は、労働日そのものが延長されるにつれて増大するのだから、労働力の価格と剰余価値とは、増加分が同じであるかないかは別として、同時に増大することもありうる。そして、この同時的増大は2つの場合に可能である。すなわち、労働日が絶対的に延長される場合と、この延長がなくても労働の強度が増大する場合である。(KⅠ, 682頁, S.549)

この記述には、1861〜63年草稿に見られたような、強度の一般化に関する留保的記述は見られない。同じく、すでに引用した箇所でも（本書、74頁）、強度の引き上げと労働時間の延長が並列されて剰余価値の増大が言われている。しかもそこでは、一つの時代を通じた強度の全般的高まりについて語られている。

さらにまた、この第15章で検討されている最初のパターンは、「労働日の大きさと労働強度が不変で（与えられていて）労働の生産力が可変である場合」なのだが、実を言うとこのパターンこそまさにリカードが普遍的に前提していたものであり、リカードはこの特殊な場合を一般化して、利潤（剰余価値）と賃金（労働力価値）との相反関係を一般的法則として確立したわけである（リカードの法則）。これに対する批判がすでに1861〜63年草稿で明確に行なわれていることはすでに指摘したとおりだが、『資本論』でも同じ指摘が見られる。まずマルクスはこのパターンから生じる3つの法則を定式化した上で、次のように「リカードのドグマ」を明確に批判している。

> リカードは前記の3つの法則をはじめて厳密に定式化した。彼の説明の欠陥は、(1)これらの諸法則が妥当する場合の特殊な諸条件を、資本主義的生

第6節 『資本論』における到達点と限界

産の自明で一般的で排他的な諸条件とみなしていることである。彼は労働日の大きさの変動にも労働強度の変動にも気づかないので、彼の場合には労働の生産性がおのずから唯一の可変的要因になるのである。(ＫⅠ, 678頁, S.546)

ここでマルクスは、「労働日の大きさの変動」と「労働強度の変動」とをセットにして、どちらにもリカードは気づいていないとして「リカードのドグマ」の第2の側面と第3の側面とを同時に批判しており、まさに「リカードのドグマ」に対する総括的な批判になっている[24]。ここにも労働の強度に関する例の留保条件は見られない。

ちなみに、上の引用文における傍点部分は、初版および2版にはなく、フランス語版『資本論』で新たに挿入された文章である。フランス語版『資本論』には、前著1で述べたように、労働強化による剰余価値を相対的剰余価値だとしている記述が存在するのだが、他方では、「リカードのドグマ」との関係ではよりいっそう労働日の増大と労働強化とを並列的に扱う傾向も存在しているのである。

このような傾向は、同種の記述が見られる1861～63年草稿の場合と比べても明白である。マルクスは、ノート20における「労賃と剰余価値との関係」という項目の中で、労働日の長さと労働生産性の変動が労賃と剰余価値との関係にどのように影響を及ぼすかについてさまざまなパターンを考察した後、次のように述べている。

> 以上の場合を見れば、賃金プラス利潤が不変の価値量であるとするリカードの命題は、この総額が常に同じ分量の労働時間を表わすかぎりで正しい。（草稿集9, 320頁, Ⅱ/3-6, S.2095. 強調はママ）

このように、ここではマルクスは、賃金プラス利潤を一定とするリカードの命題（これは、労働日を一定とする「リカードのドグマ」の別表現でもある）を批判する中で、「同じ分量の労働時間」としか述べておらず、『資本論』のように労働時間と労働強度とを明示的に区別した上で並列させてはいない。

---

[24] リカードの欠陥の2つ目として指摘されているのは、リカードが剰余価値を利潤や地代という特殊な形態から区別せずに論じていることであり、したがって剰余価値率と利潤率とを直接に混同していることである。剰余価値率と利潤率との混同は、生産資本の忘却と直接結びついているのだから、この欠陥は「ｖ＋ｍのドグマ」に関連していることがわかる。

第2章

　この点はさらに、この文章を含む、労働力価値と剰余価値との量的関係を取り扱っているこの箇所全体（「労賃と剰余価値との関係」および「労働の価値または価格という、労働能力の価値の転化した形態」の両者）を現行版『資本論』の該当箇所（すなわち第1巻第15章）と比べてもはっきりする。『資本論』の当該章では、労働日、労働強度、労働生産性の3つの要因の変動による労働力価値と剰余価値との量的関係が詳細に検討されているが[25]、1861～63年草稿では、労働強度がその変動要因から抜け落ちており、基本的に労働時間と労働生産性だけが変動要因として考察されている。労働強度のことは一言出てくるだけであり、それはすでに引用したように、労働強度の一般化に関する例の留保条件を述べている部分に登場するだけなのである。明らかに、『資本論』では、1861～63年草稿と比べても、よりはっきりとした形で労働強化が労働日延長と並ぶ剰余価値量の変動要因として位置づけられている。

蓄積論における並列論

　次に現行版『資本論』の蓄積論を見てみよう。マルクスは第22章「剰余価値の資本への転化」における注の中で、労働生産性の増大に応じて増大する不変資本の問題と関連して、例のリカードの「100万人の労働」命題を取り上げて次のように批判している。これは初版からフランス語版まで変わらず存在している部分である。

　　　古典派経済学は、労働過程と価値増殖過程との分析の不十分さのために、再生産のこの重要な契機〔生産力の増大につれて生産物価値の中に維持される資本価値が膨張すること〕を十分に把握したことはなかったのであって、それは、たとえばリカードにも見られることである。彼はたとえば次のように言っている。生産力がどんなに変動しようとも、「100万人は工場ではいつも同じだけの価値を生産する」。彼らの労働の長さと強度とが与えられている場合には、これは正しい。しかしこのことは、彼らの労働力の生産力が違えば、100万人が非常に違った量の生産手段を生産物に変え、したがって非常にさまざまな価値量を彼らの生産物のうちに保存し、したがって彼らが供

---

[25] 周知のように、ドイツ語版『資本論』の当該章では「労働力の価値」は「労働力の価格」と表現されているが（この表現の問題点については前著1で詳しく論じた）、フランス語版『資本論』の当該章では「労働力の価格」がすべてあっさりと「労働力の価値」になっている。

給する生産物価値が非常に違ってくることを妨げるものではなく、この点はリカードもいくつかの推論の中で見落としている。(KⅠ, 791頁, S.633)

ここでマルクスは、リカードの「100万人はいつも同じ価値を生産する」という命題について、まず、「彼らの労働の長さと強度とが与えられている場合には、これは正しい」として、長さと強度とを並列させた上でリカードを批判し（第1の観点＝「リカードのドグマ」批判）、さらに、「彼らが供給する生産物価値」に関して言うと、生産力の増大とともに生産手段の価値が増大するので生産物価値の大きさは増大するのであり、リカードはしばしばこのことを見落としていると指摘している（第2の観点＝「ｖ＋ｍのドグマ」批判）。すでに述べたように、このような二重の批判は1861〜63年草稿にも見出せるものだが、この批判の意味についてここで改めて考えてみよう。

「100万人」が例に出されているのだから、ここで問題になっているのは特殊な産業部門の労働者ではなく、むしろ一国全体の労働者であろう。リカードの叙述では製造業全体の総労働者を指すものとして100万人という数字を出しているし、マルクスも『資本論』のもっと前の部分（第9章）では100万人を「一社会の総資本によって毎日動かされる労働」の例として挙げている（KⅠ, 404頁, S.325）。もし一国全体の労働者が問題になっているのだとしたら、労働強度を労働日の長さと並列させて論じるのは奇妙である。なぜなら、マルクスの説によれば、どんな労働強度もそれが一般化すれば外延量として数えられないからである。一国全体が単位になっている場合には、労働強度は一般的な平均値としてのみ考慮されるのだから、生産される価値量との関係では問題にする必要はないはずである。したがって、ここでマルクスが労働の長さと労働強度とを同列に並べて、どちらも生産された価値の大きさに影響すると言っているということは、労働強度の大小は一般的に価値量に影響を与えることを事実上認めているものと解釈することができるだろう。

(2) 『資本論』第2・第3巻における並列論

次に、『資本論』の第2巻および第3巻における並列論を見てみよう。両巻は基本的にさまざまな時期に書かれたマルクスの草稿からエンゲルスが編集したものなので、草稿から検討しておく必要がある。

『資本論』第2巻における並列論

まず、『資本論』第2巻だが、そこにはもともとあまり労働強度の話は出てこないが、それでも労働日の延長と労働強化とを並列させてどちらも労働力の搾取を高めることができると述べている文言が存在する。それは現行版『資本論』第2巻の第3編第18章「緒論」に見られるが、その元になった第2巻第2草稿の該当箇所を以下に引用しておこう。

> 資本には種々の生産要素が吸収されているが、これらの要素の拡張は、ある限界の内部では、前貸貨幣資本の大きさに依存していない。労働力への支払いが同じでも、労働力をより外延的ないしより内包的に搾取することができる。労働力のより外延的ないしより内包的な搾取につれて貨幣資本が増大する（すなわち労賃が高くなる）としても、それに比例してではないし、またけっして同じ程度でもない。（Ⅱ/11, S.344）[26]

このようにここでは、労働日の延長（搾取の外延的強化）と並んで労働強化（搾取の内包的強化）とが列挙されて、どちらも労働の搾取度を高めるとされている。この場合は労賃の同一が前提されているが、マルクスは続いて、労賃が高まる場合もそうだと述べており、労働力価値と剰余価値との同時的増大についてもきちんと言及されている。ただし、この場合、労賃が「それに比例して」上がることはないとされているのは不適切である。前著1で詳しく論じたように、労賃が労働日の延長や労働強化と比例して上がっても、やはり剰余価値の量は増大するからである。

『資本論』第3巻における並列論

次に、『資本論』第3巻における並列論を見ておこう。周知のように、この第3巻はエンゲルスによって編集され、第1章と第3章（およびエンゲルス自身が書いた第4章）を除いては、基本的に1864～65年に執筆されたいわゆる「主要草稿」にもとづいている[27]。すでに前著1で述べたように、この第3巻の「主要草稿」には、労働強化による剰余価値生産を「相対的剰余価値」と明示

---

(26)「労働力をより外延的ないしより内包的に搾取することができる。労働力のより外延的ないしより内包的な搾取につれて」という部分は、現行版『資本論』では「労働力を外延的ないし内包的により強く搾取することができる。このより強い搾取につれて」になっている（KⅡ, 434頁, S.355）。

している一文が存在しているが（Ⅱ/4-2, S.112；KⅢ, 99頁, S.88）、しかし他方では、この「主要草稿」にもやはり労働日の延長と労働強化とを、あるいは労働日の長さと労働強度とを、留保条件なしに剰余価値の増大要因として並列させて論じている文章も少なからず存在するのである。

　まずマルクスはこの「主要草稿」の第1章「剰余価値と利潤」（現行版では採用されなかった部分）において、剰余価値率と利潤率との関係について論じる中で次のように述べている。

　　　今や示されていることは、たとえ労働者が超過労働時間に対して支払われ、しかも超過時間（overtime）に対しては割増賃金（over/extra pay）が支払われたとしても、すなわち、超過労働時間の一部分が労働者自身にとって〔労賃の〕等価物で表わされ、同じ一部分だけが資本家にとって剰余価値で表わされたとしても、労働時間の単なる延長（外延的ないし内包的）は利潤率を高めるということである。つまり、cが不変な場合には常に$\frac{m}{c+v}$におけるmの増大が生じる。（Ⅱ/4-2, S.50）

　ここでは「労働時間の単なる延長」が「外延的（extensiv）」なものと「内包的（intensiv）」なものとに分けられ、両者が並列的に扱われており、どちらの場合も剰余価値（m）を増大させ、したがって利潤率を引き上げるとされている。この「内包的な労働時間の延長」が労働強化のことを指しているのは言うまでもない。またこの引用文では、超過労働時間に対して労働者が支払われる場合、しかも割増賃金が支払われる場合にさえ剰余価値が増大し、したがって利潤率が増大するとされており、まさに「労働力価値と剰余価値との同時的増大」について語られている。

　同じ「主要草稿」の他の部分にも並列論は数多く見出せる。たとえば、「競争による一般的利潤率の均等化」の部分では（現行版では第10章）、次のように述べられている。

---

(27) 現行版『資本論』の第3巻第1編とマルクスの草稿との関係については、以下を参照せよ。市原健志「『資本論』第3部第1篇と原草稿について」（中央大学『商学論纂』第27巻1号, 1985年）、同「「剰余価値の利潤への転化」論とマルクスの原草稿——第3部第1、2稿を中心にして」（中央大学『商学論纂』第28巻1号, 1986年）、同「『資本論』第3部第1篇第1章「費用価格と利潤」とエンゲルスの編集——第3部第3、4稿を中心として」（『商学論纂』第28巻2号, 1986年）。

> 労働の搾取度は、労働日が与えられていれば労働の一般的強度によって決まり、強度が与えられていれば労働日の長さによって決まる。(Ⅱ/4-2, S.271)[28]

ここでは「労働の一般的強度」が出されている。マルクスの想定によれば、労働強度が一般化すればそれは外延的な価値量としては認められないのだから、労働の搾取度が一般的強度によって決まるというのは奇妙であるが、ここでも留保条件なしに一般的強度が労働日と同列に並べられて、搾取度に寄与すると述べられている。

さらに、利潤率の傾向的低下法則そのものについて論じる中でも(現行版では第13章「この法則そのもの」)、次のように述べられている。

> 与えられた労働人口、たとえば200万を仮定し、さらに平均労働日の長さと強度とを与えられたものと仮定し、最後に労賃をも、したがって必要労働と剰余労働との割合をも与えられたものと仮定すれば、この200万人の総労働は、したがってまた剰余価値に表わされる彼らの剰余労働も、常に同じ価値量を生産する。(Ⅱ/4-2, S.291；KⅢ, 272頁, S.226-227)

第1巻では「100万人」の労働人口が例として挙げられていたが、ここでは「200万人」の労働人口になっている。この違いを除けばここで言われていることは第1巻の蓄積論で言われていることと同じである。すなわち、マルクスは労働日と労働強度とを同列に並べてどちらも普遍的に価値量と剰余価値量に影響を及ぼす要因とみなしている。この引用文とほぼ同じ趣旨の文章は、その数頁先にも存在する。

> さらに、ここでちょっと言及すればよいことだが、同一の(与えられた)労働人口の場合には、労働日の延長ないし強化によって、あるいは労働の生産力の発展にもとづく労賃の価値低下によって、剰余価値率が増大するならば、絶対的な剰余価値量、したがってまた絶対的な利潤量は増大するだろう。固定資本および流動資本の形態で存在している不変資本に対する、労働と交換される可変資本の相対的減少がいかなるものであれ、そうである。(Ⅱ/4-2, S.294)[29]

---

(28) 現行版では「一般的強度」の箇所が「平均強度」になっているが、それ以外は草稿と同じ(KⅢ, 248頁, S.207)。
(29) 現行版では「絶対的な剰余価値量」の箇所が単に「剰余価値量」になっているが、それ以外は草稿と同じ(KⅢ, 275頁, S.229)。

第6節 『資本論』における到達点と限界

　ここで剰余価値率の増大と剰余価値量の増大とが同一視されているが、それはさておき、ここでも「労働日の延長」と「労働の強化」とが同列に扱われており、どちらもとくに留保条件なしに剰余価値量を絶対的に増大させるとされている。

　さらに、利潤率の低下に対して反対に作用する諸要因を考察した箇所でも（現行版では第14章）、その冒頭で以下のように述べられている。

　　労働の搾取度を高めること、すなわち剰余労働ないし剰余価値の増大、とりわけ労働日の延長と労働の強化によって〔高めること〕。このことは近代産業の歴史に通じている誰にとっても明白である。（Ⅱ/4-2, S.302；KⅢ, 291頁, S.242）

　ここでも、労働日の延長と労働強化とが並列されて、とくに留保条件なしに、どちらも労働の搾取度を高め剰余価値を増大させるとされている。他にも、労働日の延長と労働強化とを並列させて利潤率上昇要因として規定している文言は、現行版で言うと最後の第7編「諸収入とその諸源泉」にも見出せる。

　　生活手段の価格の上昇のせいで労賃が上がる場合であっても、労働のより大きな強度および労働日の延長のせいで利潤率が以前と同じままであるか、または上がることもありうる。（Ⅱ/4-2, S.887；KⅢ, 1111頁, S.876）

　以上見たように、初版『資本論』出版以前に書かれた第3巻「主要草稿」には労働日と労働強度とを並列させて論じている箇所が数多く存在する。これは、1861～63年草稿の「資本と利潤」章の草稿には見られなかった重要な特徴である。1861～63年草稿の「資本と利潤」章には労働強化についてはかろうじて次のような記述が見られるにすぎない。

　　通常、労働の強化、したがってまた実際に機械によって起こる労働の増大といった例外については剰余価値の箇所を見よ。（草稿集8, 172頁, Ⅱ/3-5, S.1651）

　したがって、『資本論』第3巻の「主要草稿」は、1861～63年草稿以上に並列論的記述をしていることがわかる。

　同じことは、初版『資本論』執筆以降に書かれたと推定されているその他の第3部草稿についても言える。1つだけ例を挙げておくと、利潤率に関する諸法則について述べる中で、マルクスは次のように述べている。

第2章

　　……労働の長さと強度（Extension u. Intensivitatät der Arbeit）が増大し、したがってmが増大するが、剰余価値率が同じままないし停滞している場合もある、等々。（Ⅱ/4-3, S.72-73）

　ここでも、労働日の長さと強度とが並列されて、両者が増大すれば剰余価値（m）が増大すると言われている。いちいち列挙しないが、両者を並列させている表記は同草稿の他の箇所にもいくつか見出せる。

　このように、『資本論』（第2巻・3巻草稿およびフランス語版をも含む）においては、一方では、労働強化に関する1861〜63年草稿以来の、労働強化に関する留保条件が維持され、また労働強化による剰余価値生産がいっそう相対的剰余価値に結びつけられるとともに、他方では、1861〜63年草稿以上に、労働日と労働強度とをセットにして並列的に論じる傾向が強く、何らかの留保条件なしに労働の強化が価値量と剰余価値量の増減に影響を及ぼすかのように記述され、その中で「リカードのドグマ」に対するかなり総括的な批判もなされるに至っているわけである。

　このようなアンビバレント性が『資本論』の特徴である。したがって、『資本論』は、マルクス剰余価値論形成史における「リカードのドグマ」克服の最終到達点を示しているのだが、それにもかかわらず、その克服は全面的とは言えないという結論になるだろう。

第7節　「リカードのドグマ」の二重性

　以上、初期マルクスから『資本論』に至るまで、マルクスにおける「リカードのドグマ」の克服過程を詳細に見てきたが、これまでの議論は基本的に前著1の理論的範囲内での議論であり、そのいっそうの詳述と深化であった。だが、熟練の解体に関する前著2で明らかにされた論点は、この「リカードのドグマ」に関しても新たな側面を浮き彫りにしており、したがって最後にこの点についても見ておこう。

第7節 「リカードのドグマ」の二重性

(1) 「リカードのドグマ」の二重の否定

「リカードのドグマ」の第1の否定

　リカードは労働日と労働強度を与えられた不変量とみなし、したがって、利潤（剰余価値）と賃金（労働力価値）とのあいだに相反関係だけを見た。この関係においては、剰余価値率と剰余価値量とは常に同時に増大ないし減少する関係にある。剰余価値が増えるには労働力価値が低下しなければならず、したがって剰余価値率（リカードにとっては利潤率）がアップする。その逆は逆である。したがって、「リカードのドグマ」をより普遍的な形で定式化すれば、前著1で述べたように「剰余価値率と剰余価値量との普遍的連動性を想定していたこと」として把握することができるだろう。

　このドグマは、標準労働日の成立とそれによる「労働力価値と剰余価値との同時的増大」という事態によって、つまり、剰余価値率が一定でも剰余価値量が増大することによって否定された。リカードにとって1労働日は常に同じ1労働日であり、それが生む価値量は常に同じである。したがって、「要綱」でマルクスが指摘しているように、価値量が増えるためには、生産の困難性が増大するか（地代論）、労働者自身が増えるしかなかった（蓄積論）。しかし、1労働日が生み出す価値は常に同じではない。1労働日は長さも強度も変わりうるのであり、それによって、1労働日が生み出しうる価値量も変わるし、その増大に比例して労働力価値が増大した場合には、剰余価値率が一定でも剰余価値量は増大するのである。この点について、すでに引用したマルクスのさまざまな章句に加えて、次の文言も紹介しておこう。

> 10対2および9対$1\frac{4}{5}$という前述の場合にわかったことは、剰余価値率が同じまま（だが労働日が不等）である場合にも、剰余価値〔の量〕そのものは違いうるということである（一方の場合は2、他方の場合には$1\frac{4}{5}$である）。（草稿集6, 580〜581頁, Ⅱ/3-3, S.1035）

　また、第2版『資本論』の第7章「剰余価値率」に挿入された注では、ごく形式的で抽象的な形だが、この同時的増大についても一般的に論じられている。

> 剰余価値率は労働力の搾取度の正確な表現ではあるが、搾取の絶対的大きさの表現ではない。たとえば、必要労働が5時間で剰余労働も5時間ならば、

搾取度は100％である。この場合には搾取量は5時間で測られている。これに対して、必要労働が6時間で剰余労働が6時間ならば、100％という搾取度には変わりはないが、搾取の大きさは20％増大して、5時間から6時間になっている。(KⅠ，283頁，S.232)

　このように、「リカードのドグマ」の第1の否定に関しては、マルクスは十分に理解していた。とはいえ、すでに指摘したように、マルクスはこの認識を理論的に一般化せず、標準労働日の確立を結節点として、労働日延長と労働強化の場合には理論的に「労働力価値と剰余価値との同時的増大」を想定しうるのだということ、したがって剰余価値率一定でも剰余価値量は増大しうるのであり、そこにこそ相対的剰余価値の生産とは異なる絶対的剰余価値（追加的な絶対的剰余価値）の生産の概念的核心があるのだというようには明確には主張しなかった。「労働日一定のドグマ」が克服された代わりに、「労働力価値一定のドグマ」が導入され（より正確には再導入され）、標準労働日成立後も、労働力価値一定の前提のもとに剰余価値率と剰余価値量との関係が考察されることになってしまった（現行版『資本論』第1巻第9章）。しかしながら、そうした限界がありつつも、基本的な方向性の点ではマルクスは「リカードのドグマ」の3つの側面を基本的に克服し、労働日延長と労働強化の場合には剰余価値率が一定でも剰余価値量が増大しうることを認識していた。しかし、その逆の関係はどうだろうか。つまり、剰余価値量が一定でも剰余価値率が上昇する場合はあるのだろうか？

「リカードのドグマ」の第2の否定

　マルクスは、労働日と労働強度が一定であるかぎりでは、労働力価値と剰余価値との相反関係という「リカードの法則」を完全に肯定していた。それはすでに引用した『資本論』におけるリカード批判の文言のうちにはっきりと示されている。だが、われわれが前著2で明らかにしたように、このような単純な相反関係は、労働日と労働強度を一定だと仮定した場合でもけっして普遍的なものではない。1つの重大な例外が存在する。それは、熟練が解体して複雑労働が単純労働化することによって労働力価値が低下する場合である。

　われわれは、熟練の解体に関する前著2において、労働力価値を、労働者の社会的・肉体的に正常な普通の身体を再生産する部分である「本源的労働力価

値」と、特殊な訓練と教育によって身につけられる特殊技能の価値を体現する「追加的労働力価値」とに区別して理解しておいた。本源的労働力価値は、マルクスが想定していたように、労働者が生産する生産物の価値にはけっして移転しない。なぜなら、労働者の正常な身体の存在は、なるほどあらゆる労働とあらゆる労働生産物の一般的・普遍的前提であるにしても、その身体を再生産するのに必要な労働時間は、何らかの労働生産物を生産するのに必要な社会的労働時間には入らないからである。

　しかし、追加的労働力価値に関しては違う。この価値部分が体現している特殊技能によって生産される生産物は、この技能の存在があってはじめて生産されるものであるから、技能を形成するのに必要な労働時間はこの生産物を生産するのに社会的に必要な労働時間の中に入る。われわれが魚を釣ろうとするとき、釣具を生産し、釣用のえさを捕まえ、それを釣針にくっつけるだけでなく、そもそも釣具を使って魚を釣る技術を身につけなければならない。さもなければ、いくらこの釣具を池に垂らしても、われわれは何も得ずに家路につくことになるだろう。したがって、この技術を身につけるのに必要な時間は、魚を釣るのに必要な総労働時間の一環なのであり、それは釣具を生産するのに必要な労働時間がそうであるのと同じである。われわれは魚を釣るためには、釣りをする道具と釣りをする技能とを前もって生産しておかなければならない。釣りをするのに必要な道具が人間の外部に存在する「外在的生産手段」だとすれば、釣りをするのに必要な技能はいわば、人間の身体に、この有機体に統合された「内在的生産手段」なのである。

　この使用価値連関は必然的にその価値連関を規定する。魚を取る技術を身につけるのに必要な社会的・平均的労働時間は、その技術がいったん獲得されれば生涯にわたって維持されると仮定するなら、標準的な生涯労働期間にわたって日々魚を釣るのに費やされる社会的・平均的な総労働時間に分割されて加算されるのである。

　この価値連関は、労働者が皆労働者になり、釣りをする行為が資本のもとでの賃労働になったとしても同じである。魚を釣る技術を身につけるのに要した総労働時間は、労働力の生涯総価値に加算されるとともに、この漁業労働者が標準的な生涯労働期間にわたって魚を釣るのに要する総労働時間にも加算される。これは労働力価値と生産物価値との価値連関に即せば、労働者の追加的労

第2章

働力価値が、彼ないし彼女の生産する生産物の価値に事実上移転したことになる。この価値移転に神秘的なものは何もない。

したがって、この技能が機械化などによって不要になれば、この技能を生産するのに要した労働時間も不要になり、したがって、その分はもはや労働者の労働力価値に入らないし、同じく、漁業労働の労働生産物の価値にも入らなくなる。そうなれば、同じ価値額が労働力自身の価値からも労働によって生産物に対象化される価値からも等しく控除されることになり、したがって、「垂直的な特別剰余価値」（前著2を参照）が発生する場合を除けば、その労働者から抽出される剰余価値の大きさは以前とまったく変わらないことになる。つまり、労賃が低下しても利潤は増大しない。しかし、労働力価値が減価するので、剰余価値率は上昇する。こうして、剰余価値率が上昇しても剰余価値量は一定であるというきわめて特殊な事態が生じるのである。

こうして、労賃と利潤との単純な相反関係を想定し剰余価値率と剰余価値量との普遍的連動性を想定していた「リカードのドグマ」は二重に否定された。まず第1に、労働者の1日に支出する労働量が絶対的に増大すれば（労働日の延長と労働強度の高まり）、標準労働日の成立を前提とするかぎり、労働力価値と剰余価値とが同時的に増大しうるので、剰余価値率が一定でも剰余価値量は増大しうる。第2に、熟練が解体されて複雑労働が単純労働化すれば、技能価値（労働力価値のうち追加的労働力価値の部分）が労働力の価値からも労働が生産物に対象化する価値からも等しく控除されるので、剰余価値量が一定でも剰余価値率は上昇しうる。

(2)「リカードのドグマ」の二重性

以上のことから、マルクスがその剰余価値論の、より限定的には絶対的剰余価値論の確立過程において格闘してきた「労働日一定のドグマ」（この場合の「労働日」は外延的なものと内包的なものの両方を含む）が実は、「リカードのドグマ」の1つの特殊形態を表現するものであったことがわかる。「リカードのドグマ」の第2の否定論が明らかになる以前は、「労働日一定のドグマ」こそ「リカードのドグマ」そのものであり、その一般的形態であった。そしてそれは実際、「リカードのドグマ」の核心に位置するものであり、その土台であり

第7節 「リカードのドグマ」の二重性

出発点であるかぎりにおいて、「労働日一定のドグマ」こそ「リカードのドグマ」そのものでもあった。しかし、熟練の解体による労働力価値減価の場合のように剰余価値率が上昇しても剰余価値量が増加しない事態が明らかになれば、マルクスによって「労働日一定のドグマ」として理解されていた「リカードのドグマ」は、より一般化されて理解される必要がある。私は前著1の第4章ですでにそれを、「剰余価値率と剰余価値量との普遍的連動」論として把握しておいた。

このようなより一般的な定式化から見れば、「労働日一定のドグマ」はこの普遍的連動論の一特殊形態、すなわち剰余価値量を剰余価値率に還元するタイプの連動論として再把握されるだろう。リカードにあっては、労働日も労働強度も無意識のうちに一定の不変量とみなされていたので、剰余価値量を変動させるには剰余価値率を変動させるしかなく、したがって、剰余価値率の変動から独立した剰余価値量の変動については把握することができなかった。すなわち、剰余価値率が一定でも剰余価値量が増大する事態、すなわち剰余価値と労働力価値との同時的ないし比例的増大という事態を把握することができなかった。それゆえ、リカードの場合、そのような剰余価値量の変動、すなわち、剰余価値率が一定でも生じる剰余価値量の変動はただ、充用労働者数の絶対的増減によってしか生じないとみなされたわけである。

それに対して、「リカードのドグマ」のもう1つの特殊形態は、剰余価値率を剰余価値量に還元するタイプの普遍的連動論である。マルクスも共有していたこの特殊形態にあっては、労働日と労働強度が一定のもとで剰余価値率が増大すれば必ず剰余価値量も増大すると無意識のうちに想定されている。すなわち、剰余価値量の変動から独立した剰余価値率の変動を把握することができず、剰余価値量が一定でも剰余価値率が変動する事態を把握することができなかったのである。

以上、マルクスが、「リカードのドグマ」を克服する長い理論的格闘を通じてその剰余価値論（とくに絶対的剰余価値論）がしだいに明確で精緻で深いものになっていったことが明らかになったと思う。古典派の理論を乗り越えることは、マルクスのような天才にあってさえ、けっして簡単なことでも、一撃でなされたことでもなかった。過去の理論的パラダイムを克服して新しい理論を構

第2章

築していく道のりは長くて複雑で、しばしば後戻りしたり、脱線したり、中断したりする錯綜した道程である。そしてマルクス自身、古典派のさまざまなドグマをかなり遅くまで、場合によっては最後まで共有している場合があるのであり、この点は、次の章で検討する「ｖ＋ｍのドグマ」の克服過程において、いっそう明らかになるだろう。

第3章

マルクスにおける「価値生産物」概念の形成と「スミスのドグマ」

　本書の第2章において、マルクス剰余価値論の形成と発展にとって、とりわけその絶対的剰余価値論の形成と発展にとって、「労働日（外延的なものと内包的なものの両方を含む）」を与えられた不変量とみなす「リカードのドグマ」（あるいはより限定的に表現すれば「労働日一定のドグマ」）を克服することが決定的な意味を持っていたことを明らかにした。その際、「100万人の労働は常に同じだけの価値を生産する」というリカードの命題（リカードの「100万人の労働」命題）に対するマルクスの批判を取り上げ、このマルクスの批判が2つの観点からなされていること、すなわち、リカードが労働日を与えられた不変量とみなしているという「リカードのドグマ」に対する批判の観点（第2章で「第1の観点」と呼んだ）からと、たとえ労働日が一定でも生産力の増大によって増大するであろう不変資本価値の問題を無視しているという「v＋mのドグマ」に対する批判の観点（第2章で「第2の観点」と呼んだもの）からなされていることを指摘した。これは、つまり、リカードが「100万人の労働は常に同じだけの価値を生産する」という場合にリカードが何を「価値」として念頭に置いていたかで異なった批判が生じうるということである。

　このリカードの「100万人の労働」命題を素直に受け取るならば、ここで言う「価値」とは、生産物の総価値のうち労働者が生産過程で直接に生み出した新たな価値部分、すなわち「価値生産物（Wertprodukt）」のことであると解釈することができ、その場合には、この命題は典型的に「リカードのドグマ」に陥っているものであると理解することができる。すなわち、労働日および労働強度を最初から不変のものと前提して、したがって「価値生産物」の大きさをアプリオリに一定のものとして、100万人の労働は同じだけの価値（同一量の価値）しか生産しないと想定している。しかし、リカードは、「労働者が生産する価値」という言い方で実際には、「生産物価値（Produktenwert）」のこと

第3章

を念頭に置いている場合も多々あり、この場合には、この命題は労働生産性の上昇に応じて増大する不変資本価値の存在を忘れていることを意味するから、「スミスのドグマ」に、より限定的には「v＋mのドグマ」に、すなわち「生産物価値」を「価値生産物」に還元する誤りに陥っていると解することができる。このように、「生産物価値」とはっきりと区別されるところの「価値生産物」の概念は、古典派のさまざまなドグマのうちきわめて重要な2つのドグマである「リカードのドグマ」と「スミスのドグマ」の克服にとって大きな意味を持っていることがわかる。

したがってこの第3章は、『資本論』におけるこの概念の重要性を明らかにするとともに、マルクスの剰余価値論の形成史という視点から、「リカードのドグマ」と並ぶ古典派のドグマたる「スミスのドグマ」の理論的克服過程とそこにおいて「価値生産物」概念の形成（ないし未形成）が果たした決定的な役割を明らかにすることを課題とする。

実を言うとマルクスは「価値生産物」という科学的概念を獲得するまでに非常に長い年月をかけており、そこに至る過程で、その概念の意味内容を表わすのにさまざまな用語を用いている。「生産物価値」と明確に区別される「価値生産物」という科学的概念が未確立であったために、すでに「v＋mのドグマ」を克服していても、「v＋mのドグマ」的な外観がしばしば維持され、そのせいでさまざまな理論的制約を受け続けている。その苦闘の過程を仔細に見れば、一つの適切な科学的概念を獲得することがいかに大変なことであるか、そしてそれが単に言葉の問題ではなく、いかにそれが理論そのものの内容の正確な定式化と関わっているかがよくわかるであろう。

第1節 「スミスのドグマ」と「価値生産物」概念

最初に、この「v＋mのドグマ」をその主要形態とする「スミスのドグマ」について簡単に説明し、この「v＋mのドグマ」の克服と「価値生産物」概念との密接な関係について明らかにしよう。

第1節　「スミスのドグマ」と「価値生産物」概念

(1)「スミスのドグマ」と「v＋mのドグマ」

「スミスのドグマ」の2つの側面

　「スミスのドグマ」とは、簡潔に言えば、諸生産物の価値ないし価格が地代と利潤と賃金に分解ないし還元されるとする見方である。このドグマには基本的に2つの異なった問題が含まれている。1つは、「生産物価値（c＋v＋m）」の全体が「価値生産物（v＋m）」に還元されていること、すなわち不変資本価値が「可変資本（v）＋剰余価値（m）」に自覚的に還元されているか、あるいは不変資本価値のことが無意識に忘却されていることであり、これが本章の中心テーマとなっているドグマである。これを一般的な呼称にしたがって「v＋mのドグマ」と呼んでおこう。マルクスはこのドグマについて、現行版『資本論』第2巻の第19章第2節「アダム・スミス」（第8草稿にもとづいている）の「2　スミスによる交換価値のv＋mへの分解」において、まずは次のように概括している。

　　アダム・スミスのドグマでは、個々の商品――したがってまた社会の年生産物を構成するすべての商品の合計（彼はどこでも正当にも資本主義的生産を前提している）――の価格ないし交換価値（exchangeable value）は、3つの構成部分（component parts）から成っているとか、賃金と利潤と地代とに分解する（resolves itself into）とかいうのだが、このドグマは、結局、商品価値が、v＋mに、すなわち前貸可変資本価値＋剰余価値に等しいということに帰着させることができる。（KⅡ，454頁，S.370；Ⅱ/11，S.710）

　マルクスはこの誤りの本質を、今度は「価値生産物」概念を用いてきわめて簡潔かつ正確に解説している。

　　アダム・スミスの第1の誤りは、彼が年生産物価値を年**価値生産物**と同一視している点にある。**価値生産物**の方はただその年の労働の生産物だけである。生産物価値の方は、その他に、年生産物の生産に費やされたとはいえそれ以前の年および一部分はもっと以前の諸年に生産されたすべての価値要素を含んでいる。すなわち、その価値がただ再現するだけの生産手段――その価値から見ればその年に支出された労働によって生産されたのでも再生産されたのでもない生産手段――の価値を含んでいる。この混同によって、スミスは年生産物の不変価値部分を追い出してしまうのである。（KⅡ，463頁，S.376；Ⅱ/11，S.715）（以下、引用では「価値生産物」はゴチックで表記）

第3章

　このようにいわゆる「v＋mのドグマ」の本質は、「生産物価値と価値生産物との同一視」あるいは前者の後者への還元という点にある。したがって、このドグマ克服の核心は、「生産物価値」と「価値生産物」とを明確かつ自覚的に区別する点にあるということになるだろう。「v＋mのドグマ」批判と「価値生産物」概念とが密接に結びついていることはこの一文からもわかるが、全体としてこの第19章において、マルクスは「価値生産物」概念を縦横に用いつつ、スミスの「v＋mのドグマ」を批判している。

　「スミスのドグマ」は総じてこの「v＋mのドグマ」に還元されて理解されているが、マルクスは、現行版『資本論』第2巻の第19章および第20章において、宮川彰氏が正しく強調しているように、「スミスのドグマ」のもう1つ別の側面をも批判している[(1)]。実際、上の引用文でも「第1の誤り」と表現されているように、「v＋mのドグマ」はスミスの誤りの1つ目にすぎなかった。2つ目の問題点は、スミスが、商品価値が分解される対象を「可変資本（v）＋剰余価値（m）」としてではなく、地代と利潤と賃金という収入範疇で把握しており、したがって必然的に、それらの諸収入に商品価格が分解されるとか、それによって消費されると規定していることである。マルクスは第2巻第19章の「要約」と題された部分で次のように述べている。

　　　賃金、利潤、地代という3つの収入が商品価値の3つの「成分」をなしているというばかげた定式は、アダム・スミスでは、商品価値がこの3つの成分に分解するといういくらかもっともらしい定式から生まれてくる。だがこれもまた誤りであって、商品価値が消費された労働力の等価と労働力によってつくりだされた剰余価値とに分けられるだけだと前提しても、やはり誤っている。（KⅡ，473頁，S.384；Ⅱ/11，S.721）

　このようにマルクスは、たとえ商品の価値が労働力価値と剰余価値とに分かれるだけだとしても、つまりそこに不変資本の価値ないし生産手段の価値が含まれていないと仮定した場合であっても、商品の価値が利潤と賃金と地代という収入諸形態に分解するというスミスの命題は「やはり誤っている」と述べて

---

(1) 宮川彰『再生産論の基礎構造――理論発展史的接近』八朔社，1993年。この著作は戦後の『資本論』研究にきわめて重要な貢献をなしたものであり、私もこの著作からマルクスの「スミスのドグマ」批判における2つの側面を区別することの重要性を学んだ。ただし宮川氏は「価値生産物」概念の成立と「スミスのドグマ」の理論的克服との形成史的関係については論じていない。

いる。この部分は第2部の最後の草稿である「第8草稿」にもとづいているが、マルクスはいわばこの最晩年にいたって、価値生産物ないし「v＋m」の**「収入への分解」ドグマ**（これを「**スミスの第2ドグマ**」と呼ぼう）をも「誤り」であると明確に批判するに至るのである[2]。

　したがって、ここでマルクスが問題にしているのは、「v＋mのドグマ」（これを「**スミスの第1ドグマ**」と呼ぼう）とは相対的に異なった問題であり、独自に検討が必要な問題である。マルクスはそれ以前には、不変資本価値を無視している点を除けば、「商品の価値が利潤と賃金と地代に分解する」というスミスの命題それ自体は正しいとしていたし、後述するように、種々の『資本論』準備草稿の各所で同じような表現を何度も用いている。本章でも示されるように、実を言うと、この問題の解決においても、「価値生産物」概念の確立とその発展はある重要な役割を果たしているのであり、この2つのドグマは「価値生産物」概念を媒介として相互に深く関連している。

　しかし、まず第1に、マルクス自身、最初にまず「v＋mのドグマ」の理論的克服に集中したのであり、それが基本的に克服されて初めて「スミスの第2ドグマ」も自覚されるようになった。それはちょうど、「リカードのドグマ」の克服に集中している時にはしばしば「v＋mのドグマ」が看過され、前者が克服されて初めて後者の問題点がよりはっきりと自覚されるようになったのと同じである。第2に、「スミスの第2ドグマ」の克服過程は主として、マルクスの剰余価値論の形成史ではなくその流通過程論の形成史に属する問題である。したがって、マルクス剰余価値論の形成史という観点から「スミスのドグマ」の克服過程を明らかにすることを主題とする本章においては、「スミスの第1ドグマ」の克服過程を中心とする「価値生産物」概念の発見史に集中することにし、その過程で派生的にこの「スミスの第2ドグマ」についても触れることにしよう。

スミス剰余価値論と「v＋mのドグマ」

　アダム・スミスは、価値の形成と利潤の生成について述べている文脈におい

---

(2) 宮川氏はこの第2のドグマを「範疇上の誤り」（資本範疇である概念を収入範疇で捉えること）ととらえている。ただし、価値生産物が利潤と賃金に分解するという表現は、便宜的な言い方としては許されるだろう。

ては、不変資本価値のことを看過しておらず、原材料の価値に労働者が新たな価値をつけ加えるのであり、利潤はそこからの控除であると説明している。しかし、諸商品の価格を検討する段になると、生産手段の価値が賃金と利潤と地代に分解されると述べ、したがって生産物の価値全体がこれら3つに分解されると解く（さらにそれらによって価値が構成されるとさえ言う）。

　スミスはまず、最初に価値と利潤の生産について論じている場面においては、正しい議論を展開する。『国富論』の第1編第6章「諸商品の価格の構成部分について」の中でスミスは次のように述べている。

　　　いったん資本（stock）が特定の諸個人に蓄積されると、その一部の者は当然それを用いて、勤勉な人々を働かせようとするだろう。彼らはこれらの人々に原材料と生活手段（subsistence）を与えて、彼らの生産物（work）を販売することによって、あるいは、彼らの労働が原材料の価値につけ加えるもの（what their labour adds to the value of the materials）によって、利潤をかせごうとするだろう。その完成品を貨幣ないし労働ないし他の財貨と交換する場合には、こうした冒険に自己の資本をあえて投じる事業家のための利潤として、原材料の価格と労働者の賃金を支払うに足る分を超えてある一定額が与えられなければならない。それゆえ、労働者が原材料につけ加える価値（value which the workmen add to the materials）はこの場合2つの部分に分解する（resolve itself into two parts）のであって、その1つは労働者の賃金を支払い、残る1つは、彼らの雇用者が前貸した原材料と賃金の資本に対する彼らの利潤を支払うのである。（アダム・スミス『国富論』第1巻，岩波文庫，2000年，92〜93頁）

　このように、価値の形成と利潤の成立について論じている場合には、当たり前の話だが、原材料の価値の存在は忘れられておらず（ただし、スミスはその場合でも労働手段の価値の存在を忘れている）、労働者はこの原材料に「価値をつけ加える（付加する）」のだと説明され、利潤はまさにこの「労働者が原材料につけ加える価値」（つまり価値生産物）の一部であると説明されている。これはまったく正しい剰余価値論である。しかしこの正しい剰余価値論をスミスは堅持できない。この引用文中においてもすでに、スミスは一方では利潤を「労働者が原材料につけ加える価値の一部」としながら、他方では「原材料の価格と労働者の賃金を支払うに足る分を超えたある一定額」としており、この2つの表現は相互に矛盾している。スミス価値論の矛盾についてはすでに別稿で詳

第1節 「スミスのドグマ」と「価値生産物」概念

しく論じたので[3]、ここではただちに、諸商品の価格を諸収入に分解している部分を引用しておこう。スミスは同じ章の中で次のように述べている。

> 留意しなければならないのは、価格のさまざまな構成部分の実際の価値（real value）が、それぞれの構成部分が購入ないし支配することのできる労働の量によって測られることである。労働は、価格のうち労働に分解する部分の価値だけでなく、地代に分解する部分、利潤に分解する部分の価値をも測るのである。どの社会でも、すべての諸商品の価格は結局のところ、これら3つの諸部分のいずれかに、ないしそのすべてに分解する。（同前，95頁）

こうして、いつのまにか生産手段の価値が消失して諸商品の価格は賃金、利潤、地代に分解されることになっている。だが、スミスも生産手段の価値が存在することを完全に忘れているわけではない。続く箇所では、今度は自覚的に生産手段の価値が賃金と利潤と地代とに分解され、したがって商品の価値全体が賃金と利潤と地代へと自覚的に分解されている。

> たとえば、穀物の価格では、第1の部分は土地の地代を支払い、第2の部分はその生産に使用された労働者の賃金と役畜の維持費を支払い、第3の部分は借地農業者（farmer）の利潤を支払う。これらの3つの部分は、直接的にか究極的に、穀物の価格全体を構成するように見える。だがおそらくは、第4の部分が、すなわち農業者の資本を回収するために、あるいは、彼の役畜やその他の農耕用具の損耗を補填するために必要であるように思えるかもしれない。しかし考慮しなければならないのは、農耕馬のような何らかの農耕用具の価格もまた、それ自身、同じ3つの部分から構成されるのである。すなわち、農耕馬が飼育されている土地の地代、農耕馬を世話し飼育している労働、この土地の地代とこの労働の賃金とに前貸している農業者の利潤から構成されている。穀物の価格は、したがって、馬の維持費のみならずその価格をも支払うだろうが、この価格全体はそれ自身、直接的にか究極的に、地代、労働、利潤という同じ3つの部分に分解するのである。（同前，96頁）

ここには主要な論点以外にも奇妙な記述が存在するが（役畜の維持費が賃金と同列に扱われていること）、それは措いて、ここでの主題に限定すると、スミスも、農耕をやるのに、農耕用具と農耕馬を購入しなければならないことを理解しており、それが穀物の価格で補填されなければならないことを知ってい

---

(3) 森田成也「アダム・スミスと複雑労働の還元問題」『駒澤大学経済学部研究紀要』第62号，2007年。

る。しかし、この農耕用具と農耕馬の価格もまた「究極的に」地代と賃金と利潤に分解するので、穀物の価格は「究極的に」地代と賃金と利潤に分解するとされているのである(マルクスが皮肉をもって指摘しているように、スミスにあっては「究極的に」という副詞がいっさいの説明の代わりをつとめている)。ここでは、諸商品の価格は自覚的に利潤、賃金、地代に分解されている。

リカードにおける「v＋mのドグマ」Ⅰ——生産物価値の階級間分割

このような立場は基本的にリカードにも受け継がれているのだが、リカードの場合、スミスのように自覚的に生産手段価値を利潤と賃金(と地代)に分解しているわけではない。それどころか、リカードが最初にその労働価値説について説明した有名な箇所では、スミスがしばしば論じ忘れている労働手段の価値をも説明の中に明示的に導入しているぐらいである。本書の第2章でも引用したが、ここでももう一度手短に引用しておこう。

> 社会の初期段階において、狩猟業者の弓と漁労業者の丸木舟および漁具とが、ともに同量の労働の生産物であるため等しい価値を持ち、耐久力も等しいとしよう。こうした事情のもとでは、狩猟業者の1日の労働の生産物である鹿の価値は、漁労業者の1日の労働の生産物である魚の価値に等しいだろう。魚と獣肉との相対的価値は、もっぱらそれぞれに実現された労働量によって規定されるのであって、生産量がどれほどであるか、あるいは一般的賃金ないし利潤がどれほど高いか低いかには関わりないだろう。(リカードウ『経済学および課税の原理』上、岩波文庫、1987年、37〜38頁)

このように、リカードは、弓、丸木舟、漁具といった労働手段の存在に言及し、それらが同じ価値を持ち、同じ耐久力を持つと仮定した上で、労働価値説にもとづく等価交換の原則について述べている(もちろん狩猟の場合は原材料の価値は存在しないので、労働手段の価値が生産手段の価値の唯一の構成要素である)。明らかに、スミス以上にはっきりと生産手段の価値が自覚されている。にもかかわらず、リカードは、主として2つの場面においてこの生産手段価値のことを忘却してしまい、「v＋mのドグマ」を露呈してしまっている。

まず1つ目は、労働者によってすでに生産されている生産物の価値が、資本家、土地所有者、労働者の三者(ないしより簡潔には資本家と労働者の二者)によって分割される事態を描く場面においてである。リカードは『経済学と課税

第1節　「スミスのドグマ」と「価値生産物」概念

の原理』の序文冒頭でいきなり、スミスにならって次のように述べている。

　　大地の生産物、つまり労働と機械と資本とを結合して使用することによって地表から取り出されるすべての物は、社会の3つの階級のあいだで分割される (divided among three classes of the community)。すなわち土地の所有者と、その耕作に必要なストックつまり資本の所有者と、その勤労によって土地を耕す労働者とのあいだで分割される。だが、社会の異なる段階においては、大地の全生産物のうち、地代・利潤・賃金という名称でこれら3つの階級のそれぞれに割り当てられる割合はきわめて大きく異なるだろう。(前掲リカードウ『経済学および課税の原理』上，11頁)

　このようにリカードはスミスよりも明確に、「機械と資本」を含む生産物の価値が利潤、地代、賃金に分割されるとしている。だがスミスと違うのは、リカードが後の議論では、分解される商品の価値から地代を排除したことである。差額地代だけを認めて絶対地代を否定するリカードは、地代が商品価値の基本的構成部分であることを否定した。それは特別に生産性の高い土地の生産物の特殊な価格に入るだけであり、それは一種の特別利潤に他ならない。それゆえリカードは、『経済学と課税の原理』の第6章「利潤について」においては次のように述べている。

　　われわれは、穀物の価格が、地代を支払わない資本部分を用いて穀物を生産するのに必要な労働量によって規定されることを知った。われわれはまた、すべての製造品の価格が、その生産に必要な労働の増減に応じて騰落することも知った。価格を規定する質の土地を耕作する農業者も、財貨を製造する製造業者も、生産物の一部分たりとも地代のために犠牲にすることはしない。彼らの商品の全価値はもっぱら2つの部分にのみ分割される。1つは資本の利潤を構成し、もう1つは労働の賃金を構成する。(前掲リカードウ『経済学および課税の原理』上，157頁)

　このように、リカードは基本的に商品の全価値を利潤と賃金とに分割しており、地代を排除している分、スミスよりもはるかに純粋に「v＋mのドグマ」に近い立場を取っている。第6章の全体においてリカードはこのドグマを堅持している。

　しかしリカードは、「v＋mのドグマ」を含む「スミスのドグマ」を自明のものとして受け入れていたので、そもそも、どうして商品の全価値が利潤と賃

173

金に分解ないし分割しうるのかについて、わざわざ論じていない。こうして、リカードにあっては、「ｖ＋ｍのドグマ」はより無自覚的なものになっている。スミスにあっては、「究極的に」というマジックワードを伴いつつも、自覚的に生産手段価値が、利潤、賃金、地代に分解されていたので、ある意味で、生産手段価値の存在は忘却されていなかった。しかし、この「分解説」を無批判に受け入れるリカードにあっては、しばしば生産手段価値の存在そのものが忘れられてしまう。とくに、生産物の価値がどのように地代と利潤と賃金に分解されるのかを詳細に論じているこの第6章においてはそうである。

リカードにおける「ｖ＋ｍのドグマ」II──生産力の変化による価値変化

しかし、リカードが「ｖ＋ｍのドグマ」に陥っているのはこのような場面においてだけではない。もう1つ典型的な場面が存在する。それは、生産力の上昇ないし下降によって生産物の価値が騰落する事態について描いている場面である。リカードは『経済学と課税の原理』の第20章「価値と富、両者を区別する特性」において、何よりも使用価値（「富」）と価値との違いについて正しく力説し、労働価値説の立場をきわめて鮮明に明らかにしているのだが（この章の冒頭で、例の「100万人の労働」命題が登場している）、この文脈においてリカードは、生産手段価値の存在を忘れてしまい、あたかも最終段階で投じられた労働の生産性上昇に比例して生産物の価値全体が減少するかのように議論をしている。

> かりに一定額の資本を用いて、一定数の人の労働が1000足の靴下を生産していたが、機械の発明によって、同数の人々が2000足を生産できるようになるか、あるいは引き続き1000足を生産して、その他に500個の帽子を生産できるようになると仮定しよう。その場合には、2000足の靴下の価値、あるいは1000足の靴下と500個の帽子との価値は、機械採用前の1000足の靴下の価値よりも多くも少なくもならないだろう。（リカードウ『経済学および課税の原理』下，岩波文庫，1987年，87〜88頁）

つまりリカードは、当初1000足の靴下を生産していた労働者が、機械の発明によって同じ労働者数で2000足を生産するようになったとしても、その2000足の靴下の価値は機械発明以前の1000足の靴下の価値と同じだとみなしているのである。一見すると、労働価値説にもとづくかぎり、この説明には何

第1節 「スミスのドグマ」と「価値生産物」概念

の問題もないように見える。しかし、実際にはこの説明はまったく間違いなのである。なぜなら、機械の発明によって1日に1000足から2000足へと労働生産性が2倍になったとしても、その労働生産性の上昇は最終製造段階においてのみ当てはまるのであり、けっして、生産された靴下2000足の価値が以前の1000足と同じになることを意味しないからである。まず、靴下の原材料費が無視されている。靴下の材料などを生産する諸部門でも労働生産性が同時に2倍になっているのでないかぎり、2000足の靴下を生産するのに必要な原材料費（流動資本）は、1000足の靴下を生産するのに必要な材料費の2倍である。さらに新しい機械の償却費用（固定資本）が無視されている。要するに、リカードは、生産手段の価値（不変資本価値）を忘却してしまっているのである。同じような勘違いは、同じ章の次の場面にも見出せる。

> もし1台の改良された機械によって、われわれが追加労働を用いないで、1足ではなく2足の靴下を製造できるようになるとすれば、1ヤードの毛織物と交換に2倍量の靴下が与えられるだろう。（前掲リカードウ『経済学および課税の原理』下，92頁）

ここでも、リカードは、最終製造段階における労働生産性の2倍化が、生産物価値そのものを2分の1にするかのように考えている。

このようにリカードは、生産された生産物の価値が諸階級のあいだで分割される場合と、生産力の変化によって商品価値が変化する場合という2つの場面において、不変資本価値の存在を忘れてしまっていることがわかる。第1章ですでに簡単に述べたように、そして本章においてより具体的に指摘するように、この2つの場面こそ、後にマルクスやエンゲルスも典型的に「v＋mのドグマ」に陥っていた2つのパターンでもあった。

労働価値論と「v＋mのドグマ」

しかし、別の面から見れば、スミス、リカードにおける「v＋mのドグマ」は、労働価値論のある種の貫徹形態であるとも言える。まず第1に、労働価値論にもとづくなら、生産物価値を構成するどの要素であれ、最終的には過去の何らかの時点で支出された労働に還元される。現在は不変資本として役立っている財貨も、過去における労働の生産物である。スミスやリカードにあっては資本主義的生産は生産一般でもあるので、支出された労働はすべて利潤と賃金

に分割される。したがって、不変資本価値を含む生産物価値の全体が、「直接的にか究極的に」利潤と賃金に分割されるし、されなければならない。このような過去への時間的遡及というファクターを入れれば、「v＋mのドグマ」はある意味で労働価値論そのものを表現するものでもある。

　第2に、次のような推論も可能である。社会全体がつくり出すあらゆる消費財は最終的に社会に存在する諸階級の諸収入（利潤、地代、賃金）によって購買されるはずである。したがって、少なくとも消費財の全価値は、利潤、地代、賃金に分解するはずである。生産財も結局は何らかの形で消費財の生産に役立つために生産されるのだから、社会の全生産物は、諸階級のさまざまな収入によって購買されなければならない。こうして、社会の全生産物の価値は結局、利潤、地代、賃金に分解するはずである、云々。

　最初の手法が時間的にどんどん過去に遡って生産物価値を「v＋m」に分解するとすれば、2番目の手法は空間的にどんどん拡散させることによって生産物価値を「v＋m」に分解しているわけである。

　たしかに、時間的に過去にどんどん遡って、労働手段をいっさい用いず自然物に直接働きかける太古の時代にまで至るならば、すべての商品の価値は労働者がつくり出す「価値生産物」に分解され、したがって「v＋m」に分解されうると言える。しかし、その場合、過去への遡及はいずれ資本主義の時間的限界を超えるので、結局、賃金と利潤という範疇をも超えてしまうことになる。この意味では、エンゲルスが第3巻「主要草稿」につけ加えた一文にあるように、「これはただ、およそ商品価値とは商品に含まれている社会的必要労働の尺度に他ならないという事実の資本主義的な表現形態でしかない」（KⅢ，1089頁，S.859）と言うことができる。しかし、現時点での商品価値には不変資本価値が含まれているのであって、それはけっして「v＋m」には分解できない。

　また空間的にも、「v＋m」に分解できるのは消費手段生産部門の総生産物価値（c＋v＋m）と生産手段生産部門の価値生産物（v＋m）部分だけであって、生産手段生産部門の不変資本部分は結局分解しきれずに残ることになる。したがって、いずれの場合も、「v＋mのドグマ」は正しくない。以上の点は、マルクス自身が再生産論の探求を通じて「v＋mのドグマ」の克服に取り組む中でしだいに明確になっていく論点でもある。

第1節　「スミスのドグマ」と「価値生産物」概念

(2)　「v＋mのドグマ」の2つのタイプと「価値生産物」

　先に述べたように「スミスのドグマ」そのものが2つの異なった側面を有していたが、その第1のタイプである「v＋mのドグマ」それ自体も2つのタイプに分けることができるだろう。

　諸商品の価格ないし価値の全体を賃金と利潤に、あるいは地代が入る場合には、賃金と利潤と地代に自覚的に分解する見方、すなわち、範疇的により厳密に規定しなおせば「v＋m」へと自覚的に解消する見方を、**「狭義のv＋mのドグマ」**と呼ぼう。スミスの場合、すでに見たように、生産手段価値を含めて生産物価値の全体を自覚的に賃金、利潤、地代に、あるいはより正しい表現で言いかえれば、「v＋m」に還元している。

　だが、先に見たリカードの場合のように、このような自覚的な操作をせずとも、いつのまにか生産手段価値の存在が看過ないし無視されて、基本的に「生産物価値」が「価値生産物」に、したがって事実上「v＋m」に還元されて論じられる場合も多く、このような「v＋mのドグマ」を**「広義のv＋mのドグマ」**と呼ぼう。最初に紹介したリカードの「100万人の労働」命題が典型的にそうである。

　このような「v＋mのドグマ」が生じた原因に関して、通説では一般に次のように説明されている。すなわち、「v＋mのドグマ」が古典派において普遍的に見られるのは、彼らが労働の二重性による価値保存と価値形成の二重の過程を理解していなかったからである、と。マルクス自身も『資本論』や各種草稿においてそう説明しているし、それはもちろんけっして間違っていないのだが、原因をそこにのみ見出すのは一面的である。スミスにあってもリカードにあっても、価値の生産や利潤の発生について論じている場面では、原材料や労働用具の価値に労働者が新たな価値をつけ加えるのだと説明しており、したがって生産物価値にこの両方の価値が含まれているのは自明であった。にもかかわらず、生産物価値の分割をめぐって利潤と賃金とのあいだの量的関係が問題になる場面や、生産力の変化と価値の騰落との量的関係が論じられる場面になると、しばしば生産手段価値の存在が忘れられて、あたかも生産物価値の全体が利潤と賃金に分割されるかのようなドグマが登場するのである。

　そして、後で詳しく見るようにマルクス自身もそうであって、マルクスは、

第3章

労働の二重性による価値保存と価値形成の二重の過程を十二分に理解した後にも（これはおおむね『経済学批判要綱』で確立される）、しばしば「広義のｖ＋ｍのドグマ」に陥っている。このことからしても、「ｖ＋ｍのドグマ」の原因を労働の二重性の無理解にのみ求めるのは一面的であることがわかる。

　「広義のｖ＋ｍのドグマ」を自覚的に克服するためには、「労働の二重性」を把握するだけでは不十分であり、「生産物価値」ないし単なる「生産物」とは区別された「価値生産物」という科学的概念の確立が必要だったのである。なぜなら、生産手段の価値を含む生産物価値と明確に区別された概念として「価値生産物」という科学的用語が確立されその用語が堅持されることで、無自覚的に両者を同一視することが真に回避されるからである。ある特定の対象を指す明確なタームが確立していない場合には、たえず別のよく似た概念と混同されるというのはよくあることであり、「価値生産物」という概念が存在しないからこそ、それは「生産物価値」や「生産物」やそれに類する言葉と混同されるのである。

第２節　現行版『資本論』における「価値生産物」概念

　マルクスにおける「価値生産物」概念の成立過程を考察する前に、まずもって『資本論』において「価値生産物」という用語がどのように使用され、どのような位置づけを与えられているかを確認しておく必要がある。『資本論』における「価値生産物」概念こそが、マルクスにおける「価値生産物」論のとりあえずの到達点であることは間違いないからである。しかし、『資本論』といっても、たとえば第１巻に関して言うと、初版から現行版までいろいろあるし、第２巻と第３巻は、エンゲルスがマルクスの未完成の諸草稿をつなぎ合わして編集したものである。だが、第１巻の「価値生産物」に関しては、本章の最後の方で紹介するように、初版と現行版ではいくつかの重要な違いがあるが、そのほとんどは変更がない。それゆえ、とりあえず誰もが入手できてすぐに確認できる現行版『資本論』第１巻に即して、「価値生産物」概念の使用事例を確認しておこう。

第2節　現行版『資本論』における「価値生産物」概念

(1) 現行版『資本論』第1巻における「価値生産物」

　現行版『資本論』第1巻には「価値生産物」という用語が多数登場するが、そのすべてを紹介するのは不可能なので、典型的な箇所だけを確認しておこう[(4)]。

第7章における「価値生産物」——最初の登場場面

　最初に「価値生産物（Wertprodukt）」が登場するのは、第7章「剰余価値率」においてである。この第7章には「価値生産物」が多数登場するが、その最初の登場場面は、同章の第1節「労働力の搾取度」である。マルクスはこの節において、表題の通り労働の搾取度を何によって測るべきなのかを解明しようとする。ここで問題になるのは、古典派に共通する誤りの一つである剰余価値率と利潤率との混同（これは「v＋mのドグマ」に通じる）を一掃し、剰余価値率という新しい概念を確立することである。そのためにまずマルクスは、「生産物の価値（Werts des Produkts）」ないし「生産物価値（Produktenwert）」と「生産要素の価値」とを区別する。

> 　前貸しされた資本Cが生産過程で生み出した剰余価値、すなわち前貸資本価値Cの増殖分は、まず第1に、生産物の価値がその生産要素の価値総額を越える超過分として現われる。（KⅠ，276頁，S.226）

> 　生産物価値がその生産要素の価値を越える超過分は前貸資本の増殖分に等しい……。生産物価値と比較されるものは、その形成に費やされた生産要素の価値である。（KⅠ，276〜277頁，S.226-227）

　しかし前貸資本Cといっても、これは不変資本と可変資本に分かれるし、不変資本もまた、労働手段のようにその価値の一部だけが生産物価値に移るものと原材料のようにその価値の全部が生産物価値に移るものとに分かれるだろ

---

(4) 現行版『資本論』第1巻に「価値生産物」という用語は47回登場している。以下がその一覧である（MEW版の原頁数だけ列挙。括弧内の数字が登場回数）。S.227(2), 229(2), 233(3), 236(1), 237(1), 240(1), 323(1), 324(1), 338(1), 543(3), 544(1), 547(6), 548(1), 549(2), 550(1), 553(1), 554(5), 555(3), 561(3), 563(1), 566(1), 567(1), 568(1), 573(2), 575(1), 581(1). ちなみに、『資本論』のどの版も巻末の事項索引においてこれらの該当頁の4割から6割程度しか捕捉していない。この点については、この欄外注では収まらないので、本節の最後の「補論1」で論じることにする。

第3章

う。ここでは生産物価値だけが問題になるのだから、労働手段のうち生産物価値にその価値を引き渡さない部分は捨象される。この点を踏まえたうえで、マルクスはC = c + vという式に帰っている。そして、次のように述べている。

> 言うまでもなく、不変資本の価値は生産物にただ再現するだけである。したがって、〔生産〕過程において現実に新たに生み出される**価値生産物**（wirklich neu erzeugte Wertprodukt）は、〔生産〕過程から得られる生産物価値（aus dem Prozeß erhaltnen Produktenwert）とは違っているのであり、それは、一見そう見えるようにc + v + m、ないし、410ポンド（c）+ 90ポンド（v）+ 90ポンド（m）ではなく、v + m、ないし、90ポンド（v）+ 90ポンド（m）であり、590ポンドではなく、180ポンドである。（KⅠ, 277〜278頁，S.227）

ここがはじめて『資本論』第1巻に「価値生産物」が登場する場面であり、マルクスは最初から生産物価値と対比させて「価値生産物」概念を提示している（ちなみに初版では、「生産物価値」と「価値生産物」の両方が隔字体で強調されている）。すなわち「価値生産物」とは、生産物価値のうち「生産過程において現実に新たに生み出される価値」部分であり、「c + v + m」ではなく、「v + m」である。続けてマルクスは、不変資本価値の大きさによってはこの「価値生産物」の大きさは変更されないと論じる。

> かりに、cすなわち不変資本がゼロだとすれば、言いかえれば、資本家が生産された生産手段を原料も補助材料も労働用具も充用する必要がなく、ただ天然にある素材と労働力だけを充用すればよいというような産業部門があるとすれば、その場合には生産物に移される不変資本価値部分はないだろう。生産物価値のこの要素、われわれの例では140ポンドはなくなるだろう。しかし、90ポンドの剰余価値を含む180ポンドの**価値生産物**は、cが最大の価値額を表わすような場合とまったく同じ大きさだろう。（KⅠ, 278頁, S.227）

このようにしてマルクスは、剰余価値率の概念を引き出す過程において、まずは生産物価値から不変資本価値を引き去って、「価値生産物」という概念を提起する。この不変資本の価値を生産物価値から自覚的に引き去る手続き、ないし不変資本価値を自覚的にゼロと仮定する手続きは、生産物価値と「価値生産物」とを、したがってまた利潤率と剰余価値率とを混同しないために不可欠

第2節　現行版『資本論』における「価値生産物」概念

のものであるのは明らかである。次にマルクスは、この「価値生産物」に注意を集中し、剰余価値率の概念を導き出す。

> こういうわけで、われわれはさしあたり不変資本部分をゼロに等しいとする。したがって、前貸資本 c + v は v に、生産物価値 c + v + m は、**価値生産物** v + m に縮小される。**価値生産物** = 180 ポンドが与えられていて、生産過程の全継続期間にわたって流動する労働がそれで表わされるとすれば、われわれは、剰余価値 = 90 ポンドを得るためには、可変資本の価値 = 90 ポンドをそこから引き去らなければならない。……この可変資本の価値増殖の割合、または剰余価値の比例量を私は剰余価値率と呼ぶのである。(KⅠ, 280～281頁, S.229-230)

以上見たように、「価値生産物」という概念は剰余価値率を導き出す上で必要不可欠な中間項としての役割を果たしており、何よりもそれは、生産物価値から不変資本価値を自覚的に引き去ること、不変資本価値を自覚的にゼロとして計算することの必要性から生じている。無自覚に不変資本価値を生産物価値から引き去ってしまうことは、まさに「広義の v + m のドグマ」に陥ることを意味する。このようなドグマに陥らないためには、生産物価値から不変資本価値を引き去るという理論的手続きを明示的に経る必要がある。すなわち、「価値生産物 = 生産物価値 − 不変資本価値」である。マルクスがここで生産物価値と「価値生産物」とを周到に区別し、生産物価値からの不変資本価値の引き去り手続きについて念入りに強調しているのは、まさにこの理論手続きが、かつては自らも陥っていた「広義の v + m のドグマ」に陥らないために必要だからである。

「価値生産物」概念は第7章のそれ以降の記述にも何度も登場する。とくに第2節と第3節は、「シーニアの最後の1時間」とのかかわりで「価値生産物」概念が重要な役割を果たしている。たとえば第2節の「生産物の比例配分的諸部分での生産物価値の表示」を見てみよう。その中でマルクスは、生産物の価値が生産物の使用価値の諸部分によってどのように量的に表示しうるかを分析している（このように価値成分を生産物の比例的諸部分で表示することは、『資本論』第2部第3編において社会的総資本の再生産と補填関係を考察するさいに決定的に重要になる）。マルクスはこのような比例的表示の仕方はイギリスの工場主によって日常的に行なわれていることであるが、それはある粗雑な考え方を招き

第3章

かねないとして、有名な「シーニアの最後の1時間」について、次のように生産物価値と「価値生産物」とを対比させて論じている。

> われわれは今やっかいな点に来ている。そこで注意せよ！　最後から2番目の1労働時間も、最初のそれと同じ普通の1労働時間である。それよりも多くも少なくもない。それではどうして紡績工は、$5\frac{3}{4}$労働時間を表わす糸価値を1労働時間で生産することができるのか？　実は彼はそんな奇跡は行なわないのである。彼が1労働時間で使用価値として生産するものは一定量の糸である。この糸の価値は$5\frac{3}{4}$労働時間によって計られ、そのうち$4\frac{3}{4}$は、毎時間消費される生産手段すなわち綿花や機械などのうちに彼の助力なしに含まれており、$\frac{4}{4}$すなわち1時間は彼自身によってつけ加えられている。つまり彼の賃金は$5\frac{3}{4}$時間で生産され、また1紡績時間の糸価値もやはり$5\frac{3}{4}$労働時間を含んでいるのだから、彼の$5\frac{3}{4}$紡績時間の**価値生産物**が1紡績時間の**生産物価値**に等しいということは、まったく魔術でも何でもないのである。(KⅠ，294〜295頁，S.240)

マルクスは「彼の$5\frac{3}{4}$紡績時間の価値生産物が1紡績時間の生産物価値に等しい」ということは「魔術でも何でもない」と述べている。なぜなら、「価値生産物」には不変資本価値は含まれないが、「生産物価値」には不変資本価値が含まれているからである。にもかかわらず、それが一見して謎めいていて「やっかい」であるのは、ここでは労働者が生産する生産物という場合の「生産物」が二重の意味を持っているからである。すなわち、ここで言う「生産物」が、紡績労働者が生産過程で生産する新生産物の全体、すなわちその使用価値の観点から、その具体的な現物形態から見た生産物（これを「**使用価値としての生産物**」あるいは「**商品体としての生産物**」と呼ぼう）を意味する場合には、その労働者が1労働時間で生産する「物」（糸という具体的使用価値）の価値には、その時間中に消費される不変資本の価値も入るので「$5\frac{3}{4}$労働時間」が含まれている。それに対して、ここで言う「生産物」が、価値から見た生産物、労働者によって新たに生み出された価値の凝固物としての生産物（これを「**価値としての生産物**」と呼ぼう）を意味する場合には、1労働時間は1労働時間の価値しか生産しないのであり、したがって、「彼の$5\frac{3}{4}$紡績時間の価値生産物が1紡績時間の生産物価値に等しい」ということになるのである。

ところで、このような「生産物の二重性」はなぜ生じるのか？　なぜ労働者が「使用価値としての生産物」を生産するときには、その生産物の価値には不

第2節　現行版『資本論』における「価値生産物」概念

変資本価値も含まれるのか？　そこには、言うまでもなく例の「労働の二重性」が関わっている。労働者の労働は、その「労働の質」、あるいは具体的有用労働の資格において、生産手段を生産的に消費することによってそこに含まれている価値を新生産物に移転させ、それと同時に、今度はその「労働の量」、あるいは抽象的人間労働の資格において、同じ労働時間中に新たな価値を不変資本価値につけ加えるからである（KⅠ，295頁，S.240）。こうして、「生産物価値」と自覚的に区別されたところの「価値生産物」概念が、「労働の二重性」論と、したがってそれと不可分に結びついている「生産物の二重性」という問題と結びついていることがわかる。この後者の問題は非常に重要なので後で改めて論じよう。

第9章と第10章における「価値生産物」

　第7章の次に「価値生産物」が頻出するのは、第15章であるが、この章を扱う前に、第9章と第10章の2つの章にも、わずかとはいえ「価値生産物」が出てくるので、その登場箇所のいくつかを確認しておこう。
　たとえば第9章において、生産される剰余価値量が剰余価値率と前貸可変資本量という「2つの要因」で規定されるという周知の法則について述べた後に、マルクスはこの法則が不変資本と可変資本との比率の違いによっては左右されないとして、以下のように書いている。

> なぜならば、先の分析によれば、不変資本の価値は、生産物価値のうちに再現するが、新たに形成された**価値生産物**（neugebildete Wertprodukt）の中には入らないからである。（KⅠ，403頁，S.324）

ここでも「生産物価値」と対比させて「価値生産物」という用語が用いられている。「価値生産物」には不変資本価値は含まれないのだから、不変資本価値の大きさの大小によっては剰余価値率の大きさは変化しないのである。
　次に第10章「相対的剰余価値の概念」にも「価値生産物」が1ヵ所だけだが登場する。相対的剰余価値の発生と労働の生産力との関係について論じる中でマルクスは次のように書いている。

> これに反して、相対的剰余価値は労働の生産力に正比例する。それは生産力が上がれば上がり、下がれば下がる。12時間の社会的平均労働日の1日は、貨幣価値を不変と前提すれば、つねに6シリングという同じ**価値生産物**

を生産するのであって、この価値総額が労働力価値の等価と剰余価値とにどのように分割されるかにかかわりなくそうである。しかし、生産力が上がったために、1日の生活手段の価値、したがってまた労働力の日価値が5シリングから3シリングに下がれば、剰余価値は1シリングから3シリングに上がる。労働力の価値を再生産するには10労働時間が必要だったが、今では6労働時間しか必要ではない。(KⅠ, 420頁, S.338)

どのように生産力が変化しようとも、12時間の1労働日は(労働強度が同じであるかぎり)常に同じ大きさの「価値生産物」を生産するのであり、この同じ大きさが資本家と労働者によってどのように分割されるかにかかわりなくそうである。そして、この「価値生産物」に対象を限定するかぎりにおいて、剰余価値の増減はもっぱら労働力価値の増減に依拠しているという「リカードの法則」が正当なものになるのである(第2章の最終節で検討した熟練解体の場合を例外とすれば)。マルクスがここで「価値生産物」という概念を用いてこのことをあえて強調しているのは、まさに「リカードのドグマ」のことが念頭にあるからである。

第15章における「価値生産物」

次に、「価値生産物」という表現が最もよく登場するのは、第15章「労働力の価格と剰余価値との量的変動」である。ここでは労働力価値と剰余価値との量的関係が詳細に論じられている。とくに重要なのは、「労働日の大きさと労働の強度が不変で労働の生産力が可変である場合」に3つの法則が成り立つとしている部分である。まずマルクスは、第1の法則として、次のように述べている。

> この前提のもとでは、労働力の価値と剰余価値とは3つの法則によって規定されている。第1に、与えられた大きさの1労働日は、たとえどのように労働生産性が、またそれにつれて生産物量が、したがってまた個々の商品の価格が変動しようとも、常に同じ**価値生産物**に表わされる。たとえば12時間労働日の**価値生産物**が6シリングならば、それは、生産される使用価値の量が労働の生産力につれて変動しても、つまり6シリングという価値が配分される商品の量が多かったり少なかったりしても、変わらない。(KⅠ, 674頁, S.543)

このように生産力が変化しても不変なのは「価値生産物」であって、生産物価値ではない。続けて、マルクスは第2の法則として次のように述べている。

> 第2に、労働力価値と剰余価値とは互いに反対の方向に変動する。労働の生産力の変動、その増進または減退は、労働力価値には逆の方向に作用し、剰余価値には同じ方向に作用する。12時間労働日の**価値生産物**は、1つの不変量、たとえば6シリングである。この不変量は、剰余価値と労働力価値との合計に等しく、この労働力価値は労働者が等価によって補填するものである。1つの不変量の2つの部分のうち、一方が減少しなければ他方が増加することができないのは自明である。（KⅠ，674〜675頁，S.543）

この法則はリカードが事実上到達していたものだが（ただし、あくまでも「事実上」）、リカードは、一方では、「価値生産物」と生産物価値とを区別せずにこの法則を論じ（「v＋mのドグマ」）、他方ではこの大きさをアプリオリに不変量とみなして、この法則を普遍化してしまった（リカードのドグマ）。

それ以降もこの第15章では頻繁に「価値生産物」概念が登場しており、労働日、労働強度、労働生産性という3つの条件の変動によって、生産物価値のうち労働者が新たに生み出す価値部分、すなわち「価値生産物」の大きさとその分割割合とがどのように変化するかが詳細に論じられている。生産物価値から自覚的に不変資本価値を取り除き、「価値生産物」の増減に問題を絞ることによって、マルクスはこのような量的問題を「リカードのドグマ」にも「v＋mのドグマ」にも陥ることなく厳密に論じることができるようになったのである。

第16章と6編における「価値生産物」

次に「価値生産物」が頻出するのは第16章「剰余価値率を表わす種々の定式」である。たとえば、剰余価値率の以下のような派生的定式（定式Ⅱ）を提示した後にそれが登場している。

$$\text{Ⅱ} \quad \frac{\text{剰余労働}}{\text{労働日}} = \frac{\text{剰余価値}}{\text{生産物価値}} = \frac{\text{剰余生産物}}{\text{総生産物}}$$

これらの定式を記述した後に、マルクスは次のように注意している。

第３章

　ここでは一つの同じ比率がそれぞれ順に、労働時間の形態、労働時間が体化されている価値の形態、この価値が存在する生産物の形態で表わされている。もちろん、〔ここで言う〕生産物価値というのはただ労働日の**価値生産物**だけを意味しており、生産物価値の不変部分が除外されているものと想定されている。(ＫⅠ, 688頁, S.553)

　つまり、上の3つの式はそれぞれ、同じ定式を、労働時間ターム、価値ターム、生産物タームで表現したものなのだが、マルクスは、2つ目の式の分母に登場する「生産物価値」(ちなみに初版『資本論』ではこの部分は「生産物の価値」と表記され、2版で「生産物価値」に修正)について、それが実は「価値生産物」のことであり、「生産物価値の不変部分が除外されているものと想定されている」と述べている。マルクスがあえてそう言うのは、この「想定」が必ずしも古典派においては明示的なものではなかったからである。古典派にあっては、「広義のｖ＋ｍのドグマ」ゆえに生産物価値と「価値生産物」とが明確に区別されておらず、したがって、ここでマルクスが言うように、「価値生産物」の意味で「生産物（の）価値」がしばしば無自覚に使用されていた。だがこのような混同は、後で見るように、『資本論』以前のマルクスにもしばしば見出せるものでもある。

　なおここでマルクスは、「生産物価値」にだけ限定を加えているが、本来ならば、いちばん右端の式の分母に登場する「総生産物（Gesamtprodukt）」も誤解の余地ある表現であろう。マルクス自身、すでに述べたように、「総生産物」を不変資本価値部分も含む生産物全体を表わすものとしても用いているからである（このような「総生産物」の2つの意味については、本章の第7節で再論する）。はっきり言うと、「使用価値としての生産物」を前提とするかぎり、剰余価値率を簡潔な生産物タームで表現することは基本的に不可能であり、「広義のｖ＋ｍのドグマ」に陥るだけのことであろう。あえて表現するとすれば、分子は「剰余生産物」でいいが、分母は「総生産物のうち価値生産物に相当する部分」というように表現するしかない。

　マルクスは、この派生的定式について一般的に書いた後に、今度は、具体的な数値を入れてもう一度叙述しているが、その時には以下のように最初から分母は「価値生産物」になっている。

第2節　現行版『資本論』における「価値生産物」概念

$$\frac{6時間の剰余労働}{12時間の労働日} = \frac{3シリングの剰余価値}{6シリングの\textbf{価値生産物}} = 50\%$$

（KⅠ，689頁，S.554）

　この等式を書いた直後にマルクスは「これらの派生的定式は、実際には、1労働日またはその**価値生産物**が資本家と労働者とのあいだに分割される割合を表わしている」（KⅠ，689頁，S.554）と述べている。これは前著1で私が「価値分割率」と表現したものに他ならない。同じ第16章にはその後も何度も価値生産物が登場しているが、その一つは、本書の第2章で詳細に検討した「リカードのドグマ」を批判した部分に登場する。

> 　労働日を不変の大きさとして扱う〔古典〕派の方法は、定式Ⅱによって確立された。なぜなら、これらの定式では常に剰余労働は所与の大きさの1労働日と比較されるからである。ただ**価値生産物**の分割だけに注目する場合も同様である。一つの**価値生産物**に対象化された1労働日は常にある与えられた境界を持つ1労働日である。剰余価値と労働力価値とを**価値生産物**の諸部分として表わすこと——いずれにせよそれは資本主義的生産様式そのものから生じる表現様式であって、その意義はもっと後で解明されるだろう——、この表わし方は、資本関係の独自な性格、すなわち可変資本と生きている労働力との交換やそれに対応する生産物からの労働者の排除を覆い隠している。（KⅠ，691頁，S.555）

　古典派は、「生産物価値」と「価値生産物」とを混同するだけでなく、それと同時に、この「価値生産物」を所与の不変の大きさとして前提してしまう。つまり、古典派にあっては、「v＋mのドグマ」と「リカードのドグマ」とは不可分に結びついているのである。ちなみに、ここでマルクスは、この不正確な派生的定式は「資本主義的生産様式そのものから生じる表現様式」であって、「その意義はもっと後で解明される」と述べているが、その「もっと後」とは『資本論』第1巻の最終編である「蓄積と再生産」論を指している。労働者に対する「前貸し」として現象する賃金は、資本主義的生産と再生産の連続性において把握すれば、それは労働者自身が生み出した価値の、すなわち価値生産物の一部にすぎないことが明らかになるのである。

　16章以降も「価値生産物」は繰り返し登場しており、とくに第6編には多数登場している。たとえば以下の部分がそうだ。

第3章

　　労働の価値というのは、ただ労働力の価値の不合理な表現でしかないのだから、当然のこととして、労働の価値はつねに労働の**価値生産物**よりも小さくなければならない、ということになる。なぜなら、資本家は常に労働力をそれ自身の価値の再生産に必要であるよりも長く機能させるからである。（KⅠ, 699頁, S.561）

　実はこの部分は後にフランス語版『資本論』で不正確に訳されているのだが、それについては本章の最終節である9節で紹介することにしよう（本書、276頁）。現行版『資本論』における「価値生産物」の登場箇所は、第6編の第19章「出来高賃金」での登場が最後になる（KⅠ, 724頁, S.581）。

　以上、ごく簡単にだが、現行版『資本論』第1巻に「価値生産物」が登場する箇所をいくつか紹介し検討した。ざっと見ただけでも、『資本論』第1巻においてこの「価値生産物」概念がきわめて多用され、かつ理論的に重要な役割を果たしていることがわかる。実を言うと、初版『資本論』には、第6編以降にも登場箇所があるのだが、それについても9節で検討しよう（本書、277頁以下）。

（2）『資本論』における「新価値」と「価値生産物」概念の意味

　さて、以上の、現行版『資本論』第1巻に登場する「価値生産物」の簡単な検討を踏まえて、『資本論』における「価値生産物」概念の理論的意味について総括的に明らかにしておこう。

『資本論』における「新価値」概念

　まずその前提として、『資本論』に登場する他の同系の用語についても見ておく必要がある。そうした用語は複数存在するが、とくに重要なのは、「新価値（Neuwert）」ないし「新たな価値（neue Wert）」という概念である。実を言うと、『資本論』では、「新価値」概念は、「価値生産物」概念よりも先に登場しており、しかもかなりの頻度で登場している。「新価値」ないし「新たな価値」概念が最初に登場するのは、第6章「不変資本と可変資本」においてであり、同章ではこの用語が何箇所も登場している。とりわけ、労働の二重性による不変資本価値の維持と「新価値」の形成という二重の過程を解明するための

第2節　現行版『資本論』における「価値生産物」概念

不可欠の概念としてである。そのいくつかの事例を見てみよう。

　　紡績工はただ紡ぐことによってのみ、織物工はただ織ることによってのみ、鍛冶工はただ鍛えることによってのみ、労働時間をつけ加えるのである。しかし、彼らが労働一般を、したがってまた新価値（Neuwert）をつけ加えるさいの、目的によって規定された形態によって、すなわち紡ぐことや織ることや鍛えることによって、生産手段、すなわち綿花と紡錘、糸と織機、鉄とかなしきは、一つの生産物の、一つの新しい使用価値の、形成要素になる。（KⅠ, 262頁, S.214-215）

　　つまり、その抽象的な一般的な性質において、人間労働力の支出として、紡績工の労働は、綿花や紡錘の価値に新価値をつけ加えるのであり、そして、紡績過程としてのその具体的で特殊で有用な性質において、それはこれらの生産手段の価値を生産物に移し、こうしてそれらの価値を生産物のうちに保存するのである。（KⅠ, 263頁, S.215）

　このように、上の2つを含む一連の引用文で登場する「新価値」ないし「新たな価値」はすべて、不変資本価値の保存と価値の新たな形成という労働の二重の作用を分析するために用いられている。同じく、「価値生産物」概念が最初に登場する第7章にも「新価値」がいくつも登場する。だが、それ以降の諸章を見ると、「新価値」はしだいに登場しなくなり、第15章や第16章などでは「価値生産物」概念がもっぱら用いられている。

　逆に労働者が不変資本に新たな価値をつけ加えるという価値形成および価値増殖の過程を論じている第6章においては「新価値」のみが登場して「価値生産物」が登場しない。そしてすでに価値増殖過程が説かれた後に、生産された生産物の価値の種々の構成部分にもとづいて剰余価値率が考察される第7章になってようやく「価値生産物」が登場し、それ以降、「価値生産物」の登場頻度がしだいに「新価値」よりも多くなっていっている。このような違いは、「新価値」概念と異なる「価値生産物」概念の独自性を示唆している。以上の点を踏まえて、以下、「価値生産物」概念の独自の意義について総括しておこう。

「価値生産物」概念の独自の意義Ⅰ──引き算の結果としての概念

　まず第1に、「価値生産物」が最初に登場する場面を見ればわかるように、「価値生産物」とは何よりも、生産物価値とは区別され、生産物価値（c＋v

第3章

＋m）から、ただ既存の価値が再現されるだけの「不変資本価値（c）」を明示的に差し引いて得られるものとして規定されている。しかし、先に述べたように、この「〔生産〕過程において現実に新たに生み出される価値」を表現する用語としては「新価値」も存在するし、また「追加価値」という用語も時に用いられている。しかし、「価値生産物」は、引用した箇所から明らかなように、この価値部分を表わす種々の用語のうち、生産物価値との対比において規定される概念であり、そこから明示的に不変資本価値を差し引いて得られる概念である。言いかえれば、「新価値」や「追加価値」が、生産の前から存在する「旧価値」（不変資本価値）への追加として、つまりは足し算として把握される概念であるのに対し、「価値生産物」は、生産物価値からの不変資本価値の控除として、つまりは引き算として把握された概念である。このような自覚的な引き算の過程が存在するからこそ、生産物価値と「価値生産物」とを無意識のうちに混同する誤りを回避することができるのである。

したがって第2に、この「価値生産物」は、あくまでも生産の結果である生産物から見た概念であって、生産の出発点やその過程から見た概念ではない。この点にこそ、「新価値」や「追加価値」などとは根本的に区別される「価値生産物」概念の独自性がある。このような結果から見た場合にこそ、生産物価値と「価値生産物」とが絶えず混同され、不変資本価値の存在がしばしば看過されるからである。新たな生産物を生産する過程が論じられている場合には、原材料の価値や労働手段の価値の存在が忘れられることはほとんどないし、スミスやリカードも、原材料や労働手段の価値に労働者が新たな価値をつけ加えるのだと説明している。ところが、そうした過程がすでに過去のものとなり、結果としての生産物を扱う段になると、しばしば生産手段価値の存在が忘れさられ、労働者が生産過程で生み出した価値と生産物価値とが同一視されるのである。「価値生産物」はこうした誤りを自覚的に回避する上で決定的に重要な概念なのである。

「価値生産物」概念の独自の意義Ⅱ——生産物の二重性

第3に、「価値生産物」はまた、「シーニアの最後の1時間」に関連する引用で示唆したように、「使用価値としての生産物」と対比させての「価値としての生産物」として規定されうる概念である。労働者がある生産物を生産すると

第2節　現行版『資本論』における「価値生産物」概念

言うとき、普通、それはある単位の「使用価値としての生産物」を生産するという意味である。あるいは、商品生産社会を最初から前提するなら、「商品体としての生産物」を生産するという意味である。紡績工が糸を生産する、織工が上着を生産する、家具工が椅子を生産する、等々。この場合の糸や上着や椅子という具体的な現物形態、全体としての使用価値ないし商品体が通常は生産物として想定されるものである。

　一個の使用価値として見れば、紡績工は糸を全体として生産したと言える。だが、紡績工は糸そのものをまるごと無からつくり出したわけではない。綿紡績工は紡錘という労働手段を用いて綿花という原材料を綿糸という生産物に形態転換しただけである。では、生産された綿糸のうち、紡績工が本当に生産的に貢献したのはどれぐらいの分量なのだろうか？　綿糸という全体としての使用価値だけを見ているかぎり、その分量を特定することは不可能である。なぜならそれは、元の綿花とはまったく異なる新しい生産物である綿糸に姿を変えているからである。綿糸のここからここまでが綿花や紡錘の貢献分であるとか、ここからここまでが紡績工の独自の貢献分であるなどと使用価値的に区別することは不可能だろう。それゆえ、それぞれの貢献分を量的に知るためには、「使用価値としての生産物」から「価値としての生産物」に目を移さなければならない。紡績工は、使用価値ないし現物形態としては綿糸を全体として生産したのだが、価値としては、生産された綿糸の価値（生産物価値）から生産手段価値を差し引いた分だけを生産したのである。たとえば、綿糸の価値が10万円として、生産手段価値が8万円だとすれば、紡績工が、価値として生産したのは、その差額である2万円分だけであり、したがって生産された糸の5分の1の分量だけである。

　この「価値としての生産物」という観点は、ある意味で、重農主義以来の古典派の「生産物」概念を最終的に克服するものでもある。農業にあっては、原材料と生産物とが同じ使用価値体なので（小麦を撒いて新たな小麦を収穫する、等々）、その物的使用価値の量的差によって、農業労働者が「どれだけを実際に、あるいは純粋に生産したのか」を特定することができる。もっとも、その場合でも労働手段の存在を考慮に入れればそのような単純なことは言えないのだが、とりあえず労働手段を捨象すれば、原材料と生産物とが同じ現物形態、同じ使用価値であるがゆえに、そして、その使用価値が均質なものの集合であ

るがゆえに、総生産物とは区別された年生産物を量的に特定することができた。さらにその新生産物の生産にあたって労働者が労働し生存するのに必要な生活手段を小麦の一定量に換算することも比較的容易だった。したがってその分も除くと、真の純生産物を量的に算出することができる。しかし、製造業などの手工業にあってはそうはいかない。なぜなら、そこでは原材料を加工して生産される新生産物は、原材料とはまったく形態の異なった別の使用価値体だからである。そこで変化しているのは質であって量ではない。また、それを生産する労働者も自分の作ったものを消費して生存しているわけではない（重農学派の想定ではこれらの工芸品は基本的に貴族や地主向けの奢侈品だった）。それゆえ重農学派は、製造業などの工業では生産物はただ形を変えるだけであり、本当の意味で「生産」しているのではなく、したがってそこで行なわれる労働は生産的労働ではないし、本来の純生産物も存在しないと考えたのである。

　スミスやリカードはそうした「農業的」偏見を克服し、労働価値論の立場に立つことで、たとえ原材料と新生産物とを使用価値量として比較できなくても、両者の価値量を比較することで、工業でも新たな生産がなされていることを主張することができ、したがって工業でも生産的労働がなされていると主張することができた。しかし、基本的に使用価値的意味を持った「生産物」という用語を、「価値としての生産物」を表現したい時でもそのまま用いたので、しばしば「広義のｖ＋ｍのドグマ」に陥らざるをえなかった。

　実はマルクス自身も、このような古典派の限界をかなり長い間引きずっていた。理論的に「ｖ＋ｍのドグマ」を克服した後も、「価値としての生産物」を概念的にずばり表現する独自の用語を獲得していなかった時期においては、後で見るように、結局、漠然と「生産物」という言葉で代用せざるをえず、したがってその「生産物」の価値は時に、「使用価値としての生産物」の価値、すなわち生産物価値のことを指したり、生産物のうち最後の労働によってつけ加えられた価値部分、すなわち「価値生産物」のことを指したりすることになった。このような概念上の未分化は絶えざる混乱の元になっただけでなく、「広義のｖ＋ｍのドグマ」的外観を克服できないという重大な理論的制約をもたらした。それを根本的に克服したのが、「使用価値としての生産物」とは明確に区別された独自の生産物概念、すなわち「価値生産物」という概念の成立だったのである。

第2節　現行版『資本論』における「価値生産物」概念

　このような、「使用価値としての生産物」と「価値としての生産物」との区別は、言うまでもなく、「労働の二重性」論と不可分に結びついている。マルクスは「労働の二重性」論をかなり早期に確立していたが、その「労働の二重性」に対応した「生産物の二重性」論の方はなかなか確立させることができなかった。なぜなら、事実上、「生産物の二重性」を認識していたとしても、それぞれの生産物を一意的に指す科学的用語が存在しない場合には、どうしても用語上の混乱が生じるからである。たとえば、「労働の二重性」論が真に確立されたと言えるのは、それぞれの労働を一意的に指示する科学的用語、すなわち「具体的有用労働」と「抽象的人間労働」という用語が確立されてからのことである。マルクスは、それぞれの労働を特定的に指示する用語をかなり早い段階で確立していた（ただし、その表現は時期によって多少異なる）。しかし、「生産物の二重性」論に関してはそうではなく、それぞれの生産物を特定的に指示する用語はぎりぎりまで発見されず、「生産物」や「総生産物」という用語で時に「使用価値としての生産物」を、時に「価値としての生産物」を指示していた。それゆえ、すでに述べたように、マルクスは、「労働の二重性」論を確立した後にも、「広義のv＋mのドグマ」にしばしば陥っているのであり、あるいは少なくともそう見える外観が持続していたのである。その意味では、「価値生産物」概念の成立こそが、「生産物の二重性」論を明確に確立したのである。

　だが、すでに述べたように、「生産物の二重性」論が「労働の二重性」論と不可分であることを考えるなら、「生産物の二重性」が用語レベルで確立されたことは、「労働の二重性」論をも真に完成させるものであったと言えるだろう。すなわち、労働はその具体的有用労働の資格において「使用価値としての生産物」を生産し、その抽象的人間労働の資格において「価値としての生産物」＝「価値生産物」をつくるのである。「労働の二重性」論が「生産物の二重性」論と明確に結合することで、両者ともにより理論的に厳密なものになるのである。

　しかし、ここで読者は次のような疑問を持つかもしれない。すなわち、「労働の二重性」論にあっては、マルクスは、「使用価値を生産する労働」と「価値を生産する労働」とをそれぞれ指示する独自のタームを提示していた。とすると、「生産物の二重性」論にあっても、「価値としての生産物」を指示する

ターム（価値生産物）だけでなく、「使用価値としての生産物」あるいは、当然にも商品生産が前提されているのだから、「商品体としての生産物」を独自に指示するタームも必要なのではないか、と。これは一定の正当性がある。そして、本章の第8節で示すように、実際マルクスは後に、「使用価値としての、あるいは商品体としての生産物」を独自に指示する用語をも提出するようになるのである。

「価値生産物」概念の独自の意義Ⅲ──結節点と量的概念

第4に、「価値生産物」は、第15章や第16章での使用方法を見れば明らかなように、絶対的剰余価値の規定と相対的剰余価値の規定の結節点に位置する概念であり、「リカードのドグマ」に対する批判とも深く関係した概念である。「価値生産物」の大きさは、労働日の延長と労働強化によって絶対的に増大し、したがって絶対的剰余価値を増大させる。逆にその絶対的大きさが一定の場合には、労働力価値が減価して剰余価値との分割割合が変化するならば、相対的剰余価値が増大する。リカードを筆頭とする古典派は、「価値生産物」の大きさが一定である場合にかぎって成り立つ賃金と利潤との相反関係を一般化する誤りに陥った。したがって、生産物価値のうち、労働者が新たに生み出した価値部分を「価値生産物」として確定することは、「リカードのドグマ」を克服する上でも重要な意味を持ったものであることがわかるのである。

第5に、それはとりわけ量的概念として重要なものである。純粋に量的な関係の考察において「価値生産物」概念が有用なのは、まず第1に、その概念を用いることで、不変資本価値という夾雑物が自覚的に控除されていることが明確になるからである。第2に、すでに生産過程が終わってその結果が生産物の形態で固定化されているからこそこのような量的関係を考察できるのであり、したがって「新価値」のような生産の過程から見た概念よりも、生産の結果から見た概念である「価値生産物」概念がこの量的関係の考察においてとくに有用になるからである。第3に、量的関係を簡潔に表現するためには、長い記述的な概念ではなく、簡潔なテクニカルタームがどうしても必要になるからである。この点は、すぐ後で見るように、再生産表式における均衡条件を論じる際に決定的に重要になる。

(3) 現行版『資本論』第2巻・第3巻における「価値生産物」

　以上で、『資本論』第1巻における「価値生産物」概念の重要性とその理論的位置づけが明らかになった。では、『資本論』のそれ以降の巻においてはどうだろうか？　『資本論』第2巻、第3巻についてもごく簡単に確認しておこう。

現行版『資本論』第2巻における「価値生産物」

　現行版『資本論』第2巻には何十箇所にもわたって「価値生産物」が登場し、その7割以上が第3編に集中しており、一部を除いてそのほとんどは草稿通りである[5]。

　生産の結果から見た引き算としての概念であり、また量的関係を考察する時に有意義な概念でもあるというこの「価値生産物」概念の独自の意義からして、それは何よりも、生産の結果である商品資本の社会的再生産と価値補塡の過程を考察する際にこそ、すなわち『資本論』第2巻第3編の課題を解明する際にこそ、決定的な重要性を帯びるはずである。まさにそれゆえ、初版『資本論』が出版された後に執筆された諸草稿から構成されている現行版『資本論』第2巻において、「価値生産物」という概念が最も頻繁に使用されており、さらにその第3編での使用頻度が最も高いのである。

　とくに、第20章「単純再生産」においては、再生産表式を通じて具体的に社会的総資本の再生産を分析するうえで、それは決定的な役割を果たしている。なぜなら、単純再生産の均衡条件は、生産手段生産部門（Ⅰ部門）の「価値生産物（$v+m$）」が、消費手段生産部門（Ⅱ部門）の不変資本cとイコールであること——$Ⅰ(v+m)=Ⅱc$——であり、あるいは別の言い方をすれば、Ⅰ部門とⅡ部門の総「価値生産物」の大きさが、Ⅱ部門の総「生産物価値」とイコールであること——Ⅰ＋Ⅱの価値生産物＝Ⅱの生産物価値——だからであ

---

[5] 現行版『資本論』第2巻には以下の箇所に「価値生産物」が登場する（MEW版の原頁のみ記載。括弧内は登場回数）。S.75(1), 134(1), 174(1), 302(1), 311(1), 313(2), 315(4), 316(2), 340(1), 372(1), 374(2), 375(3), 376(3), 377(2), 403(1), 406(1), 407(1), 423(1), 426(1), 427(5), 428(4), 429(1), 435(1), 436(2), 444(2), 445(1), 474(1). ほとんどの箇所はその元になった各種草稿（主として2稿と8稿）にも存在するが、一部違いが存在する。理論的に重要なものについては最後の第9節で述べるが、技術的な相違についてのみここで述べておくと、S.427に登場する5箇所の「価値生産物」、およびS.428に登場する最初の「価値生産物」はエンゲルスによる補いである。

る。この場合、「価値生産物」概念がこのような均衡条件を簡潔に記述する上で必要不可欠であるのは明らかであろう。たとえば以下のようにである。

  つまり、単純再生産という前提のもとでは、1年間に生産される消費手段の総価値は、1年間の**価値生産物**に、すなわち社会的労働によって1年間に生産される全価値に等しいのであり、またそうであるはかない。(KⅡ, 523頁, S.423)

  その年の新たな**価値生産物** v + mは、この生産物のうち消費手段から成っている部分の価値に等しく、この部分に具体化されている。(KⅡ, 529頁, S.428)

  年労働の**価値生産物**は、部門Ⅱの生産物価値に、すなわち新たに生産された消費手段の総価値に等しい。(同)

実を言うと、本章の第8節で述べるように、マルクスの資本論準備草稿の中で最初に「価値生産物」概念が登場するのも、まさにこの関係を論じている文脈においてであった。さらに、すでに引用したように、明示的にスミスの「v＋mのドグマ」を批判する文脈で、「価値生産物」が生産物価値との対比を通じて取り上げられ、両者の区別にこそ「v＋mのドグマ」克服の決定的な鍵があることが言われている。『資本論』1巻で確立された「価値生産物」という概念は、まさにこの第2巻で、そのさらなる真価を発揮していると言えるだろう。

現行版『資本論』第3巻における「価値生産物」

初版『資本論』第1巻が執筆された後に執筆された諸草稿にもとづいている2巻と違って、現行版『資本論』第3巻は、初版『資本論』出版以降の諸草稿にもとづいている1章と3章(およびエンゲルス自身が執筆した第4章)を除いて[6]、初版『資本論』執筆以前の草稿(いわゆる「主要草稿」)にもとづいている。そして、この「主要草稿」にもとづく部分には、ほとんど「価値生産物」は登場しておらず、「価値生産物」という用語が登場している場合でも、実はその元

---

(6) 現行版『資本論』第3巻の1章と3章には以下の箇所に「価値生産物」が登場する(MEW版の原頁のみ記載。括弧内は登場回数)。S.37(1), 41(1), 61(2), 66(1), 67(1), 68(2), 74(1), 75(4), 76(4).

第2節　現行版『資本論』における「価値生産物」概念

になっている「主要草稿」の該当箇所にはその言葉は存在せず、すべてエンゲルスによって書き加えられたものなのである。たとえば、第8章「利潤率の相違」には次のような記述がある。

> 引き続き1ポンド・スターリングは60労働時間分の労働者1人の週賃金であって、剰余価値率＝100％だとすれば、明らかに、労働者1人が1週間に供給しうる総**価値生産物**（Gesamtwertprodukt）は2ポンドである。（KⅢ，190頁，S.158）

この部分は「主要原稿」では次のようになっている。

> 引き続き1ポンド・スターリングは60労働時間分の労働者1人の週賃金であって、剰余価値率＝100％だとすれば、明らかに、労働者1人が1週間に供給しうる**総生産物の価値**（Werth des Gesammtproducts）は2ポンドである。（Ⅱ/4-2，S.222）

このように、「総価値生産物」という表現は「主要原稿」では「総生産物の価値」だったのであり、このような表現が不正確なものであるのは言うまでもない。なぜなら、「総生産物の価値」には本来なら不変資本価値が入らなければならないはずだからである（本章の第4節以下で見るように、このような表現は1861～63年草稿でも頻出している）。エンゲルスはこの誤りに気づき、的確にも、「総生産物の価値」を「総価値生産物」に書き改めたわけである。ところが、この文章の数行後にもマルクスは次のように同じような記述をしているのだが、こちらの方はエンゲルスも見逃している。

> ところが、90人ならば、その総生産物（Gesammtprodukt）は180ポンド、その賃金は90ポンドで、この90人は90ポンドの剰余価値をつくり出すだろう。（KⅢ，190頁，S.158；Ⅱ/4-2，S.222）

ここに登場する「総生産物」も「総価値生産物」と書き改めないと誤解を生む恐れがあるだろう。というのも、すでに述べたように、「総生産物」というのは生産手段価値を含む生産物の全体を指しうる用語だからである。しかしエンゲルスはこの部分を見落として、草稿の不正確な記述を残してしまっている。

次に現行版『資本論』第3巻において「価値生産物」が登場するのは、第9章「平均利潤率と生産価格」においてである。

> 可変資本について言えば、平均的な1日の賃金はつねに、必要生活手段を生産するのに労働者が労働しなければならない時間の**価値生産物**に等しい。

197

> しかし、この時間数そのものもまた、必要生活手段の生産価格がその価値から偏倚することによって歪められている（KⅢ, 204頁, S.171）

この部分の「主要原稿」を見てみると、次のようになっている。

> そして可変資本について言えば、平均的な1日の賃金はつねに、必要生活手段を生産するのに労働者が労働しなければならない**時間数**に等しい。しかし、この時間数そのものもまた、必要生活手段の生産価格がその価値から偏倚することによって歪められている。（Ⅱ/4-2, S.237）

このように「主要草稿」では、やはり「価値生産物」という用語は登場しておらず、「時間の価値生産物」という部分は「時間数」になっている。エンゲルスは、「時間数」では意味が不正確になると考え（というのも、主語が「賃金」なので、それは直接には何らかの「時間数」には等値しえないからである）、「時間の価値生産物」としたのだろう。

次に現行版『資本論』第3巻で「価値生産物」が登場するのは、第3編「利潤率の傾向的低下の法則」の第13章「この法則そのもの」の冒頭部分である。

> たとえば100ポンド・スターリングが100人の労働者の1週間分の賃金だとしよう。この100人の労働者が必要労働と同じだけ剰余労働をするとすれば、つまり、毎日自分自身のために、すなわち自分の賃金の再生産のために労働するのと同じ時間だけ資本家のために、すなわち剰余価値の生産のために労働するとすれば、彼らの総**価値生産物**は200ポンド・スターリングで、彼らが生産する剰余価値は100ポンド・スターリングであろう。（KⅢ, 265頁, S.221）

この部分の「主要草稿」を見てみると、やはりここでも「価値生産物」は登場しておらず、「総価値生産物」は「総生産物（Gesammtproduct）」という表現になっている（Ⅱ/4-2, S.285）。「総生産物」ではまったく意味が不正確になってしまうのは言うまでもない。したがって、ここでのエンゲルスの訂正も的確である。

それ以降も、現行版『資本論』第3巻には「価値生産物」が2度ほど登場するが（KⅢ, 450頁, S.372；1112頁, S.877）、いずれも「主要草稿」には存在しない（Ⅱ/4-2, S.433；S.887）。このように、『資本論』第1巻の初版以前に書かれた第3巻「主要草稿」には1ヵ所も「価値生産物」は登場しておらず、現行版『資本論』第3巻の各章（1章と3章を除く）に登場する「価値生産物」はい

ずれもエンゲルスによる書き換えないし書き加えであった。「新価値」概念はこの「主要草稿」にも何度か登場しているが、「価値生産物」概念そのものは不在なのである。以上のことからして、「価値生産物」という概念が基本的に確立されるのは、初版『資本論』になってからだということがわかる。

そこで、以下の諸節では、初版『資本論』に至るまでのマルクスの経済学文献や『資本論』準備草稿を一つ一つ検討し、その中で、どのように「価値生産物」概念の不在と関連して「$v+m$のドグマ」の残滓が見られるか、また、その克服過程の中で、いかにしだいに「価値生産物」概念が成立していくかを具体的に見ていくことにしよう。

補論1　現行版『資本論』各版の「事項索引」における「価値生産物」

先に述べたように、現行版『資本論』の第1巻には47箇所も「価値生産物」が登場するが、既存の刊行物の「事項索引」では4割から6割程度しか補足されていない。

たとえば、最もスタンダードなドイツ語版『マルクス・エンゲルス全集』(MEW)に収録されている現行版『資本論』第1巻の事項索引を見ると、「Wertprodukt」が登場する頁のかなりの部分が抜け落ちており、全体として、実際に登場する「Wertprodukt」の4割程度しか捕捉されていない。1991年に出版された新メガ版の『資本論』ドイツ語第4版の索引（別巻の「Apparat」）になると、さすがに全集版よりもずっと多い箇所が指示されているが、それでも6割強程度である。

日本語訳についても同じ傾向が見られる。全集版をそのまま底本にしている日本語訳の事項索引は、当然ながら同じだけしか捕捉していない（たとえば大月書店の普及版『資本論』）。しかし各種の日本語訳には、全集版の索引をそのまま踏襲したものだけでなく、独自に索引をつくったものもいくつか存在する。たとえば、長谷部文雄訳の青木文庫版『資本論』全3巻の総索引として別冊で出された『資本論索引』（長谷部文雄・鬼塚安雄編，青木文庫，1954年）、岩波書店から『資本論』刊行100年記念として1967年に出版された向坂逸郎訳の『資本論』最終巻に付された索引（1967年，岩波書店）、1997年に出版された上

第3章

製版『資本論』(社会科学研究所監修、資本論翻訳委員会訳、新日本出版社,1997年)の別巻である『資本論総索引』(服部文男編,1997年)などである。

　これらの中で最も捕捉率が高いのは最後の上製版の索引である。しかしそれでも全体の半分強しか捕捉していない。その「凡例」によると、この索引は、新メガ、全集版など「種々の索引を参照・検討」しつつも、複数の研究者によって独自に作成されたとしているが、「価値生産物」の捕捉率に関しては新メガ版より低い。

　現行版『資本論』第2巻、3巻における事項索引についても同じ傾向が見出せる。全集版は2巻に登場する「価値生産物」を半分以下しか捕捉しておらず、3巻に関してはそもそも「事項索引」に「価値生産物」という項目さえ設けていない。新メガ版も同じで、これに引きずられて、上製版の索引も3巻における「価値生産物」の登場箇所を1つも指示していない。

第3節　「経済学批判要綱」における「$v+m$のドグマ」

　本書の第1章で見たように、「$v+m$のドグマ」は前期マルクスの代表作である『賃労働と資本』のあちこちに見出すことができるし、それ以前の『哲学の貧困』にも見出すことができる[7]。しかし、ここでは紙幅の都合上、前期段階をまるごと飛ばして、ただちに最初の『資本論』草稿である「経済学批判要綱」を取り上げよう。だが、「要綱」は膨大な草稿なので、本章では「要綱」を前半と後半に分けることにする。前半は「資本の生産過程」の終わりまで(『マルクス資本論草稿集』で言うと第1巻にあたる部分)とし、後半はそれ以降

---

(7)『賃労働と資本』における「$v+m$のドグマ」については本書の第1章を見ていただくとして、『哲学の貧困』から一例だけ紹介しておく。すでに本書の第2章で紹介した以下の文言──「利潤と賃金の騰落は、資本家と労働者とが1労働日の生産物の分配にあずかる割合を表わすにすぎないのであって、ほとんどの場合、生産物の価格には影響を与えない」(全集4, 184頁, MEW4, S.176)。第2章で指摘したように、ここではまず、「1労働日」の大きさが最初から与えられたものとして前提されているのだが(リカードのドグマ)、この文言にはもう一つ重要な問題がある。それは「1労働日の生産物」という表現の曖昧さである。「1労働日の生産物」とは何か？　もしそれが「使用価値としての生産物」のことなら、たとえ1労働日の大きさを一定と前提しても、その価値総額は賃金と利潤(より正確には可変資本と剰余価値)とに分割されるわけではない。なぜなら、「使用価値としての生産物」には生産手段が転化した部分が含まれているからであり、したがってその「生産物」の価値には不変資本の価値が含まれているからである。

第3節　「経済学批判要綱」における「v＋mのドグマ」

(『マルクス資本論草稿集』で言うと第2巻にあたる部分）とする。

(1)「要綱」前半部における「v＋mのドグマ」と新価値

「v＋mのドグマ」の擁護

　まずもって、この「要綱」前半部には、「v＋mのドグマ」を直接擁護しているような記述が存在している。まず、価値保存と価値形成との区別論に入った直後のところで、リカードも完全に共有していた「v＋mのドグマ」について次のような記述が見られる。

> リカードは、利潤と賃金だけを生産費（Productionskosten）の構成部分だと考え、機械や材料をそうとは考えていないという異論が彼に対して数多く向けられてきた。（草稿集1，447頁，Ⅱ/1-1, S.266）

　この時点ではまだこの「異論」に対するマルクスの評価は明らかではない。しかし、労働の二重性による価値の保存と価値の形成という二重の過程が十分に論じられた後に、「v＋mのドグマ」を擁護するかのような以下のような記述がなされている。

> リカードは利潤と賃金だけを生産費の必要な構成部分と考え、原料と用具に含まれている資本部分もそうだ〔生産費だ〕とは考えていないという彼に向けられた非難の愚かしさが、ここではっきりしてくる。原料や用具のうちに現存している価値はただ保存されるだけであるかぎり、これは新たな生産費とはならない。しかし、この現存している諸価値そのものについて見れば、それらはすべて再び対象化された労働に――必要労働と剰余労働に――、賃金と利潤に分解する。（草稿集1，464〜465頁，Ⅱ/1-1, S.276）

　ここでマルクスは、「原料や用具に現存している価値」を生産費に含めていないリカードにおける「v＋mのドグマ」（広義のそれ）を擁護しつつ、さらに、「この現存している諸価値」（つまり不変資本価値）について、「それらはすべて再び対象化された労働に――必要労働と剰余労働に――、賃金と利潤に分解する」と述べており、自覚的に不変資本価値を「v＋m」に分解している。これは「狭義のv＋mのドグマ」を正当化するものでさえある[8]。またこの後者をただちに「賃金と利潤」に等値しており、これは「スミスの第2ドグマ」でもある。

だが、このような「狭義のv＋mのドグマ」をも正当化するような議論はここにしか見られず、その後はこのような立場は放棄されている。しかし、そこに行く前に、「要綱」前半部における「新価値」という用語について見ておこう。

「要綱」前半部における「新価値」

「要綱」では「価値生産物」概念はまだまったく未成立であったが、「新価値」ないし「新たな価値」の方はどうだろうか？　「要綱」前半部にはたしかに「新価値」という概念が時おり登場している。しかしそれはしばしば、『資本論』におけるそれとは異なって「剰余価値」と同義のものとして用いられている。たとえば以下の部分がそうである。

> 今や資本は、単純な交換価値として見れば、絶対的には大きくなっており、100ターレルではなく140ターレルになっている。だが実際には、そこでつくり出されている新たな価値（neuer Werth）は、すなわち、労働材料と用具のための60ターレルの前貸しと労働のための40ターレルを補填するのに必要な分を超えた価値は、40ターレルの新たな価値だけであろう。（草稿集1，430頁，Ⅱ/1-1，S.258）

このように、ここではマルクスは「新たな価値」を、「単純な交換価値」の観点から見て、流通に投じた価値よりも多くの価値として回収した部分であるとしており、明らかに「剰余価値」の意味で用いている。

この一文に続いてさらにマルクスは、生産力が2倍になって、労働能力の価値が2分の1に（20ターレルに）なった場合を検討し、それによって新たに20ターレルが自由になると述べているが、この新たに獲得された20ターレル（相対的剰余価値）のことも「新価値（Neuwerth）」と呼んでいる（草稿集1，431頁，Ⅱ/1-1，S.259）。ここでも、「新価値」＝「剰余価値」である。

しかしながら、「要綱」において、このような用語法で一貫していたわけではない。不変資本（「要綱」前半部では、「不変資本」という用語がまだ十分確立さ

---

(8) もちろん無限に過去にさかのぼれば、最終的には不変資本もすべて直接的労働に（マルクス自身の言葉で言うと「対象化された労働」に）分解されるのであり、これは本文ですでに述べたように労働価値説そのものの論拠でもある。だが現時点では不変資本は賃金にも利潤にも分解できない。

第3節　「経済学批判要綱」における「v＋mのドグマ」

れていなかったので、「不変価値」とか「資本の不変部分」などと表現されている）の問題をより正面から論じなければならない箇所においては、ただ生産物価値の中に再現するだけの不変資本価値と区別する必要性から、「新価値」ないし「新たな価値」という概念が、この不変資本価値につけ加えられる価値全体を指して用いられている（草稿集1, 450〜451頁, II/1-1, S.268-269）。このように「価値生産物」と同じ対象を指すものとしての「新価値」概念は、かなり早くから登場していることがわかる。

　しかし、この正しい用語法で首尾一貫しているわけでもなくて、その後は再び「新価値」ないし「新たな価値」は「剰余価値」を指す別の言葉として用いられている（草稿集1, 482頁, II/1-1, S.286）。このような概念的曖昧さは「要綱」の前半部のみならず、後半部でも継続しており、「新価値」ないし「新たな価値」は、時に「剰余価値」を意味していたり、時に「価値生産物」のことを意味していたりしている。このような用語上の混乱は、それ以降の諸草稿にはほとんど見られず（1861〜63年草稿のごく初期の部分には少し見られるが）、「要綱」の一つの特徴となっている。

(2)「要綱」後半部における「v＋mのドグマ」

　次に「要綱」の後半部を見てみよう。そこでは前半部と違って、リカードにおける「v＋mのドグマ」を批判する記述が見られる。

「v＋mのドグマ」の擁護から批判へ

　まずマルクスは「剰余価値と利潤に関する諸学説」の中で以下のように述べている。

> 　ラムジは、リカードが、資本家と労働者とが分配すべき総額から固定資本……が差し引かれることを忘れているといってリカードを非難している。……実際にはリカードは、生きた労働に対する対象化された労働の関係——これは所与の労働量のもろもろの分配分からではなく、剰余労働を措定することから演繹されうるものである——を、したがってまた資本の異なった構成部分相互の関係を、生きた運動の中にあるものとして捉えていないために、リカードにあってはこの関係が、あたかも全生産物が賃金と利潤とに分かれていくかのような外観を受け取るのであり、その結果、資本そのものの

再生産が利潤の一部〔でなされる〕とみなされることになるのである。（草稿集2, 238〜239頁, Ⅱ/1-2, S.449-450）

このように、「全生産物が賃金と利潤とに分かれていくかのような外観」とあるように、リカードの場合は、スミスのように全生産物を自覚的に「利潤、地代、賃金」に分解しているというよりは、諸階級間の価値ないし生産物の分配に注意を集中するあまり、あたかも「全生産物が賃金と利潤とに分かれていくかのような外観」を帯びているのであり、したがってその「v＋mのドグマ」はかなり無意識的なものである。マルクスは、ここではリカードのこの「広義のv＋mのドグマ」をかなり自覚的に批判していると言えるだろう（ただし、第5節以下で検討する1861〜63年草稿の中後半部でのリカード批判に比べるとまだまったく初歩的なのだが）。

古典派批判における「v＋mのドグマ」Ⅰ——マルサス

しかし、「価値生産物」概念の未確立ゆえに、「要綱」のこの後半部においても、マルクス自身、無意識のうちに「広義のv＋mのドグマ」にしばしば陥っている。とくに「剰余価値と利潤に関する諸学説」のところでは、スミス、マルサス、リカードなどの古典派の議論が批判的に吟味され、その中で自己の剰余価値論がしだいに明確なものへと彫塑されていっているのだが、その記述の中にはしばしば、不変資本の存在を看過しているかのような叙述が見出せる。

マルサスを批判している次の箇所はとりわけ印象的である。なぜなら、最初に商品価値を規定するときには不変資本の価値を入れておきながら、議論する中でこの不変資本価値がいつの間にか消えてしまい、生産物価値が「価値生産物」に還元されてしまっているからである。まず、マルクスは、マルサスの議論の出発点を自分なりにまとめて次のように述べている。

> マルサスが言うには、商品の自然価値とは、商品が、交換を通してその所持者に、生産と蓄積の同一の力を再び与えるということのうちにある。彼の商品は2つの労働量から、すなわち蓄積された労働の量＋直接的労働の量からなっている。したがって、彼が自分の商品を、ちょうど同じだけの労働総量を含んでいる他の商品と交換するときには、彼の生産および蓄積の力は少なくとも同一の、同等なままである。（草稿集2, 272頁, Ⅱ/1-2, S.465）

ここでは、商品の価値は「2つの労働量」から、すなわち「蓄積された労働

の量」と「直接的労働の量」からなっていると明記されている。「蓄積された労働の量」とは不変資本価値のことを意味し、「直接的労働の量」とは、この不変資本価値につけ加えられた新たな労働のことを意味するのだから、ここでは不変資本価値の存在は忘れられておらず、しっかり明示されていることがわかる。しかし、マルサス自身の議論が不変資本価値を忘却するようになると、マルクス自身もマルサスの議論に引きずられて、最初に商品価値のうちに含まれていたはずの「蓄積された労働の量」のことを忘れてしまうのである。たとえば、マルクスは少し先の方でこう述べている。

> 商品が24時間の労働時間を含んでいるとすると、マルサスは、資本家はその商品によって2労働日を買うことができると考える。……しかし資本家が労働者に支払うのは、労働時間、労働量に対してではなく、必要労働に対してだけであり、他方で資本家は、労働者に残りの時間を無償で労働することを強いるのである。だから、資本家は24時間のなし終えられた労働時間によって、48時間の生きた労働を動かすだろう。……彼の商品の価値は今では48時間に等しいが、この商品〔を生産した生きた労働〕と交換された賃金とは等しくない。(草稿集2, 273〜274頁, Ⅱ/1-2, S.466)

この数値例を見れば明らかなように、いつのまにか商品の価値が24時間ないし48時間分の直接的労働だけから構成されてしまっている(「彼の商品の価値は今では48時間に等しい」)。剰余労働と必要労働との関係に注意が集中するあまり生産手段価値の存在が忘れられてしまい、あたかも商品の価値が剰余価値と労働力価値とだけから構成されているかのように議論されているのである(第1のパターン)。

古典派批判における「v＋mのドグマ」Ⅱ——リカード

第2章で私はマルクスにおける「リカードのドグマ」の克服過程を詳細に考察したが、マルクスが「リカードのドグマ」を批判している箇所をよく検討すると、マルクスが、リカードの論理に「v＋mのドグマ」も含まれていることに気づいておらず、その点の問題を見逃していることがわかる。たとえば、第2章でも引用した次の文章(前半部は省略)を見てみよう。

> ……割合から見た利潤と賃金についての彼の命題が意味しているのはただ、ある一定の総価値が2つの部分に分割される〔場合には〕、つまりそもそ

第3章

も一つの量が2つに分割される〔場合には〕、この2つの部分の大きさは必ず反比例の関係にある、ということでしかない。……割合から見た賃金と利潤という問題を立てた際のリカードの関心は、剰余価値の創出の根源を究めることではなかった。というのは、彼は与えられた価値が賃金と利潤とのあいだで、労働と資本とのあいだで分割されなければならないという前提から出発するのであり、したがってこの分割を自明なものとして前提しているからである。(草稿集2, 313～314頁, Ⅱ/1-2, S.485-486)

　この文章においてマルクスは、リカードが「ある一定の総価値」を前提として、それが賃金と利潤とのあいだに分割される割合だけに関心を向けていたので、この「与えられた価値」がどのようにして生じるのかに何の関心も払っていないと批判している。これは、まさに労働日の大きさを与えられた不変の量とみなす「リカードのドグマ」に対する批判になっている。しかし、リカードのこの立場には、生産物価値がそもそも「価値生産物」に還元されているという「v＋mのドグマ」も含まれているのである。というのも、リカードにあっては、「ある一定の総価値」とは生産物価値のことを意味しているのであり、この全体を一定とした上でそれがどのような割合で賃金と利潤とに分割されるのかに関心を向けていたからである。

　本来、このリカードの立場に対する批判は二重でなければならない。すなわち、「リカードのドグマ」に対する批判と「v＋mのドグマ」に対する批判である。リカードにあってはこの2つのドグマは不可分のものとして絡み合っており、しばしば一体となっている。第2章で見たように、マルクスも1861～63年草稿では、とくに「100万人の労働」命題を批判した際には、リカードに対するこの二重の批判をしているのだが、「要綱」段階ではまだそこまでは至っておらず、ここでは「リカードのドグマ」に対する批判だけが行なわれているのである。

　この時点でのマルクスの問題意識はまずもって剰余価値の発生メカニズムを明らかにすることであり、それとの関連で「リカードのドグマ」を克服することであった。それゆえそこに意識を集中させていたので、「v＋mのドグマ」に対する問題意識はまだ希薄であった。過去のパラダイムに対する批判と克服は一気には進まないのであり、まずはより明白でより本質的なドグマを批判することに問題関心が集中され、そのドグマが基本的に克服されてから、それと

結びついた他のドグマにも意識が向かうのである。

第4節　1861〜63年草稿における「v＋mのドグマ」の克服Ⅰ——前期段階

　マルクスは、1859年に『経済学批判』を出版した後に執筆しはじめる1861〜63年草稿と呼ばれる膨大な草稿を通じて、しだいに「価値生産物」概念に接近するとともに、「要綱」段階よりもいっそう明確に「v＋mのドグマ」（狭義のそれも広義のそれも）に対する批判を行なうようになるのであり、その過程で「リカードのドグマ」と「スミスのドグマ」に対する二面的批判が繰り返し登場するようになる。

　この点を本節以下で見ていくのだが、1861〜63年草稿の場合、どういう順序で草稿が書かれたのかをめぐって膨大な論争がなされている。しかし、限られた紙幅をこの執筆順序問題に割くわけにはいかないので、本章では、「第3章　資本と利潤」が1861〜63年草稿の前半部と同じ時期に書かれたとみなし（これは今日ではほぼ通説になっている）、機械論草稿は途中で中断されて『剰余価値学説史』の執筆に向かい（これは新メガ編集者と同じ意見）、それをほぼ書き終えてから、機械論草稿の後半を含む、「資本の生産過程」の後半部が最後まで書かれたとみなす。

　以上を踏まえて、1861〜63年草稿を、大きく3つの理論的段階に分けておこう。1、剰余価値学説史の執筆に着手する以前の前期段階（「資本の生産過程」の前半部と「第3章　資本と利潤」）、2、いわゆる『剰余価値学説史』を主要部分とする中期段階、3、剰余価値学説史を書き終えた後に「資本の生産過程」論に戻ってその最後まで執筆する後期段階、である。

(1)「資本の生産過程」前半部の検討

　まずもって、第1の時期、すなわち機械論草稿の途中で中断される以前の「資本の生産過程」の前半部から検討しよう。

第3章

前半部における「新たな価値」ないし「新価値」

　まずこの時期の草稿で目につくのは、「新たな価値」ないし「新価値」という言葉が多用されていることである（ただし、ほとんどは「新たな価値」という表現であり、「新価値（Neuwerth）」というターム的表現はわずか）。もちろんのこと、まだ「価値生産物」という用語はいっさい登場していない。ここでの「新たな価値」ないし「新価値」という単語は、おおむね「価値生産物」と同じものを指す用語として用いられているが、時には「要綱」の名残で剰余価値の意味で出てくることもある（草稿集4，122頁，Ⅱ/3-1，S.69；同，271頁，Ⅱ/3-1，S.153）。しかし、そうしたいくつかの例外を除いては、この段階ではすでに、「新たな価値」ないし「新価値」という概念は「価値生産物」と同一の対象を指す用語として用いられている。たとえば労働の二重性による不変資本価値の保存と「新たな価値」の付与について論じた以下の箇所がそうである。

　　　つまり紡績工は2つの労働時間を必要とするのではない。すなわち一方において、綿花および紡錘の価値を保存するための労働時間と、他方において、それらに新たな価値（neuen Werth）をつけ加えるための労働時間とを必要とするのではない。そうではなくて、綿花を紡ぎ、綿花を新たな労働時間の対象化にし、それに新たな価値（neuen Werth）をつけ加えるということによって、紡績工が、それらが労働過程に入る前に紡錘の中に持っていた価値を維持するのである。新たな価値（neuem Werth）を、新たな労働時間を単につけ加えることによって、彼は旧価値、すでに労働材料および労働手段に含まれていた労働時間を保存するのである。（草稿集4，122〜123頁，Ⅱ/3-1，S.69）

　このように、ここに登場する3つの「新たな価値」（『マルクス資本論草稿集』の訳ではいずれも「新価値」と表記されている）はすべて基本的に「価値生産物」の意味であるのは明らかだろう。この数行後に登場する「旧価値が保存されることなしには新たな価値がつけ加えられえない」（草稿集4，124頁，Ⅱ/3-1,S.70）における「新たな価値」も「価値生産物」の意味である。ここまでは一貫して「新たな価値」という表記だったが、その数行後に登場する次の箇所では「新価値（Neuwerth）」というタームも登場している。

　　　つまり、現実の生きた労働としての労働は、労働過程で価値を保存するが、他方、労働は抽象的な社会的労働、労働時間としてのみこの価値に新価値（Neuwerth）をつけ加えるのである。（草稿集4，125頁，Ⅱ/3-1，S.70）

第4節　1861〜63年草稿における「v＋mのドグマ」の克服 I

　ここの「新価値」も基本的には「価値生産物」の意味であるのは明らかだろう。したがって、「要綱」に見られた概念的曖昧さは、1861〜63年草稿の段階では基本的に払拭されたと評価することができる。

前半部における「広義のv＋mのドグマ」

　では、「v＋mのドグマ」についてはどうだろうか？　この段階では、「価値生産物」という概念が成立していないがゆえに、生産物価値と「価値生産物」との概念的区別が曖昧になっており、それゆえしばしば「広義のv＋mのドグマ」の外観が生じてしまっている事例をいくつか確認することができる。それは何よりも、「3、相対的剰余価値」に見出すことができる。

　現行版『資本論』における「相対的剰余価値の概念」の章では、まず必要労働時間が短縮することで相対的剰余価値が生じるとされ、その次に「価値生産物」という用語を用いて、相対的剰余価値の発生によってその「価値生産物」の分割割合が変わることが言われていた。つまり、「労働ターム」→「価値ターム」という順番で相対的剰余価値が解明されている。この順序それ自体は1861〜63年草稿でも変わらないのだが、同草稿では「価値生産物」という概念が成立していないので、価値タームで論じる段になると表現に一定の曖昧さが生じてしまっている。たとえば以下の文章を見てみよう。

> 　この場合、剰余労働時間が増大するのは、必要労働時間が減少したからである。総労働日のうちこれまでは必要労働によって占められていたある分量が今では解放されて、剰余労働時間に合体される。必要労働時間の一部が剰余労働時間に転化され、したがって生産物の総価値（Gesamtwerth des Products）のうちこれまで賃金に入っていた一部分が、今では剰余価値（資本家の利得）に入っていくのである。剰余価値のこの形態を私は相対的剰余価値と名づける。（草稿集4, 378頁, II/3-1, S.213）

　この一文は1861〜63年草稿でマルクスが最初に相対的剰余価値を定義している箇所である。まず労働タームでの議論がなされており、労働日のうち必要労働時間が短縮しその分が「剰余労働時間に合体される」とされ、それによって「必要労働時間の短縮→剰余労働時間の増大」という関係が正しく展開されている。しかし、これと同じ事態を次に価値タームで表現しなおすためには、労働日に相当する価値タームである「価値生産物」に焦点を当てて、「労働力

第3章

価値の減少→剰余価値の増大」という関係を論じる必要がある。しかし、この段階では「価値生産物」概念がまだ成立していなかったので、マルクスは、労働力価値と剰余価値とに分割されるべき対象を「生産物の総価値」と表現してしまっている。この言葉を文字通りにとるならば、そこにはもちろん不変資本価値も含まれているはずだから、「一方の減少→他方の増大」という関係は必ずしも成り立たない。たとえば労働者を減らして機械を増やすということもありうるからである。もちろんマルクスはこの「生産物の総価値」の中に不変資本価値を入れていないのだが、その点が明記されていないため、あたかも不変資本価値を含む「生産物の総価値」が剰余価値と労働力価値とに分割されるかのような議論になってしまっているのである。同じ傾向は次の一文にも見出せる。

> したがって、労働の生産性が上昇する以前と比べて、彼が生産物の総価値 (Gesamtwerth des Products) から受け取る部分は減少する。言いかえれば、生産物の総価値のうち労働能力の購入に支出される部分が減少する。したがって総労働日のうち、賃金の再生産にあてられる部分が減少し、資本家のために使われる部分は増加する。(草稿集4, 382～383頁, Ⅱ/3-1, S.216)

ここでも資本家と労働者とのあいだでの価値分割の対象となっているのは、「生産物の総価値」である。以上は、「ｖ＋ｍのドグマ」が生じる「第1のパターン」に即した事例だが、この種の混乱は、生産性の上昇と価値の大きさとの反比例関係を論じた箇所ではより明白なものになっている（第2のパターン）。

> さらに、労働の生産性が増大することによって、生産物の量は増加する。生産物の総量（たとえば1労働日のそれ）の中には、以前もっと少ない総量の生産物の中にあったのと同じだけの価値がある。それゆえ、個々の生産物、あるいは個々の商品の価値は低下するのだが、しかしそれには、商品の数を表わす以前よりも大きな因数が乗ぜられる。6×4は、12×2よりも大きくない。つまり、ここでは、使用価値という現実的富が、これらの使用価値の交換価値、すなわちそれに含まれている労働時間の増大なしに増大している。(草稿集4, 387頁, Ⅱ/3-1, S.218)

ここでは明らかに、生産物価値と「価値生産物」とが混同されている。労働の生産性が上昇しても大きさが不変のままであるのは「価値生産物」だけで

210

第4節　1861〜63年草稿における「v＋mのドグマ」の克服Ⅰ

あって、「生産物の総量」の価値は不変ではない。後者は明らかに不変資本価値の総額（たとえば生産で加工される原材料の価値量）が増大することによって増大しているはずである。マルクスは同じ1861〜63年草稿でも、中後期段階になると、リカードの例の「100万人の労働」命題を、労働生産性の上昇による不変資本価値の総額の増大という観点から批判しているのだが、この時点では、マルクス自身がリカードと同じ誤りに陥っているのである。ただしマルクスは「生産物の総量」の後に「たとえば1労働日のそれ」という一句を挿入することで、ここで本当に言いたかったことは「1労働日の（価値）生産物」のことであることを示唆しているのだが、「価値生産物」概念が成立していないので、「1労働日の生産物の総量」という不正確な表現になってしまっているのである。

　しかし、マルクスも、不変資本価値のことを完全に忘れていたわけではない。それゆえ、マルクスは、この部分に後からわざわざ注をつけて、「これは次のように理解されるべきである」として、今度は不変資本価値をちゃんと計算に入れて、具体的な数値例を出して計算しなおしている。それを見ると、マルクスの計算でも、「総生産物の価値」は、生産力が上昇する以前は30であり、生産力上昇後は110となっている。変化していないどころか、大いに増大している。マルクスはここに後から注を書き加えて、ここでの不正確な議論を修正している。

　　　以前1重量ポンドの綿花が撚糸に転化されていたのと同じ時間で、今では10〔重量ポンド〕の綿花が撚糸に転化されるとすれば、この10重量ポンドはかつて1重量ポンドが吸収していた以上の紡績労働は吸収していない。10重量ポンドにつけ加えられた価値（zugesetzte Werth）は、1重量ポンドにつけ加えられた価値よりも大きくない。（草稿集4，387頁，Ⅱ/3-1，S.218）

ここでは、「同じだけの価値（同一量の価値）」を有しているのは、「生産物の総量」の価値ではなく、労働者によって綿花に「つけ加えられた価値」の方であり、あるいは、同じ時間に原材料たる綿花が吸収する労働の量であるとされている。つまり、マルクスは本当は、労働の生産力の上昇によっても「価値生産物」は増大しないと言いたかったのだが、「価値生産物」概念が成立していなかったために、「生産物の総量」の価値が増大しないかのように記述してしまっていたのである。

第3章

　しかしながら、生産物価値と「価値生産物」との混同、あるいは「広義のv＋mのドグマ」に陥っているかのような表現上の曖昧さは、その後もしばしば見られる。たとえば以下の一文がそうである。

　　　第1の場合〔絶対的剰余価値〕には、労働の生産性のある一定の段階が前提されている。第2の場合〔相対的剰余価値〕には、労働の生産力が高められる。第1の場合には、総生産物の一可除部分〔可変資本〕の価値、あるいは労働日の部分生産物は不変のままである。第2の場合には、この部分生産物の価値が変化する。しかし、この部分生産物の量は、その価値の減少と同じ割合で増大する。このように、生産物あるいは使用価値の総量は増加するが、その総量の価値は不変のままである。(草稿集4，388〜389頁，S.218-219)

　ここでも、生産力が上昇しても生産物の「総量の価値は不変のままである」とされており、明らかに「広義のv＋mのドグマ」が見られる。それ以降も同種の混乱が繰り返されている。たとえば「1エレのリンネルの交換価値は、織布労働の生産性が増大したのと同じ割合で低下した」(草稿集4，389頁，Ⅱ/3-1，S.219) という一文がそうであるし、また「総労働日……をとれば、それ〔総労働日〕の生産物の総量の価値は労働が以前よりも生産的になろうと不生産的になろうと、それに関わりなく変化しない」(草稿集4，389〜390頁，Ⅱ/3-1，S.219) という一文もそうである。

　以上見たように、マルクスは、資本家と労働者のあいだで価値が分割される場面（第1のパターン）と、労働生産性の上昇と商品価値の大きさとの量的関係を論じる場面（第2のパターン）という2つの場面において、しばしば「広義のv＋mのドグマ」に陥っていることがわかる。

　しかし他方でマルクスは、この前半部においても、「v＋mのドグマ」的な外観に陥らないよう、表現上の工夫をしている場合もある。つまり、生産物価値のうち「価値生産物」の部分に限定した表現をあれこれ模索しており、すでに見たように「（総）労働日の生産物」という表現を何度かしているし、また別の箇所では「生産物の総額のうち所与の労働時間が体化されている価値 (Werth der Gesammtsumme von Producten, worin sich eine gegebne Arbeitszeit verkörpert)」(草稿集4，391頁，Ⅱ/3-1，S.220) という記述的表現も用いている。これらの表現でマルクスが言いたかったのは要するに「価値生産物」のことなのだが、この簡潔なタームがマルクスの中で成立していないために、結局、簡

第4節　1861〜63年草稿における「v＋mのドグマ」の克服Ⅰ

潔に表現しようとすれば不正確な言い方になり、より正確に表現しようとすれば長たらしい記述的表現になってしまうというジレンマに陥っている。このようなジレンマは、後述するように、「価値生産物」という用語が発見されるまで、その後も何度も何度も繰り返されているのだが、その最初の典型的な事例がここで見出されるわけである。

(2) 「資本と利潤」章の検討

　1861年12月に、マルクスは「資本の生産過程論」の執筆を一時中断して（あるいはそれと同時並行的に）、「最終ノート」と書かれたノートに「第3章　資本と利潤」草稿を書きはじめる。それゆえ、そこでの理論水準および用語法は基本的に1861〜63年草稿の初期段階と共通している。この点は、「v＋mのドグマ」に関しても確認することができる。

　利潤率と剰余価値率との相違は何よりも不変資本価値を分母に入れるかどうかに決定的にかかっているのだから、「利潤」を主要テーマとしているこの章においては、不変資本価値の忘却という「広義のv＋mのドグマ」に陥りにくいはずである。だが、資本家と労働者とのあいだでの価値分割を論じる段になると、しばしば不変資本価値の存在が忘れられてしまう。たとえば、新しい機械の採用によって生じる特別剰余価値について論じている以下の部分を見てみよう。

　　〔総労働時間は12時間で〕必要労働時間が10〔時間〕だと仮定しよう。そうすれば、労働者は以前の関係のもとでは、生産物のうちの10〔時間分〕を、すなわち$\frac{10}{12}$を手に入れるだろう。以前の関係では1労働時間は1〔労働〕日の生産物の$\frac{1}{12}$を生産し、したがって10〔時間〕では、たとえば、$\frac{10}{12}=8$ターレルが生産される。第2の関係では、1労働時間に生産されるのは、$\frac{12}{16}$＝$\frac{4}{3}$＝$1\frac{1}{3}$〔ターレル〕である。3時間で4ターレル、6時間で8ターレルが生産される。したがって、彼らが労働する6時間分が剰余労働である。以前は2時間でしかなかった。（草稿集8, 186頁, Ⅱ/3-5, S.1660）

　マルクスはここで、まず機械の採用以前における関係として、総労働時間、すなわち1労働日を12時間とし、必要労働時間を10時間とし、それが8ターレルの価値に相当するものと想定している。この状況下で、マルクスは、労働者

第3章

が「生産物のうちの10〔時間分〕を、すなわち$\frac{10}{12}$を手に入れる」としている。だがここで言う「生産物」が文字通りの意味であるとすれば、その生産物の価値には当然、不変資本価値が含まれているはずだから、労働者の必要労働時間が10時間だとしても、けっして生産物の$\frac{10}{12}$を入手することはない。したがって、ここで言う「生産物」は正しくは「価値生産物」でなければならないのだが、「価値生産物」概念が成立していないために、「生産物」というきわめて不正確な用語が用いられ、それゆえ「広義のv＋mのドグマ」に陥っているよな外観が生じている。同じく、この引用文に登場する「1労働時間は1〔労働〕日の生産物の$\frac{1}{12}$を生産」するという文言における「1労働日の生産物」も、正しくは「1労働日の価値生産物」のことであるのは、続く文章からして明らかであろう。

しかし、そのすぐ先のところでは、生産力が上昇した場合に、生産物に転化される原料が増大するので生産物の総価値は増大するが、労働者が新たに生産物につけ加える価値量は変わらないと、正しく述べている部分も存在する。

> たとえば、1重量ポンドの綿糸は、綿花の綿糸への転化に必要とされる労働の多少に関わりなく、同量の綿花を必要とする。紡績業者の生産性が上昇するならば、1重量ポンドの綿糸に含まれている綿花量はより少ない労働を吸収する。それゆえ、1重量ポンドの綿糸の価値は下がり、安価になる。1時間に以前の20倍の重量ポンド〔の綿花〕が紡がれるとすれば、各1重量ポンドの綿糸は、紡績労働がそれにつけ加えた価値成分では$\frac{1}{20}$に下がり（その他に紡糸中に含まれている固定資本の価値を無視すれば）、1重量ポンドの綿花と1重量ポンドの綿糸との差額価値も$\frac{1}{20}$に下がる。それでも今では、同じ時間の生産物の価値は前よりも大きくなっているだろうが、しかし、それはより多くの新価値（Neuwerth）が創造されたからではなく、ただ、前提によればその価値が同じままであった綿花がより多く紡がれたからに他ならない。新たに創造された価値（neu geschaffene Werth）は、20重量ポンド〔の綿糸〕においても以前のただ1重量ポンド〔の綿糸〕におけるのと同じである。(草稿集8, 194頁, Ⅱ/3-5, S.1663)

このようにマルクスは、生産力の増大によって、「同じ時間の生産物の価値」は大きくなっていることを認識しており、したがってここで言う「生産物」が本来の生産物（「使用価値としての生産物」）であることが正しく認識されている。そしてこの生産物の価値が大きくなったのは、より多くの「新価値」が創

造されたからではなく、「固定資本の価値を無視」したとしても、綿花（つまり流動資本）がより多く紡がれたからであることがはっきりと指摘されている。すなわち、生産力が上昇しても一定の労働時間に生産される「価値生産物」は一定だが、同じ時間に生産される生産物総量の価値は、固定資本を捨象しても、加工される原材料が増大するがゆえに増大するのである。この引用文では、事実上、生産物価値と「価値生産物」とが区別されている。またここで「新価値」という用語が出ていることにも注目しよう。ここでの「新価値」は明らかに「価値生産物」の意味である。

第5節　1861〜63年草稿における「v＋mのドグマ」の克服Ⅱ──中期段階

　以上見たように、「広義のv＋mのドグマ」克服の傾向はこの前期段階ですでにはっきりと見て取れるのだが、他方では、「価値生産物」概念が成立していないために、マルクスの頭の中では「価値生産物」のことを言っている場合でも、その表現においては、「労働日の生産物」や「生産物の総額の価値」といった表現が使用されており、「広義のv＋mのドグマ」に陥っているかのような外観が残り続けている。こうした傾向は、『剰余価値学説史』として再編集されることになる草稿においても見られるが、しかし、そうした混乱した傾向は古典派経済学者たちに対する批判を通じてしだいに克服されていくのである。そこでこの中期段階を慎重に検討しよう。

(1)　『剰余価値学説史』におけるスミス論

　『剰余価値学説史』は膨大な草稿からなっており、その全容を詳細に検討することは、本章の分量をあまりにも大きなものにしてしまう。それゆえ、ここではスミスとリカードを中心に検討することにする[9]。まず最初にアダム・スミスを検討しよう。

スミス論における理論的混在
　先に述べたように、この中期段階でも、「広義のv＋mのドグマ」に陥って

第3章

いるような記述と、不変資本の存在をきちんと考慮して、事実上、生産物価値と「価値生産物」とを区別している記述とが混在しており、しばしば連続している。その一例を以下に見ておこう。

> このこと〔資本と労働との交換〕のうちには、資本家が等量の過去労働を等量の生きた労働とは交換しないということ、彼によって取得される生きた労働の量は彼によって支払われた生きた労働の量よりも大きいということが想定されている。そうでなければ、労働者の賃金は彼の生産物の価値に等しいことになろう。だから、完成品と貨幣ないし商品との交換の場合における利潤は、もしそれが価値どおりに交換されるとすれば、完成品と生きた労働との交換の方が別の法則に従うということ、この場合には等価物が交換されないということから生じるのである。(草稿集5, 69頁, Ⅱ/3-2, S.373)

この引用文でマルクスは、資本家が労働者から獲得する「生きた労働の量」が、資本家が労働者に支払う賃金と同じ場合には、「労働者の賃金は彼の生産物の価値に等しいことになろう」と述べている。「彼の生産物の価値」という表現を文字通りに受け取るならば、当然にも不変資本価値がそこに含まれるはずである。しかし、剰余価値が存在しない場合に「賃金＝生産物の価値」という等式が成り立つということは、不変資本価値の大きさがゼロだと暗黙のうちにみなされていることになる。そのような条件が最初に明示されていれば問題ないのだが、そのような条件提示はない。それゆえ、この一文だけを見ると、「広義のv＋mのドグマ」に陥っているように見える。

ところが、マルクスはこの文章にすぐに続いて、「利潤は、労働者が労働材料につけ加えた価値からの控除に他ならない」と述べ、さらに次のように述べている。

---

(9) スミスとリカード以外で「価値生産物」論との関連で重要なのは、ロートベルトゥスを検討した部分とラムジ（ラムゼー）を検討した部分である。ロートベルトゥスは「生産物価値（Productwerth）」という用語を使っており（ドイツ語表記は『資本論』でのマルクスの表記である「Productenwert」とは少し違う）、マルクスは、その部分を引用した箇所だけでなく、マルクス自身の文章でもこの用語を用いている。1861～63年草稿ではこれ以降この用語を使わなくなるが、その後、「生産物価値」という用語は1863～65年草稿の中で復活することになり、「価値生産物」と同じく初版『資本論』で確立される。ラムジに関しては、スミスとリカードにおける不変資本の無視を批判したラムジをマルクスは高く評価している箇所が本章との関係で重要である（草稿集5, 105頁, Ⅱ/3-2, S.394；草稿集8, 406頁, Ⅱ/3-5, S.1786)。

第5節 1861～63年草稿における「v＋mのドグマ」の克服Ⅱ

> A・スミスは、労働者が材料に新たにつけ加える労働（価値）の部分だけが賃金と利潤に分解するのであり、したがって新たに創造された剰余価値は、資本のうち（材料および用具として）支出された部分とは絶対に何の関係もないことを正しく強調している。（草稿集5，69頁，Ⅱ/3-2, S.373）

ここでは、スミスの正しい剰余価値論（例の「v＋mのドグマ」が展開される前に、利潤の発生論において展開された剰余価値論）を踏まえて、「労働者が材料に新たにつけ加える労働（価値）の部分だけが賃金と利潤に分解する」と述べており（ここに見られる「スミスの第2ドグマ」については考慮しないでおく）、vとmに分割される対象は、生産物価値の全体ではなく、あくまでも「労働者が材料に新たにつけ加える労働（価値）の部分」だけ、つまりは「価値生産物」だけであることが正しく指摘されている。このように、生産過程に着目する場合には不変資本（原料と用具）の価値が忘れられていないのに、その結果における利潤と賃金との関係が論じられる場合には、不変資本の存在が忘れられるか、あるいは、あたかも忘れているかのような表現が登場するのである。

このような「混在」の例は他の箇所にも見られる。たとえば次の箇所を見てみよう。

> A・スミスはもう一度、彼の全見解を要約しているが、そこで初めて本当に明らかになるように、労働者が生産物につけ加える価値（生産費〔から〕原料と労働用具の価値を差し引いた後の価値）は、労働者自身がこの価値を全部自分のものとするのではなく、この価値ないしその生産物を資本家や土地所有者と分け合わなければならないから、もはや生産物に含まれている労働時間によって規定されないのだということを、何とか根拠づけようとする試みすらやっていない。商品の価値がこの商品の生産者たちのあいだで分配される仕方は、当然、価値の性質や諸商品相互の価値関係を何ら変えるものではない。（草稿集5，75頁，Ⅱ/3-2, S.376-377）

マルクスはまず、「労働者が生産物につけ加える価値」と表現している。これは生産過程の観点から見た表現であり、『資本論』で言えば「新価値」に相当する概念である（不変資本価値への足し算としての表現）。マルクスはその表現の直後に今度は括弧して、「生産費〔から〕原料および労働用具の価値を差し引いた後の価値」という表現を用いている。これは明らかに生産の結果から、すなわち生産物の観点から見た表現であり、これはまさに『資本論』においてマルクスが「価値生産物」を規定したときの表現にきわめて近い（生産物

217

価値からの引き算として表現)。ところが、マルクスはこの同じ文章の中で、「商品の価値がこの商品の生産者たちのあいだで分配される仕方は……」と述べており、これは「v＋mのドグマ」の外観を持っている。各生産者に分配されるのは「商品の価値」ではなく、あくまでもその一部である「価値生産物」だけである。スミス自身の「v＋mのドグマ」的思考方法に引きずられて、一続きの文章の中で、マルクスは正しく「価値生産物」に限定した議論をしたかと思うと、その直後にそれを「商品の価値」と表現してしまっているのである。

スミス論における「価値生産物」

他方、マルクスはこの文章の後に、今度はスミスの「v＋mのドグマ」を正しく批判している。剰余価値について正しい見解を述べているスミスの文章を引用しつつ、マルクスは次のように述べている。

> こうして、ここでA・スミスは、率直な言葉で、地代および資本の利潤が、労働者の生産物からの、あるいは、労働者によって原料につけ加えられた労働量に等しい生産物の価値からの控除にすぎないことを示している。
> （草稿集5，76頁，Ⅱ／3-1，S.377）

ここでマルクスは、「生産物」という言葉を2回使っている。まずマルクスは、「労働者の生産物」と言っている。この「生産物」という言葉を素直に理解するならば、これは基本的に「使用価値としての生産物」のことであり、したがってそこには不変資本価値が含まれているから、地代と利潤をそこからの控除と規定するのは不正確である。「生産物」という概念をもっと限定しなければならない。それゆえ、マルクスは、それをただちに言いかえて、「労働者によって原料につけ加えられた労働量に等しい生産物」と表現している。これこそまさに「価値生産物」のことであり、その表現方法もおおむね誤解の余地がない。このようにマルクスは「価値生産物」という表現に著しく接近しているのだが、この時点ではまだ「価値生産物」という用語そのものに至っていないので、このような長ったらしい記述的表現に頼らざるをえない。

さらにマルクスは、以上の正しいスミス剰余価値論を紹介した後に、そこからのスミスの逸脱を紹介し、それを詳細に吟味している。その中でマルクスは次のように述べている。

第5節 1861～63年草稿における「v＋mのドグマ」の克服 II

　かりに一商品のうちに（それ〔の生産〕に費やされた原料と労働用具の価値を度外視して）12時間の労働時間が物質化されていると仮定すれば、われわれはこの商品の価値そのものを貨幣でのみ表わすことができる。そこで、かりに5シリングのうちに同じように12時間の労働時間が物質化されていると仮定しよう。そうすれば、この商品の価値は5シリングである。……したがって、商品に含まれている剰余価値の額が、この商品の総価値の20％……だとすると、5シリングというこの価値、……は、4シリングの賃金と1シリングの剰余価値（これをここではA・スミスに従って利潤と呼ぶことにしよう）とに分解されうるだろう。賃金および利潤とは独立に規定される商品の価値の大きさ……が、4シリングの賃金（労働の価格）と1シリングの利潤……とに分解されうると述べるのは正当だろう。しかし、商品の価値が、それとは独立に規制される賃金の価格と利潤の価格との合計または合成から成り立つと述べるのは間違いだろう。（草稿集5, 90頁, II/3-2, S.386）

　ここでは、「それ〔の生産〕に費やされた原料と労働用具の価値を度外視」するならば、「賃金および利潤とは独立に規定される商品の価値の大きさ……が、4シリングの賃金（労働の価格）と1シリングの利潤……とに分解されうると述べるのは正当だろう」と述べられている。ここには「スミスの第2ドグマ」も見られるが、ここで重要なのは、マルクスが、上の引用文の冒頭部分で「それ〔の生産〕に費やされた原料と労働用具の価値を度外視して」という条件を明示していることである。このような条件提示が明示的になされているということは、ここでは不変資本価値の存在が忘れられていないこと、ただ計算を簡略化するためにそれがゼロであると仮定されていることを意味している。不変資本価値を捨象するという条件が明示されている場合には、「広義のv＋mのドグマ」ではない。

「労働の年生産物」と「年労働の生産物」

　ところで、このスミス論においては、スミスを中心としつつもそれを超えてより広い範囲の理論的諸問題が論じられており、その過程で本章のテーマに関係する問題もしばしば論じられているので、次にそれを見ていこう。

　まず「生産的労働と不生産的労働」と題された部分で、マルクスは古典派経済学における生産的労働論について詳細に論じているが、その中で同時に、本章のテーマにつながるさまざまな問題についても論じている。その中でマルク

スは、この生産的労働論の中で、ついでにJ・S・ミルの議論を取り上げているが、ミルの生産的労働論についてよりも、ミルも共有していた「v＋mのドグマ」について、あるいはまた利潤と剰余価値との混同、利潤率と剰余価値率との混同についてより詳しく論じ批判している。たとえば、以下のようにである。

> 不変資本に関してなおついでに述べておけば、不変資本のどの部分も先行する労働に分解され、こうして不変資本がいつかある時期には利潤か賃金かそれともその両方を表わすことがあったと想像されるとしても、それがひとたび形成されてしまえば、そのときには、それの一部分は、たとえば種子などのように、もはや利潤にも賃金にも分解することはありえないのである。(草稿集5, 216頁, II/3-2, S.466)

これは非常に明確な「狭義のv＋mのドグマ」批判である(ただし「スミスの第2ドグマ」は見られる)。しかしマルクスは続いて、事実上、『資本論』第2部3編の課題である「社会的総資本の再生産」の問題に取り組む中で、生産物価値と「価値生産物」とを事実上区別する議論をしている中で、「価値生産物」という表現がないことで重大な理論的制約が生じている。

> 年労働の生産物(の)価値(Werth des Products der jährlichen Arbeit)は年労働の生産物(Product der jährlichen Arbeit)ではない。それはむしろ、生産手段に対象化された過去の労働の価値を補填するのである。したがって総生産物のうち、この価値に等しい部分は、年労働の生産物の一部分ではなくて、過去労働の再生産なのである。(草稿集5, 287頁, II/3-2, S.509)

非常にわかりにくい文章だが、ここでは「年労働の生産物(の)価値」と「年労働の生産物」とが区別されており、前者は過去の労働の産物である不変資本の価値を含むが、後者は含まないとされている。つまり、生産物価値と「価値生産物」とが事実上区別されているのだが、「価値生産物」という用語が存在しないため、本来は「年労働の価値生産物」と表現すべきところが「年労働の生産物」となっており、それゆえその直前の「年労働の生産物(の)価値」とどう違うのか、用語上さっぱりわからなくなってしまっている。また前者も「年労働の生産物(の)価値」よりも、より簡潔に「年労働の生産物価値(Productenwert der jährlichen Arbeit)」と表現すべきだったろう。そうすると、先の引用文の冒頭の一文は、「年労働の生産物価値は年労働の価値生産物では

第5節　1861〜63年草稿における「v＋mのドグマ」の克服Ⅱ

ない」というまったく正確な文章になっただろう。

この両概念を明確に概念的に区別する必要性は、この社会的総資本の再生産を解明する場面ではますます切実になるので、その後も繰り返しさまざまな表現が登場している。たとえば、この区別は次のようにも表現されている。

> それ〔不変資本部分〕は、労働の年生産物 (jährlichen Products der Arbeit) の一部分であるが、年労働の生産物 (Products der jährlichen Arbeit) の一部ではなく……、年々、生産手段として、不変資本として自己補填されるものである。(草稿集5, 290頁, Ⅱ/3-2, S.512)

> この生産物は、なるほど彼らの労働の年生産物ではあるが、けっして彼らの年労働の生産物ではなく、むしろ、彼らの年生産物のうち、前から存在している労働を代表する部分なのである。(草稿集5, 291頁, Ⅱ/3-2, S.513)

ここでは、先と少し違って、「労働の年生産物」と「年労働の生産物」とが区別されており、前者は文脈からして明らかに「使用価値としての生産物」のことであり、したがってそこには不変資本価値が含まれている。他方、後者は文脈からして明らかに「価値としての生産物」、すなわち「価値生産物」のことであり、したがってそこには不変資本価値は含まれない。しかし、「価値生産物」という用語が成立していないので、「労働の年生産物」と「年労働の生産物」という、すなわち「年の」という形容詞が「生産物」につくのか、「労働」につくのかという非常にわかりにくい区別になっている。「年の」がつく場所によってこのような重大な区別が生じるというのは理論的にとうてい正当化できるものではない。

そして、そのわかりにくさゆえに、後者はその数行後には「新しい労働の生産物」と言いかえられており、もっと先になると、今度は「生産物のうち、つけ加えられた労働の価値に等しい部分」(草稿集5, 296頁, Ⅱ/3-2, S.513) という、より正確だが、より長たらしく記述的な表現になっている。この部分をずばり指示するテクニカルタームが存在しないため、簡潔に表現しようとすると、「年労働の生産物」のような不正確な表現になり、正確に表現しようとすると長たらしい記述的表現にならざるをえないというジレンマがここでも表われている。

第3章

「収入と資本との交換」における「v＋mのドグマ」批判

次に「収入と資本との交換」と題された部分において、マルクスは再び社会的総資本の再生産の問題に取り組んでいるのだが、ここでは、「価値生産物」は基本的に「収入」として把握されている。これは第1節で述べたように、典型的に「スミスの第2ドグマ」である。しかし他方で、この部分はしばしば、「新たにつけ加えられた労働」「つけ加えられた労働」などとも表現されている。つまり、「価値生産物」という同じ対象を表現するのに、労働タームで表現する場合にはおおむね正しく表現されているのだが、それを生産された結果から、すなわち生産物の観点から価値タームで表現する必要がある場合には、それを簡潔に表現する正確な用語がまだ獲得されていなかったために、「収入」という不正確な範疇が用いられているのである。この表現ならば、第1に「生産物価値」と混同されることはないし、第2にその表現は簡潔である。まさにそれゆえ、逆説的なことに、社会的総資本の再生産過程の絡み合いを解明することを課題とし、したがって「スミスの第1ドグマ」である「v＋mのドグマ」の克服が進展したまさにこの段階において、「価値生産物」概念の不在ゆえに、「v＋m」を収入範疇に還元するという「スミスの第2ドグマ」がよりいっそう強固になってしまっているのである（ここから、「価値生産物」概念の獲得が「スミスの第1ドグマ」の克服のみならず、「スミスの第2ドグマ」の克服にとっても重要であることがわかる）。

では具体的な内容の検討に入ろう。マルクスは、単純再生産を前提として（すなわち剰余価値が資本化せず、すべて消費される）、どのようにして年々の生産物が補填しうるのかを分析している。ここでは、消費用生産物を生産するＡ類の資本家と、非消費用生産物（つまり生産手段）を生産するＢ類の資本家とに区分した上でこの再生産と補填の問題が考察されており、2部門分割の表式に大きく近づいている。まず、Ａ類の生産物のうち不変資本部分の価値を表わす生産物は、Ｂ類の収入によって補填されることが指摘される。

> この関係を両方の側から考察すれば、Ａは彼の不変資本をＢの収入と交換し、またＢは彼の収入をＡの不変資本と交換するのである。Ｂの収入はＡの不変資本を補填し、Ａの不変資本はＢの収入を補填する。（草稿集5，370頁，Ⅱ/3-2，S.561）

ここで言う「Ｂの収入」とは、その数行先では、Ｂ部門における「年労働の

第5節　1861〜63年草稿における「v＋mのドグマ」の克服Ⅱ

生産物」と表現されているので、B部門における「価値生産物」のことである。Aの収入部分は、A自身の資本家と労働者によって消費される。こうして、Aの総生産物は、A部門の収入とB部門の収入によってまるごと補填される、ないし消費されることがわかる。

> 総生産物Aは社会の総収入に等しい。ところが、社会の総収入は、社会が1年間に、現存する不変資本につけ加えた労働時間の合計を表わしている。ところで、総生産物Aは3分の1だけが新たにつけ加えられた労働から、3分の2は過去の、補填されるべき労働からなっているのだけれども、それが全部、〔A部門とB部門の〕新たにつけ加えられた労働によって買われうるのである。（草稿集5, 372頁, Ⅱ/3-2, S.563）

> 事実上、年々つけ加えられる労働は（利潤の資本化を度外視すれば）、Aに含まれている労働に等しい。（草稿集5, 379頁, Ⅱ/3-2, S.567）

> 生産物Aは、その使用価値から見れば、年総生産物のうち個人的消費に年々入っていく部分の全体を表わしている。この生産物は、その交換価値から見れば、1年間に生産者たちによって新たにつけ加えられた労働の総量を表わしている。（草稿集5, 380頁, Ⅱ/3-2, S.567）

ここで言っていることはつまり、単純再生産においては、「A部門（消費財生産部門）の総生産物価値＝A部門とB部門（生産手段生産部門）の価値生産物」という等式が成り立ち、それらが相互に交換されることで、総生産物価値のうち、A部門のすべてと、B部門の「価値生産物」部分が処理されるということである。生産物価値と「価値生産物」という概念を用いればこのように簡潔に表現しうるのだが、「価値生産物」概念の成立していないこの1861〜63年草稿の段階では、表現の仕方が労働タームを用いた不正確で回りくどい記述的なものにならざるをえない。

さて、まだ補填されずに残っているのは、B部門の総生産物価値のうち、不変資本価値に相当する生産物部分である。この最後の部分はどのように社会的に補填されるのか？　これはすでに解明されている。これはB部門の内部で相互に不変資本として補填されるのである。こうして、総資本＝総収入というスミスの「v＋mのドグマ」は基本的に克服される。

　　　　だから、この場合には、不変資本による不変資本の補填が行なわれる。し
　　　　たがってこの場合、この補填が直接に、交換なしに行なわれないかぎりで
　　　　は、資本と資本との交換が行なわれる。……資本のこの部分は利潤にも賃金
　　　　にも分解しない。これは新たにつけ加えられた労働を含まない。これは収入
　　　　とは交換されない。これは直接的にも間接的にも消費者によっては支払われ
　　　　ない。(草稿集5，388頁，Ⅱ/3-2，S.572)

　このように『剰余価値学説史』では、かなりの紙幅を割いて、流通過程論の主要な課題が論じられ、解明されている。直接の草稿としては、1861～63年草稿には第1部「資本の生産過程」と第3部「資本と利潤」しかないのだが、第2部「資本の流通過程」の中の最も重要な理論的課題の解明は『剰余価値学説史』と絡み合って存在しているのである。そして、この解明の過程を通じて、「狭義のv＋mのドグマ」がほぼ完全に克服されていることは明らかだろう。だが、「価値生産物」概念はまだ成立しておらず、それゆえ労働タームや収入範疇によって代用されている。

(2) 『剰余価値学説史』におけるリカード論

　次にリカード論に入ろう。まずマルクスはリカードの価値論について論じ、次に平均利潤、平均価格(生産価格)に関するリカードの理論とその欠陥から生じるリカードの地代論について論じ、その後でようやくリカードの剰余価値論について論じている。マルクス剰余価値論形成史という観点からして最も重要なのは、言うまでもなく、リカードの剰余価値論そのものに関するマルクスの考察である。それゆえ、平均利潤や地代に関するリカードの理論ついて論じた部分にも本章のテーマとかかわりのあるいくつかの興味深い箇所が見出せるのだが、ここでは思い切って割愛して、リカードの剰余価値論について論じている箇所から議論を始めよう。

リカード剰余価値論の一般的特徴

　リカードは常に利潤と剰余価値とを混同し、利潤率と剰余価値率とを混同している。このような混同が生じる一つの理由は、リカードが利潤と賃金との量的関係を論じる場合に、不変資本の存在を忘れて、生産物価値を事実上「価値

第5節　1861〜63年草稿における「v＋mのドグマ」の克服Ⅱ

生産物」に還元しているからである。だがこのような混同ゆえに、リカードは、剰余価値の諸法則（より正確には相対的剰余価値の諸法則）を展開することができたのであり、資本と賃労働との利害の対立を事実上暴きだし、マルクスへと至る剰余価値論の発展の礎石を築いたのである。スミスやリカードのような優れた理論家の場合、ある理論的欠陥はしばしば別の理論的長所と結びついており、したがって、彼らの理論を克服するためには、その両方を正しく理解して、欠陥と長所とを結びつけている特殊な諸条件を解明し、理論的長所の方を救ってそれをより正確なものにしなければならない。

　マルクスは、「剰余価値に関するリカードの理論」と題した部分の冒頭で、まさにこの利潤と剰余価値との混同について、そしてその原因となっている不変資本価値の無視（「広義のv＋mのドグマ」）について、次のように総括的に述べている。

　　利潤と剰余価値とが一致するのは、ただ前貸資本が、直接に賃金に投下される資本と一致するかぎりにおいてだけである……。リカードは、利潤と賃金に関するその考察において、資本のうち賃金に投下されない不変部分を捨象している。彼はこの問題を、全資本が直接に賃金に投下されるかのように取り扱っている。したがって、そのかぎりで、彼は利潤ではなく剰余価値を考察しているのであり、それゆえ彼について剰余価値の理論を云々することができるのである。ところが他方では、彼は利潤そのものを論じているのだと信じており、そして実際、至るところで剰余価値ではなく利潤を前提することから出てくる観点がまぎれ込んでいる。（草稿集6，530〜531頁，Ⅱ/3-3，S.1002）

リカードは不変資本部分を捨象するという条件を明示することなく、事実上、不変資本を捨象している。だからこそ、これは「広義のv＋mのドグマ」に陥っていると言える。しかし、これは他面では、リカードが「利潤」の名のもとに剰余価値の法則を論じることを可能にした条件でもあった。

　　剰余価値は、可変資本すなわち直接に賃金に投下される資本との関連でのみ取り扱うことができる。そして剰余価値の理論なしに利潤の理論はありえない。こうした事柄の本質からすれば、リカードが、ときおり前貸の形態で不変資本に触れているとはいえ、全資本を可変資本として取り扱い、不変資本を捨象しているということはまったく当然のことなのである。（草稿集6，531頁，Ⅱ/3-3，S.1002）

第3章

　このようにリカードにあっては、ある誤った命題がしばしば別の正しい命題につながっている。そして、何よりリカードの正しい剰余価値論と絡み合っているリカードの誤ったドグマとは、第2章で論じた「リカードのドグマ」と、本章で論じている「広義のv＋mのドグマ」なのである。

「労働日一定のドグマ」と「v＋mのドグマ」

　以上の観点からすれば、リカードが一般的な形で示した利潤と賃金との関係に関する法則、すなわち利潤と賃金との反比例関係（相反関係）の一面性も2つの観点から批判することができるだろう。まず第1に、第2章で示したように、この反比例論は、労働日を所与の不変量とみなす「労働日一定のドグマ」（リカードのドグマ）にもとづいている。第2に、これは、利潤を減らす要因を基本的に賃金の高低にのみ求めており、資本の有機的構成が違えば、たとえ賃金の高さが同じでも、したがって剰余価値率が同じでも、利潤率が変わることを看過している。これは、不変資本の存在を忘れてしまっていることから生じており、したがって「広義のv＋mのドグマ」にもとづいている。

　このように、リカードが定式化した最も重要な法則である利潤と賃金との反比例論は、労働日（外延的および内包的）が一定で資本の有機的構成が一定であるという条件があってはじめて正しいのであり（その場合でも厳密に言えば「反比例」ではなく「相反関係」なのだが）、マルクスはこの『剰余価値学説史』におけるリカード批判を通じてこの二重の観点を獲得するのである。

　とはいえ、マルクス自身も、第2章で触れた「リカードのドグマ」に対する批判に集中している際には、リカード理論のもう一つの側面たる「v＋mのドグマ」に対する批判を忘れることがある。たとえば、前章でも一部引用した以下の箇所を見てみよう。

> 　リカードは、資本主義的生産の眼前の事実から出発する。労働〔能力〕の価値は、労働がつくり出す生産物の価値よりも小さい（Der Werth der Arbeit ＜ als der Werth der Products）。したがって、生産物の価値は、それを生産する労働〔能力〕の価値よりも、すなわち賃金の価値よりも大きい。生産物の価値のうち賃金の価値を越える超過分は剰余価値である（……）。彼にとっては、生産物の価値が賃金の価値よりも大きいということは、〔所与の〕事実なのである。この事実がどうして成立するのかは、はっきりしないままである。総労働日は、労働日のうち賃金の生産に必要な部分

第5節　1861〜63年草稿における「v＋mのドグマ」の克服Ⅱ

よりも大きいのである。なぜか、という問題は出てこない。（草稿集6，575〜576頁，Ⅱ/3-3，S.1029-1030）

　ここでマルクスは、「リカードのドグマ」の批判に集中しており、そのため、「v＋mのドグマ」の問題を見逃してしまっている。マルクスは「労働〔能力〕の価値」との対比で、「労働がつくり出す生産物の価値」という概念を提出している。これは本当は「価値生産物」のことを言っているのだが、「価値生産物」という概念が存在しないので、「労働がつくり出す生産物の価値」という不正確な表現になってしまっている。ここで言う「生産物」が通常の意味なら、そこには当然、生産手段価値が含まれるわけだから、「生産物の価値のうち賃金の価値を越える超過分は剰余価値である」とは言えないはずである。ところが、それ以降もずっと「生産物の価値」という不正確な表現が用いられてつづけている。マルクスは、この文章の後半で、分割の対象を今度は正しく「総労働日」に再設定し、剰余価値の源泉を「労働日のうちで賃金の生産に必要な部分よりも大きい」部分だとしている。これは正しい。事態を労働タームで表現する場合には正しく記述しているのにもかかわらず、価値タームで表現する場合には、「総労働日」に相当する用語が確立されていないために、「生産物の価値」というように不正確に表現されてしまっているのである。

「100万人の労働」命題に対する二重の批判

　しかし、用語の点ではまだ曖昧だとはいえ、マルクスはこのすぐ後で、内容的にはより明確に、リカード理論における二重の限界（すなわち、「リカードのドグマ」と「v＋mのドグマ」）を批判するようになる。それが、第2章でも指摘した、リカードの「100万人の労働」命題に対する批判である。そこでは、両ドグマに対する批判が一つのセットになってリカード理論が批判されており、マルクス剰余価値論の発展を画す内容となっている。前章でも簡単に取り上げたが、その内容の重要さにかんがみ、ここでも再び、そしてより詳細に検討しておこう。まずマルクスはリカードの次の文章を引用している。

> 製造業における100万人の労働は常に同じだけの価値（the same value）を生産するけれども、常に同じだけの富を生産するとはかぎらないだろう。（前掲リカードウ『経済学および課税の原理』下，87頁）

　マルクスは1861〜63年草稿においてこのリカードの「100万人の労働」命

題を何度も引用して、それを繰り返し批判的に検討しているのだが、ここがその最初の場面である。マルクスはこの命題を受けて、まず「労働日一定のドグマ」に対する批判の観点（第1の観点）から次のように述べている。

> すなわち、彼らの日々の労働の生産物はつねに100万労働日の生産物で、同じ労働時間を含むだろうと言うのだが、これは間違いである。というより、これが正しいのはただ、異なった労働部門の困難さなどの相違を考慮しながら、仮に同じ標準労働日が一般に確立されている場合だけである。（草稿集6，586頁，Ⅱ/3-3，S.1038）

これはすでに前章で明らかにしたように、「リカードのドグマ」批判であり、リカードがその命題の中で述べている「価値」を、まずは素直に「労働者が生産過程で新たにつくり出す価値」の意味で、言いかえれば「価値生産物」の意味で理解した上で、その大きさを固定的なものとみなす立場を批判しているわけである。しかし、マルクスはこの一文に続けて次のように述べている。

> しかし、その場合であっても〔労働日が一定である場合でも〕、この命題は、それがここで言い表されたような一般的定式では間違いである。（草稿集6，586頁，Ⅱ/3-3，S.1038）

マルクスはこのように述べて、このリカード命題のもう一つの問題として、生産力上昇とともに増大する不変資本価値の存在を問題にする。マルクスはまずもって資本が可変資本だけに投下されている場合を想定して、具体的な数値を出して議論し、その上で次のように述べている。

> かりに前貸資本がただ可変資本だけから、すなわち100万人の賃金に投下される資本だけから成っているとすれば、リカードは正しいであろう。したがって彼が正しいのは、ただ総資本が可変資本に等しいという一つの場合だけのことである。この前提は、彼が社会全体の資本について論じるかぎり、A・スミスにおけると同様、彼においても一貫しているものであるが、資本主義的生産においては、個々の産業部門においてはもちろん、社会全体の産業部門においてはなおさら存在しないものである。（草稿集6，587頁，Ⅱ/3-3，S.1038）

これはまさに総資本レベルでの「広義のv＋mのドグマ」に対する批判であるのは明らかだろう。さらにマルクスは、続けて社会的総資本の補填問題について論じてから、今度は蓄積論の観点から、リカードにおける「広義のv＋m

第5節　1861〜63年草稿における「v＋mのドグマ」の克服Ⅱ

のドグマ」を再び次のように批判している。

> 不変資本のうち生産物に入っていく部分が2500万だと仮定すれば、100万人の生産物の価値（Werth des Products der 1 Mill）は7500万だろう。また、その部分が1000万だとすれば、100万人の生産物の価値は6000万にすぎないだろう、等々。そして、資本主義的発展が進むにつれて、可変資本に対する不変資本の割合は増大するから、100万人の年生産物の価値（Werth des Jahresproducts der 1 Mill）は、彼らの年々の生産における要因として協働する過去の労働が増大するのに比例して絶えず増大する傾向を持つだろう。すでにこのことからわかるように、リカードは蓄積の本質も利潤の本質もどちらも理解できなかったのである。（草稿集6，588頁，Ⅱ/3-3，S.1039-1040）

この引用文に登場する「100万人の生産物の価値」ないし「100万人の年生産物の価値」は明らかに「価値生産物」のことではなく、そこには、「100万人の労働」が直接的に生み出す価値に加えて不変資本価値が含まれているのであるから、生産物価値のことである。マルクスは、資本主義の発展とともにこの不変資本部分が増大することを指摘して、リカード命題のもう一つの一面性をも明らかにしているわけである。さらに以上の点を受けて、マルクスは数行先でも同趣旨のことを述べている。

> ここでは、次のことだけは明らかである。すなわち、労働日を与えられたものと前提しても、100万人の労働の生産物の価値は、この生産物に入る不変資本の量の違いに応じて、非常に違っているであろうということ、またその価値は、労働の生産性が増大するにもかかわらず、不変資本が総資本のうちの大きな部分を形成する場合には、不変資本が総資本のうちの相対的に小さな部分を形成する社会状態におけるよりも大きいだろうということがそれである。（草稿集6，588〜589頁，Ⅱ/3-3，S.1040）

マルクスはこのように、リカードの「100万人の労働」命題を「労働日一定のドグマ」（リカードのドグマ）批判と「v＋mのドグマ」（スミスのドグマ）批判という二重の観点から批判しており、この両観点の確立は、マルクスが古典派の剰余価値論の限界を乗り越える上で非常に重要な役割を果たしており、後でも見るように『資本論』でも繰り返されている観点なのである。

リカード蓄積論における「100万人の労働」命題批判

次にリカードの蓄積論を検討しよう。リカード蓄積論においては、それ以前

第3章

と同じく、「v＋mのドグマ」が決定的な役割を果たしている。そして、この蓄積論において、再びリカードの「100万人の労働」命題が取り上げられ、批判に付されている。マルクスは、リカードの例の一文を引用した上で次のように述べている。

> この100万人が——労働日を与えられたものと前提して——生産する商品量は、労働の生産性に応じて非常に違っているだけでなく、この商品量の価値も、それを生産するのに用いられる不変資本が多いか少ないかにしたがって、すなわちそれにつけ加えられる前年の過去の労働に由来する価値が多いか少ないかにしたがって非常に違っているだろう。（草稿集6，670頁，Ⅱ/3-3，S.1098）

このようにここでも、まずは「労働日を与えられたものと前提して」とあるように、リカードの「労働日一定のドグマ」に対する批判を行ないつつ、リカード命題における不変資本価値の無視という第2の批判、すなわち「広義のv＋mのドグマ」に対する批判を行なっている。さらにマルクスは、イギリス人とロシア人の例を挙げてこのリカード命題を具体的数値例に基づいて批判している。

> ある国民によって年々消費される不変資本が1000万ポンド、他方の国民によって年々消費される不変資本がわずか100万ポンドで、100万人の年々の労働が1億ポンドであるとすれば、生産物の価値は、第1の国民の場合には1億1000万ポンド、第2の国民の場合にはわずかに1億100万ポンドであろう。……
>
> 工場製品の場合には、よく知られているように、イギリスの100万人〔の労働者〕は、たとえばロシアの100万人〔の労働者〕に比べて、たとえ個々の商品ははるかに安いとしても、はるかに多くの生産物を生産するだけでなく、はるかに大きな価値を持った生産物をも生産する。（草稿集6，671頁，Ⅱ/3-3，S.1099）

2つの特定の国民を挙げて比較検討するこのパターンはその後も、イギリス人とインド人、イギリス人と中国人というようにさまざまなバリエーションで繰り返されるのだが、ここではイギリス人とロシア人が挙げられている。ここで指摘されているように、労働生産性が高ければ高いほど、個々の商品の価値は下がるが、一定の数の労働者が一定の労働日に生産する生産物の価値総額は、不変資本価値の増大ゆえに増大するのである。この2つのことはしばしば

第6節　1861〜63年草稿における「v＋mのドグマ」の克服Ⅲ

混同されるのだが、明確に区別されなければならない。

　マルクスはさらにそのかなり先においてもリカードの「100万人の労働」命題を英語の原文で引用した上で、括弧の中でまたしてもリカード命題を次のように批判している。

> （これはひどく間違っている。100万人の生産物の価値（Werth des Products der million of men）は、単にこれらの人々の労働によってだけでなく、彼らが労働するさいに用いる〔不変〕資本の価値によっても左右される。したがって、その価値は、彼らが労働するさいに用いるところのすでに生産されている生産諸力の量に応じて、非常に違っているだろう。……各個の商品は安くなるかもしれないが、しかし増加した商品総量の価値は増大する。）（草稿集6, 753頁, Ⅱ/3-3, S.1158）

　1861‐63年草稿の中でこれほど何度も同じ文章を引用して批判しているのは非常に珍しいことである。それだけ、マルクスにとってこの命題を理論的に克服することが重要なことであると思われたのであろう。というのも、マルクス自身がかつて、このリカード命題と同じ立場（「広義のv＋mのドグマ」）を共有していたからである。

　その後も、「v＋mのドグマ」に対する批判は何度となく繰り返されており、まさにこの1861〜63年草稿の中期段階において基本的に「広義のv＋mのドグマ」が理論的に克服されたと言っていいだろう。

第6節　1861〜63年草稿における「v＋mのドグマ」の克服Ⅲ——後期段階

　以上で1861〜63年草稿の中期段階の検討は終わりである。理論的には十分に狭義および広義の「v＋mのドグマ」は克服されているのだが、それでも、「価値生産物」概念が成立していなかったために、さまざまな不正確な用語が用いられ、それゆえ結局、すでに理論的に克服しているはずの「v＋mのドグマ」的外観が存続するというジレンマが見られた。この傾向は、1861〜63年草稿の後期段階でもその比較的早期の段階では見出すことができる。しかし他方で、この後期段階においてマルクスは、草稿の先に進めば進むほど、このような外観を自覚的に避ける努力を行なうようになり、事実上、2つの生産物、

第3章

ないし「生産物の二重性」論へと接近していく。「価値生産物」という概念が生まれるための理論的準備がまさにこの後期段階でなされていくのである。

(1) 「絶対的および相対的剰余価値の生産」の検討

マルクスは学説史的部分を書き上げると「資本の生産過程」論に戻って残る部分を書き上げていくのだが、その過程で本章のテーマと関わる問題にも繰り返し触れているので、それを以下に見ていこう。

「賃金と剰余価値との関係」における「価値生産物」

まずマルクスは「賃金と剰余価値との関係」について論じている部分の冒頭で次のように述べている。

> いまわれわれが研究しなければならない問題は、賃金と剰余価値との関係である。さしあたり労働日は所与のものと仮定しよう。この場合、労働日の生産物の価値（Werth des Products des Arbeitstags）――言いかえれば、その一部が賃金をなし、他の部分が剰余価値をなすところの価値総額――は不変である。そうすると、それら両部分の価値の大きさおよび価値の変動は反比例関係（in umgekehrten Verhältniß）にあることは明らかである。一方が大きくなればなるだけ、他方は小さくなるし、逆もまた同じである。（草稿集9，315頁，Ⅱ/3-6, S.2092）

ここでのマルクスの記述（およびそれに続く一連の記述）もまたそこで用いられている表現も、現行版『資本論』第1巻第15章「労働力の価格と剰余価値との量的変動」の第1節「労働日の大きさと労働の強度が不変で労働の生産力が可変である場合」とほぼ同じである（本章の185頁で引用した第15章からの文章と比較せよ）。しかし、両文献の記述をよく見比べれば、いくつかの重大な相違が存在することがわかる。

まず第1に、1861～63年草稿では「賃金と剰余価値との関係」とされているが、『資本論』ではもちろんのこと、賃金概念が解明される以前にこの量的関係が論じられているので、「賃金」は「労働力の価値ないし価格」と表現されている。

第2に、1861～63年草稿では「所与のもの」としては「労働日」だけが明

第6節　1861〜63年草稿における「v＋mのドグマ」の克服Ⅲ

示されているが、『資本論』では第1節の表題に明らかなように「労働日の大きさと労働強度」の両方が「不変」のものとして明示されている。1861〜63年草稿でもすでに労働強度の問題は取り上げられていたのだが、『資本論』ほど自覚的なものではなく、しばしば労働強度の問題が忘れられて、「労働日」の長さのみが取り上げられているのである。

　第3に、そしてこれが本章の中心テーマなのだが、1861〜63年草稿では「その一部が賃金をなし、他の部分が剰余価値をなすところの価値総額」と表現されている部分、すなわち「v＋m」＝「価値生産物」が「労働日の生産物の価値」と不正確に表現されているのに対して、『資本論』では、まさにその部分が、「12時間労働日の価値生産物」というように、「価値生産物」概念を用いて正しく表現されている。

　第4に、『資本論』では、労働日の大きさと労働強度が不変の場合、生産力が変動しても「価値生産物」は同一であるということが、独自の一法則として提示されているが、1861〜63年草稿ではそのような記述は存在しない。これはもちろんのこと、「価値生産物」概念の有無と深く関係している。労働日と労働強度とを所与とした場合に、労働生産性の変化によっても変化しないのはあくまでも「価値生産物」であって、生産物価値ではない。1労働日がつくり出す生産物価値は、生産力の増大に応じて、消費する原料価値が比例的に増大するので（一単位あたりの原料価値が不変の場合）、増大する。リカードはこの両者をしばしば混同し、マルクス自身もかつては混同していた。この混同を戒めるために、『資本論』においてマルクスは、労働生産性の変化によっても不変であるのは正確に何であるかを明確にし、それを一法則として確立する必要があったのである。

　第5に、1861〜63年草稿では、労働力価値と剰余価値とが「反比例関係」にあるとされているが、『資本論』では「労働力価値と剰余価値とは互いに逆方向に変動する」と正しく表現されている。マルクスはすでに「経済学批判要綱」において、労働力価値と剰余価値とは（リカードの言うのと違って）「反比例」的に増減するのではなく、同じ大きさだけ逆方向に変動するにすぎないことを指摘していたし（草稿集1, 414〜423頁, Ⅱ/1-1, S.250-256）、1861〜63年草稿でも基本的に同じ指摘をしているのだが（草稿集4, 394〜401頁, Ⅱ/3-1, S.222-226）、なぜかここでは「反比例」論に逆戻りしている。『資本論』ではこ

第3章

の点についてもリカードの誤りが明確に指摘されており、しかもその中で「価値生産物」という用語も登場している（ＫⅠ，675～676頁，S.544）。

このように、1861～63年草稿の後期段階はかなりの程度『資本論』水準に接近していたにもかかわらず、なおまだ一定の距離があったことがわかる。そしてその距離は何よりも、第2章で検討した「リカードのドグマ」の克服度と、本章で検討している「価値生産物」概念への接近度によって測られるのである。

マルクスは、この「賃金と剰余価値との関係」論において、その後も繰り返し、事実上「価値生産物」の意味で「労働日の生産物の価値」、あるいはより不正確な表現だがより簡潔な「生産物の価値」という表現を用いている。あるいは、「労働の価格への転化」論について論じた箇所では、「10時間の生産物」「10時間の価値の商品」「12時間の1労働日の価値」などと表現されている。しかし他方では、表現をより厳密なものにしようとして、「10時間が実現されている諸商品」「12労働時間が実現されている生産物」とか、「1労働日の全体が対象化されている生産物の価値」という長たらしい記述的表現も見出せる。ここでもまた、簡潔に表現しようとすれば不正確になり、正確に表現しようとすれば長たらしい記述的表現になるというジレンマが見出せる。

「派生的定式」における「価値生産物」

次にマルクスは、剰余価値率の派生的定式について議論を進めている。これは、現行版『資本論』で言うと、その第1巻第16章に相当する。まずマルクスは、剰余価値率を表現する種々の定式について述べた後、これらの定式の派生的定式として、剰余労働を総労働日で割る定式を提示している。さらにマルクスは今度は価値表現による派生的定式へと話を進めており、そこでは、「価値生産物」という用語ではなく、不変資本価値を除外した上での「生産物の価値」が用いられている。『資本論』でも、最初に派生的定式を記述した際には、剰余価値を生産物価値で割る定式を示していたが、その後にただちに続けて、本章の第2節で引用したように、「もちろん、〔ここで言う〕生産物価値というのはただ労働日の価値生産物だけを意味しており、生産物価値の不変部分が除外されているものと想定される」とはっきり注意されていた。しかし、1861～63年草稿では「価値生産物」概念が存在しないために、以下のように、不

第6節　1861～63年草稿における「v＋mのドグマ」の克服Ⅲ

変資本価値の除外という点だけが注記されている。

　　必要労働と剰余労働とを総労働日の諸部分として表わす表現が$\frac{剰余労働}{必要労働}$……の派生的形態であるのとまったく同様に、賃金と剰余価値とを総生産物（すなわち総生産物の価値）の一定部分として表わす表現は、$\frac{剰余価値}{可変資本}$という概念的な比率の派生的な一形態である。生産物の価値（Werth des Products）は不変資本＋（可変資本＋剰余価値）に等しい。不変資本をゼロと仮定しよう。すなわち、剰余価値と可変資本との関係には影響を及ぼさない不変資本の価値、つまり、新たにつけ加えられた労働が生産物に付与したものに起因しない価値は捨象しよう。そうすると、総生産物の価値（Werth des Gesammtproducts）は、可変資本の価値＋剰余価値に、賃金＋剰余価値に等しくなる。それゆえ、生産過程が終わって、その結果である生産物が出てくると……賃金と剰余価値とは、価値の諸部分として、生産物の総価値（Gesammtwerth des Products）の比例的部分として表わすことができる。（草稿集9, 342頁, Ⅱ/3-6, S.2109-2110）

　この部分は、『資本論』第1巻において「価値生産物」概念が最初に登場する部分、すなわち剰余価値率を導出する時の議論と非常によく似ているが、ここでは剰余価値率ではなく、私の言葉で言えば「価値分割率」（前著1を参照せよ）が導出されている。このように、マルクスは「価値生産物」という用語をまだ獲得していなかったため、生産物価値のうち「可変資本＋剰余価値」を表わす部分、すなわち「新たにつけ加えられた労働が生産物に付与したものに起因」する価値部分を表現するのに、不変資本価値をゼロと仮定したうえで「生産物の価値」「総生産物の価値」「生産物の総価値」という表現で代用している。これまでは、不変資本価値のことに言及せずに事実上「価値生産物」の意味でこれらの表現が使われていたのだが、ここでははっきりと「不変資本はゼロ」という仮定が置かれているのだから、明らかに「v＋mのドグマ」には陥っていない。これはマルクスの理論的認識の進展をはっきりと示している。しかし、「価値生産物」という正確で簡潔な用語が獲得されていないので、このような代用表現にならざるをえないのである。

　このような代用はその後もしばしば見られるのだが、マルクスは先に進めば進むほど、簡潔だが不正確な表現よりも、冗長だがより正確な記述的表現を頻繁に用いるようになっていく。たとえば、「総労働日を表わす生産物の総価値」、「12時間の労働日が実現されている生産物の価値」、「総労働日が実現さ

れている価値」「1労働日が実現されている総価値」、あるいはまた「この労働日が対象化されている生産物の価値」等々である。

(2)「剰余価値の資本への転化」論の検討

　マルクスは、「絶対的および相対的剰余価値」について論じた後、いよいよ蓄積論へと、すなわち「4、剰余価値の資本への再転化」と題された項目へと進んでいる。不変資本と可変資本との関係（資本構成）が決定的な論点となっているこの項目では、マルクスは、「リカードのドグマ」に対しても「ｖ＋ｍのドグマ」に対してもきわめて自覚的な批判を展開しており、1861〜63年草稿における一つの理論的到達点を示している。

　資本主義的生産様式のもとでの生産力の発展は、一方では大規模な機械の導入のせいで不変固定資本が相対的に増大することによって、他方では一定の時間内に消費される原材料価値、すなわち不変流動資本が絶対的にも相対的にも増大することによって、必然的に資本構成の高度化（可変資本に対する不変資本の相対的増大）をもたらす。この論点こそ、蓄積論でマルクスが主に論じたことであり、したがって、「生産力が増大しても総生産物の価値は一定である」というような「広義のｖ＋ｍのドグマ」の入る余地はまったく存在しない。そして、何よりも『剰余価値学説史』で何度も取り上げられたリカードの「100万人の労働」命題がここでも取り上げられ、それが明確に批判されている。

「100万人の労働」命題への再批判

　まずマルクスは、「100万人の労働」命題に対する批判に行く前に、その前段として、絶対的剰余価値論のところで論じた不変資本価値の保存と新たな価値の付加との区別論を思い起こしている。その上で、保存される不変資本の価値量は生産力の発展によって増大することが正しく指摘されている。

> 　それゆえ、労働者が保存する不変資本の価値は、彼がつけ加える労働の量にまったく比例しないのであり、彼が労働するさいの不変資本の大きさに、だからまたそれの価値量にかかっているのである。たとえば、彼の労働が生産的になればなるほど、所与の人数の労働者が加工する原材料の分量はそれだけ増大し、したがって、労働者が保存する、すなわち生産物に再現する不

第6節　1861〜63年草稿における「v＋mのドグマ」の克服Ⅲ

変資本のこの部分の価値はそれだけ増大する。(草稿集9, 514頁, Ⅱ/3-6, S.2224)

　この点を踏まえて、マルクスは、労働生産性の増大と充用される生産手段の分量の増大とが並行的な関係にあることを指摘し、まさにその点に資本主義的生産様式の特徴があるのだとしている（草稿集9, 518頁, Ⅱ/3-6, S.2228）。したがって、労働生産性の発展とともに、生産物価値に保存ないし再現される不変資本価値は増大するのであり、したがって、総生産物の価値も増大する。

　　この再現は、次のように二様に表現される。〔第1に〕総生産物の価値（Werth des Gesammtproducts）はこの再現する価値部分だけ高められる。第2に、増大した生産物量のうちの増大する部分は、増大する不変資本量に対する等価物を表わしている。(草稿集9, 519頁, Ⅱ/3-6, S.2229)

　ここに登場する「総生産物の価値」とはけっして「価値生産物」の不正確な表現なのではなく、『資本論』で言うところの「生産物価値（Produktenwert）」のことを意味している。さてマルクスは、労働生産性の増大によって生産物に再現される不変資本価値が増大するがゆえに「総生産物の価値」が増大することを確認した上で、リカードの「100万人の労働」命題の検討に移っている。

　　労働日の大きさ（外延的および内包的な）が所与のものとして前提されていれば、同一の労働量はただ同じだけの価値を生産物につけ加えるのであり、したがってたとえば、毎日12時間労働する100万人の労働者は、労働生産性の水準、および労働の〔生産性の〕この水準に対応する労働の対象的諸条件の量とは無関係に、すなわち労働生産性の一定の水準に対応する物質的な生産諸条件の規模とは無関係に、同じだけの価値をつけ加えるのであるが、しかし、生きた労働の所与のある分量によって動かされる対象化された労働の量が増大すればするほど……総生産物のうち同一の労働量が再生産する価値（そしてこの価値を表わす生産物の量）はそれだけ増大する。(草稿集9, 519頁, Ⅱ/3-6, S.2229)

　この引用文の冒頭における「労働日の大きさ（外延的および内包的な）が所与のものとして前提されていれば」という留保条件の意味についてはすでに第2章で詳細に述べたように、「リカードのドグマ」に関わる論点である。そして、マルクスは続けて、事実上、生産物価値と「価値生産物」とを区別しながら、労働日の大きさが同じままであるかぎり100万人の労働は労働生産性の水準とは無関係に常に「同じだけ価値をつけ加える」が（つまり「価値生産物」

237

は同一）、しかし、「生産物価値」の方は、労働生産性の上昇に応じて不変資本価値（「生産物のうち同一の労働量が再生産する価値」）が増大するので、増大することを明確にしている。

イギリスとインドとの比較論

この「100万人の労働」命題に対する批判はそのすぐ後でも繰り返されており、その中でマルクスは、この命題に対する批判の具体的事例として、今度はイギリス人とインド人とを比較検討している。

> たとえば、綿糸工場で糸を紡いでいる1人のイギリス人の労働者をとってみよう。彼は、紡ぎ車と紡錘で糸を紡ぐ200人のインド人の紡績工ないし中国人の紡績工よりも多くの糸を紡ぐ。そして、このイギリス人紡績工がインドの綿花を紡いでいるとしよう。労働日の長さと平均的強度とが等しいと想定して、異なった国民の労働日を比較すると、一般的な価値法則のもろもろの修正が生じるが、ここではどうでもよいものとして無視するとしよう。（草稿集9，521〜522頁，Ⅱ/3-6, S.2230）

ここでマルクスは「労働日の長さと平均的強度とが等しいと想定して」としており、これは明らかに「リカードのドグマ」に対する批判を念頭に置いている。だが本章において重要なのは、続けてマルクスが述べている部分である。

> この場合、次のように言うのは正しいだろう。200人のイギリス人労働者は、200人のインド人労働者よりも多くの価値を創造するわけでもつけ加えられるわけでもない、と。しかし、それにもかかわらず、彼らの労働の生産物（ここでは総生産物のことである）はきわめて異なった価値を持つであろう。それは、イギリス人紡績工が同一時間内にインド人紡績工の200倍の量の綿花を糸に転化させ、したがって同一時間内に200倍の量の使用価値をつくり出し、したがってイギリス人紡績工の労働が200倍生産的だというだけのことではない。
> イギリス人紡績工の1労働日の生産物（Product des Arbeitstags）は、（1）インド人紡績工の生産物の200倍の量の綿花を、だからその200倍の量の価値を含んでいる。（2）……イギリス人紡績工の日生産物（Tagesprodukt）には、イギリスの高価な労働用具のうち、インド人のそれに入るよりもはるかに大きな価値部分が入る。だからイギリス人の日生産物には、インド人のそれに保存されているよりもはるかに大きな価値量が保存されているのであり、またこの意味で再生産されているのである。（草稿集9，522頁，Ⅱ/3-6,

第6節　1861～63年草稿における「v＋mのドグマ」の克服Ⅲ

S.2230-2231）

　ここでもマルクスは、「彼らの労働の生産物」に「ここでは総生産物のことである」との注意書きを付している。そして、これまでの1861～63年草稿における一連の叙述では、「1労働日の生産物」とか「日生産物」とは事実上、「価値生産物」のことを指していたのに、したがって不変資本価値を含まないものと想定されていたのに、ここでは「1労働日の生産物」「日生産物」とはその本来の意味で、すなわち不変資本を含む「使用価値としての生産物」の意味で用いられている。この部分は実を言うと、初版『資本論』でもほとんどそのまま再現されているのだが、用語の点で決定的な相違が存在する。これは初版『資本論』の叙述を検討する本章の第9節で紹介しよう。

「価値生産物」概念の必要性の高まり

　以上見たように、マルクスは1861～63年草稿において、事実上「価値生産物」を表わす言葉として、実にさまざまな言葉を用いてきた。最初のうちは「新価値」「新たな価値」を多用していたが、これらは1861～63年草稿において後半に行けば行くほど使われなくなっていった。同じく、「労働者が（新たに）つけ加える労働」等々の言葉も頻繁に用いられていたが、これらは、労働タームであるという限界があるだけでなく、「新価値」「新たな価値」と同じく、生産の結果たる生産物から見た概念というよりも、生産の過程から見た概念であり、「価値生産物」とは位相を異にする。

　「価値生産物」概念により近い用語として、マルクスは、「生産物の価値」「総生産物の価値」「生産物の総価値」「1労働日の生産物〔の価値〕」「彼〔労働者〕の生産物〔の価値〕」「労働日の価値」「年労働の生産物」などさまざまな言葉を使用していたが、それらいずれも不正確であり、絶えざる混乱と誤解のもとであった。なぜなら「生産物」それ自体は通常は「使用価値としての生産物」のことを意味し、したがってその価値額には当然ながら不変資本価値も含まれているからである。そして、1861～63年草稿の後期段階において、これらの概念は「価値生産物」の代用としてではなく、しだいに不変資本価値を含む本来の意味で、つまり「生産物価値」を意味するものとして使用されるようになっていった。

第3章

　ということは、それと裏腹の関係として、生産物価値のうち労働者が生産過程で新たに生み出した価値部分を限定的にずばり表現する特殊な用語もますます必要になるだろう。そこでマルクスは、「総労働日を表わす生産物の総価値」とか「総労働日が実現されている生産物の価値」というより記述的な表現を用いるようになるのだが、このような長たらしい表現は煩雑であり、しかも毎回少しずつ違った表現にならざるをえない。したがって、読者に伝えたい対象ないし意味をずばり表現する特殊で簡潔な用語が、すなわち、専門用語としての意味を与えられた科学的概念が独自に必要になるし、そのことがマルクスの中でしだいに意識されていくことになるのである。

第7節　1863〜65年草稿における「価値生産物」概念の登場 I ──『諸結果』と3巻「主要草稿」前半

　マルクスは、1861〜63年草稿を書き終えるとただちに、1863年の後半から『資本論』全3部のより本格的な草稿の執筆に取りかかり、2年半かけて一通り書き上げる。そして1866年初頭から、今度は『資本論』第1部の印刷用原稿に着手し、これが基本的に初版『資本論』として1867年に出版されるのである。マルクスは第1部を出版してから第2部の準備に取りかかるが、諸般の事情からこの執筆は困難をきわめ、結局、第2部も第3部も完成させることなくこの世を去る。したがって、1863〜65年に執筆された草稿は『資本論』全3部の全領域を網羅した唯一の草稿だということになる。

　第1部に関しては、初版『資本論』では用いられなかった最終章である第6章「直接的生産過程の諸結果」とそれ以前の諸章の断片だけが残されている。第2部の草稿（2部「第1草稿」）は、マルクスの死後にエンゲルスが編集した現行版『資本論』第2巻には用いられなかった。エンゲルスは、その後に書かれた第2〜第8草稿を中心に現行版『資本論』の第2巻を仕上げた。第3部の草稿（「主要草稿」）は、最初の部分を除いてその大部分が現行版『資本論』第3巻に利用された。こうして、われわれの手元には、この時期の草稿としては、第1部第6章「直接的生産過程の諸結果」（およびそれ以前の諸章の諸断片）と、第2部「第1草稿」、第3部「主要草稿」が残されているわけである。これらとは別に、1865年6月にマルクスが国際労働者協会中央評議会で行なった講演である

第7節　1863〜65年草稿における「価値生産物」概念の登場Ⅰ

『賃金・価格・利潤』が存在するが、すでに第1章で詳細に取り上げたので、ここでは割愛する。

　しかし問題はこれらの執筆順序である。第3部「主要草稿」が収められた新メガの巻の編集者は、第1部草稿を書き終えた後に書き始めたのは第3部草稿であり、それを3章（現行版『資本論』では第3編にあたる）が終了した時点で中断し、第2部「第1草稿」に取りかかり、それを書き終えた後に、第3部の4章以降が書かれたと推測している(10)。しかし、各草稿に登場する「労働能力」と「労働力」との頻出頻度という別の手がかりにもとづくなら、実際の執筆順序がもう少し異なったものである可能性もある(11)。とはいえ、ここではいちおうこの説にしたがって、第1部草稿→3部「主要草稿」の前半（最初の3章）→2部「第1草稿」→3部の4章以降という順序で検討していくことにする。

(1) 『直接的生産過程の諸結果』の検討

　『直接的生産過程の諸結果』の来歴やその理論的意義について詳しくは、光文社古典新訳文庫の『資本論第1部草稿——直接的生産過程の諸結果』（2016年）に私が付した解説を参照してほしいが、ここでは本章の問題を解明するのに必要なかぎりで論じることにする。

　当初マルクスは、全3部を同時に出版する予定にしていた。それゆえ、第1部全体の総括であるとともに第2部への直接の橋渡しとなる章としてこの最終の第6章「直接的生産過程の諸結果」を執筆したのだが、第2部を第1部と同時に出版するには第2部の完成度が著しく低かったなどの理由で、結局マルクスはこの第1部と第2部の同時出版という計画を断念した。そのため、第6章そのものが宙に浮くことになり、その中のとくに重要な内容（資本の本への労働の形式的包摂と実質的包摂、生産的労働と不生産的労働、など）は大幅に短縮された上で『資本論』第1巻の各所に（とりわけ「絶対的および相対的剰余価値の

---

(10) 新メガ編集者はさらに、先に書かれた第3部のうち、第2章が第1章よりも先に書かれたと推定している。新メガ編集者による執筆順序に関する推定を含む新メガの「成立と来歴」の訳が以下の著作に収録されている。大谷禎之介『マルクスの利子生み資本論』第2巻，桜井書店，2016年。
(11) この執筆順序については、この欄外注では収まらないので、「補論2」として本節の最後に論じることにする。

第3章

生産」の章に)組み入れられることになった。

　この『諸結果』にもまだ「価値生産物」そのものは登場していないが、「要綱」や1861～63年草稿の前期および中期段階に見られたような「広義のv＋mのドグマ」の外観に陥らないよう注意深く表現されている。それらを詳細に取り上げるのは煩雑なので、ここでは、「価値生産物」概念の形成にとって重要な2つの箇所だけを取り上げよう。1つは、「価値生産物」概念にぎりぎり接近するような表現が登場している場面と、もう1つは「2つの総生産物」論が展開されている場面である。

「価値から見た生産物」という概念

　マルクスは、「資本の生産物としての商品」という節において、「商品価格が変化する場合でも、剰余価値の率と量は不変のままでありうる」という法則と「商品価格が不変の場合でも、剰余価値の率と量は変化しうる」(諸結果，151頁，Ⅱ/4-1，S.42)という2つの法則を具体的な数値例を通じて検証しようとしている。

　さて、マルクスは小麦を例にしてさまざまな具体的パターンを検討しており、上に示した第1法則を次のように提示している。

> しかし、同じ資本を使って生産された個々の商品の価格におけるこの違いは、剰余価値率、すなわち可変資本に対する剰余価値の割合、あるいは、総労働日が支払労働と不払労働に分割される割合に、いかなる変化ももたらさない。新たにつけ加えられた労働を表わしている総価値 (Gesammtwerth, worin sich die neu zugesetzte Arbeit) は同じままである。(諸結果，139頁，Ⅱ/4-1，S.37-38)

　マルクスはここで「新たにつけ加えられる労働を表わしている総価値」という表現を用いている。労働タームではなく、価値タームで表現されており、「価値生産物」概念にきわめて近いが、非常に長たらしく記述的な表現になっている。1861～63年草稿の後期段階で見られた表現に近く、そこでの傾向(簡潔だが不正確な表現よりも、長いがより正確な記述的表現を選択する傾向)がここでも継続されていることがわかる。だが、マルクスはこの引用文に続く文章では「新たにつけ加えられた労働」あるいは「新たにつけ加えられる生きた労働」という表現を繰り返し用いており、再び労働タームに戻っている。労働

第7節　1863〜65年草稿における「価値生産物」概念の登場 I

タームの方が簡潔だからであろう。

　さて次にマルクスは2番目の法則、すなわち商品の価格が一定でも剰余価値率と剰余価値量とが変動する場合を検証するのだが、その中でマルクスは次のように述べている。

> 　20人は引き続き1日10時間使用されるので、〔合計で〕200時間である。彼らは引き続き80ポンドの不変資本を動かす。総生産物の価値は引き続き120ポンドで、エレ数は1200、1エレあたりの価格は2シリングである。なぜなら、生産〔諸要素の〕価格にいかなる変化もないからである。1人あたりの総生産物（価値から見た）（Gesammtproduct（Werth nach））は2ポンドで、20人で40ポンドだった。（諸結果，143頁，Ⅱ/4-1，S.41）

　ここでマルクスは、「総生産物の価値」と「総生産物（価値から見た）」という2つの表現を用いている。前者は不変資本価値を含んでいるので生産物価値のことであり、後者は可変資本と剰余価値とに分かれるのだから「価値生産物」のことである。そして、ここで用いられている「総生産物（価値から見た）」という規定、つまり「価値から見た生産物」という規定こそまさに「価値生産物」の内容規定そのものであり、マルクスはまさにここでは言葉の上でも「価値生産物」にぎりぎり近づいていることがわかる。すでにマルクスは1861〜63年草稿の後期段階において、「生産物の二重性」論に著しく接近し、まずもって「生産物」という用語を基本的に「使用価値としての生産物」に限定するようになり、したがってその価値を、不変資本価値を含むものとして（つまりは生産物価値として）使用するようになった。そうすることで、「生産物の価値」という用語を「価値生産物」の代用にするような不正確さを避けることができるようになった。そうすると今度は、「価値生産物」を表わすのに「生産物の価値」のような表現は使えないのだから、別の用語が必要になる。それゆえここでは、それを「価値から見た生産物」と（事実上）表現することで、1861〜63年草稿の後期段階よりもさらに一歩、「価値生産物」概念に近づいたのである。

2つの「総生産物」論

　「生産物の二重性」論へのこの接近をさらに印象深いものにしているのは、「総生産物と純生産物」について論じている箇所である。ここにおいてマルク

第3章

スは、基本的には重農主義に由来する「総生産物」と「純生産物」という概念をあえて用いて、資本主義的生産の法則について次のように簡単にまとめている。

> 全体として資本主義的生産の法則は、〔第1に〕可変資本と、剰余価値すなわち純生産物（Net Produce）とに対して不変資本を増大させることであり、第2に、生産物のうち可変資本を補填する部分、すなわち賃金に対して純生産物を増大させることである。ところがこの2つのことが取り違えられる。生産物全体（gesammte Product）を総生産物（Brutto Product）と呼ぶとすれば、資本主義的生産においては純生産物に対して総生産物が増大する。生産物のうち賃金＋純生産物（Net Produce）に分解しうる部分を総生産物（Brutto Product）と呼ぶとすれば、今度は総生産物に対して純生産物が増大するのである。（諸結果，282頁，Ⅱ/4-1, S.119）

ここでは、「賃金＋純生産物に分解する」という表現に見られるように、あいかわらず「スミスの第2ドグマ」が継続していることがわかるが、ここで重要なのは、「総生産物」という概念がまったく異なった2つの意味で用いられていることである。1つは、不変資本が入っている本来の「総生産物」であり、したがってその価値は「生産物価値」のことを意味するが、それは剰余価値を意味する「純生産物」に比べて増大する傾向がある（有機的構成の高度化法則）。もう1つは、「生産物のうち賃金＋純生産物に分解する部分」を表わしており、これは「価値生産物」に相当する生産物部分であり、その中では「純生産物」（剰余価値）の割合が増大する傾向にある（相対的剰余価値の法則）。

「総生産物」という言葉のこの二重性は、まさに「生産物の二重性」論へとまっすぐつながるものである。しかし他方では、第2の「総生産物」を表現する的確な用語が存在していないために、「総生産物」をまったく異なった2つの意味で使用せざるをえなくなっている。とはいえ、「2つの総生産物」概念の登場は、第2の生産物を正確に表現するテクニカルタームの必要性をマルクスにいっそう強く感じさせることになったのではないだろうか。

(2) 3巻「主要草稿」前半部の検討

次に3巻「主要草稿」の前半部を検討しよう。この前半部においてはもはや「v＋mのドグマ」を示唆するような文言は見られないが、「価値生産物」概念

第7節　1863～65年草稿における「価値生産物」概念の登場 I

の不在ゆえに、これまでと同じくこの部分を指すのにさまざまな長たらしい記述的表現が用いられており、そのため時に読者に混乱をもたらすものとなっている。すでに、本章の第2節で紹介したように、エンゲルスは、そうしたいくつかの混乱の事例を正しく修正しており、その際、適切にも「価値生産物」という用語を使用している。とはいえ、エンゲルスが常に「価値生産物」という用語を導入することで問題を解決したわけではない。

　1つの例だけ挙げると、競争による平均利潤率の形成を説いた部分、すなわち現行版『資本論』で言うと第10章「市場価格と市場価値」に当たる部分において、マルクスは、労働者が生産手段を所有している状態を想定して、それぞれ別の生産部門の労働者ⅠとⅡが商品を生産しそれをお互いに交換し合う場合を検討している。これは、資本の支配する生産と違って、利潤率が規定的契機にはならず、価値法則が基本的にそのまま妥当している状態を見るためである。その中でマルクスはまず次のように述べている。

　　労働者自身がそれぞれの生産手段を所持し、自分たちの商品を交換し合うとしよう。この場合、これらの商品は資本の生産物ではない。彼らの労働の技術的性質に応じて、さまざまな労働部門で充用される労働手段と労働原料の価値は異なっているだろう。さらに、充用される生産手段の価値の相違とは別に、一定の労働量に必要な生産手段の量も異なっているだろう。一方の労働者は、一定の商品をつくるのにたとえば1時間かかるが、他方の労働者は1日かかる、等々だからである。さらに、これらの労働者は、労働強度等の相違から生じる均等化を考慮に入れるなら平均して同じ時間だけ労働するものとしよう。そうすれば、この2人の労働者は、どちらも、自分の日労働の生産物（Product ihrer Tagesarbeit）である商品によって、まず第1に、自分たちの出費である費用価格を補填するだろう。この価格は、彼らの労働部門の技術的性質に応じて異なっているだろう。第2に、どちらも、同じ大きさの新価値を、すなわち生産手段への追加的な労働日を創造するだろう（これ〔新価値〕は彼らの賃金＋剰余価値、すなわち彼らの必要な欲求を超える剰余労働を含むが、しかしその成果は彼ら自身に属するだろう）。このことを「資本主義的」に表現すれば、どちらも、同じ賃金＋同じ利潤＝たとえば10時間労働日の生産物のうちに表現された価値を受け取る。（Ⅱ/4-2, S.251）[12]

---

(12) 現行版では、「一方の労働者は、一定の商品をつくるのにたとえば1時間かかるが、他方の労働者は1日かかる」は、「ある商品はつくるのに1時間かかるが、別の商品は1日かかる」となっている。また現行版では「費用価格」は「消費した生産手段の費用価格」という表現になっている。その他、いくつかの細かい相違がある（KⅢ, 222頁, S.185）。

第3章

　まずマルクスは、この労働者Ⅰと労働者Ⅱは異なった生産部門に属するので、それぞれが一定の使用価値を生産するのに消費する原材料や労働手段の価値はそれぞれの部門の技術的性質に応じて異なっていると述べている。その上で、マルクスは、それぞれの労働者が、「労働強度等の相違から生じる均等化を考慮に入れるなら平均して同じ時間だけ労働する」としている。つまり、「リカードのドグマ」に陥らないよう、労働強度も労働時間数も同一であると想定されている。さて、そうした想定をした上でマルクスは、この両労働者によって生産される生産物価値と「価値生産物」との関係に検討を進めていく。まずもってマルクスは「自分の1日の労働の生産物」という表現を用いている。続く文章で、この生産物の一部によって生産手段の価値を補塡するとあるのだから、ここで言う「生産物」とは、「価値生産物」のことではなく、本来の生産物のことであるのは明らかである。またマルクスはここで「新価値 (Neuwerth)」という表現を用いているが、この「新価値」は、引用文では、「生産手段への追加的な労働日」と言いかえられており（現行版では「生産手段につけ加えられた労働日」と修正）、これは明らかに「価値生産物」のことを指している。

　さて、続けてマルクスはこれと同じ対象を今度は生産された結果である生産物の観点から言いかえている。「10時間労働日の生産物のうちに表現された価値」という部分がそれである。これこそ「価値生産物」に他ならないが、「価値生産物」概念が確立していないので、非常に冗長な言い方になっている。ここでも、簡潔だが不正確な表現よりも冗長だがより正確な記述的表現を用いるという1861〜63年草稿の後期段階以降の傾向が続いていることがわかる。しかし、やはりこの記述的表現にもなお誤解の余地がある。というのも、「10時間労働日の生産物」で言う「生産物」を通常の意味の生産物、すなわち「使用価値としての生産物」と解すれば、当然その価値額には不変資本価値も含まれてしまうからである。

　さらにマルクスはこの一文に直接続けて次のように述べている。

　　しかし、第1に、彼らの商品の〔個々の〕価値は異なっているだろう。たとえば、商品Ⅰ（労働者Ⅰの商品をそう呼ぼう）には、充用された生産手段に相当する価値部分が商品Ⅱよりも多く含まれているだろう。また、同じく他の相違も持ち込むならば、商品Ⅰは、その製作のために、商品Ⅱよりも多

第7節　1863〜65年草稿における「価値生産物」概念の登場Ⅰ

くの生きた労働を吸収するだろう。このように、この商品Ⅰと商品Ⅱの価値は大いに異なっている。……ここで、投下された生産手段の総価値に対する剰余価値の割合を利潤率と呼ぶとすれば、この利潤率も〔商品〕Ⅰと〔商品〕Ⅱとでは大いに異なっているだろう。……しかし、剰余価値は〔労働者〕Ⅰにとっても〔労働者〕Ⅱにとっても同じであり、あるいはより厳密に言えば、ⅠもⅡも1労働日の生産物の価値（Werth des Products eines Arbeitstags）を受け取るのであり、彼らは等しい価値を受け取るのであって、一部は生産のあいだに消費された生活手段の価値の補填とみなすことができ、他の一部はそれを超過する剰余価値とみなすことができる。(Ⅱ/4-2, S.251-252)。

このようにマルクスは、商品Ⅰと商品Ⅱとの価値も両者の利潤率も、それらの生産過程で消費される生産手段の価値の大きさの違いによって大いに異なると言っており、「v＋mのドグマ」を明示的に排除していることがわかる。マルクスは以上のような相違にもかかわらず、労働者Ⅰと労働者Ⅱは「1労働日の生産物の価値」を受け取ると述べている。問題はこの「1労働日の生産物の価値」の意味である。マルクスが続けて、この価値が「等しい価値」だと言い、その一部が生活手段を補填し、他の一部が剰余価値をなしていると言うのだから、この「1労働日の生産物の価値」とは生産物価値ではなくて「価値生産物」のことに他ならない。だからそれは、生産に投じられた生産手段の価値の大きさに関わりなく、（労働日と労働強度が同じであるかぎり）「等しい価値」だと言えるのである。

ところがエンゲルスは、現行版『資本論』第3巻を編集した際に、「等しい価値を受け取る」の直前に、「前貸しされた『不変的』諸要素の価値を引き去れば」という補足を挿入している（KⅢ, 222頁, S.186）。エンゲルスはどうやら、直前の「1労働日の生産物の価値」を「生産物価値」のことであると解したようだ。だがマルクスは明らかにこれを「価値生産物」の意味で用いている。だがエンゲルスのこの挿入を「誤り」と言うことはできない。マルクス自身の用語の曖昧さにこそ責任がある。「1労働日の生産物の価値」という言葉は「生産物価値」と解釈することも不可能ではない表現である。実際、マルクスは一つ前の引用文では、「使用価値としての生産物」の意味で「日労働の生産物」という表現を用いていたからである。したがって、エンゲルスのこの挿入は正当性を持っている。もしこの挿入がなければ、ここで言う「1労働日の生産物」を「使用価値としての生産物」のことだと理解して、不変資本が不当

に無視されていると（すなわち「v + m のドグマ」に陥っていると）解釈されたかもしれないからである。だが、マルクスの本来の意図を汲んで修正するとしたら、ここでも「価値生産物」というテクニカルタームを導入して、たとえば「1労働日の生産物の価値」を「1労働日の価値生産物」に修正するべきだっただろう。そうすればいかなる誤解の余地もない文章になっただろう。

以上見たように、3巻「主要草稿」の前半部ではなお「価値生産物」概念が存在していないがゆえに、それを表現するのにマルクスはいろいろと苦労しており、しばしば「生産物価値」と区別できない曖昧表現を用いていることがわかる。

補論2　1863〜65年草稿の執筆順序

本書の第1章で少し言及したように、マルクスは「要綱」以降の各草稿において、労働者が資本に売るものの実体を、当初、『資本論』で用いられている「労働力（Arbeitskraft）」ではなく「労働能力（Arbeitsvermögen）」と表現していた。しかし、マルクスは、1863〜65年草稿の「直接的生産過程の諸結果」では、「労働力」という言葉も使い始めている。その後、しだいに「労働力」という用語の頻度が増えていき、1863〜65年草稿の最後の部分に当たる第3部の第6章（地代論）と第7章（諸源泉論）では完全に「労働力」の一本化されている。したがって、この1863〜65年草稿の執筆中に、「労働能力」から「労働力」への転換がなされたことは確実である。

たとえば、第1部草稿の「諸結果」以前の諸断片では、「労働能力」が85箇所登場するのに「労働力」は1箇所も登場しない。しかし、第6章「諸結果」では、「労働能力」73箇所に対して、労働力は11箇所登場する。登場割合は約13％である。では、第2部草稿はどうかというと、各章別に見ていくと、以下のようになる。

　第2部第1章……「労働能力」24箇所、「労働力」3箇所
　第2部第2章……「労働能力」5箇所、「労働力」10箇所
　第2部第3章……「労働能力」8箇所、「労働力」10箇所

「労働力」の登場割合で見ると、第1章が11％であり、第1部第6章とほぼ同じなのに対して、2章が67％であり、「労働力」の方が「労働能力」の2倍多く

補論2　1863〜65年草稿の執筆順序

登場している。第3章も同じ傾向であり、「労働力」の登場頻度は55％である。次に第3部はどうかと言うと、3章までを各章別に見ると次のようになっている。

　第3部第1章……「労働能力」11箇所、「労働力」5箇所
　第3部第2章……「労働能力」2箇所、「労働力」16箇所
　第3部第3章……「労働能力」5箇所、「労働力」14箇所

　見られるように、第3部の第1章における「労働力」の登場度合いは、第1部の第6章や第2部の第1章よりも高いとはいえ、それでも「労働能力」の半分でしかないのに対して、第2章では圧倒的に「労働力」の方が登場しており、登場割合は約89％である。第3章もほぼ同じ傾向であり、「労働力」は「労働能力」の3倍近く登場している。もし、新メガの編集者の言うように、第1部6章→第3部2章→第3部1章→第3部3章→第2部1章→第2部2章→第2部3章という順に執筆したとすれば、マルクスは、第1部6章を書いてから第3部2章に取りかかったとき、それまでは圧倒的に「労働能力」を用いていたのに、突然、圧倒的に「労働力」という言葉を多く用いるように大転換し、その後、第3部1章に取りかかったとき、今度は再び第1部6章と同じく「労働能力」を中心的に用いるように再転換し、第3部の3章になると再び「労働力」を圧倒的に多く用いるように3度変化し、さらに第2部1章を書き始める段になると、またしても「労働能力」を圧倒的に多く用いるように4度目の変化を遂げ、2章以降では再び「労働力」を多く用いるようになるという変化を遂げたということになる。これはかなり不自然ではなかろうか？　第3部1章よりも2章の方が先に書かれたという新メガ編集部の推定にはあまりはっきりとした根拠がないので（2章における頁付けの仕方の特異さが根拠）、どう考えても、第3部の2章の方が1章よりも先に書かれたとは思われない。

　また、第3部の1章と第2部の1章のどちらが先に書かれたかだが、「労働力」の出現度合いだけでなく、次のような点も考慮されるべきだろう。マルクスは、1863〜65年草稿の執筆に当たって、今度こそ『資本論』全3部を書きかげるという意欲を持って取り組んだのであり、やはり第1部を書き上げた後に順番どおり第2部に着手するのは自然であろう。当初は第1部と第2部を1つの巻で出す予定だったのだからなおさらである。中身を見ても、第2部の1章は第1部の6章の内容を直接受けており、いかにも続けて書いたという感じがあ

第3章

る。

　たしかに、第3部2章の途中には「まだ第2部は書かれていない」という文言があるので、第3部2章の執筆後に第2部の全体が書かれたと一般に想定されているのだが、「まだ第2部は書かれていない」という文言は、資本の回転が利潤率に及ぼす影響との関連で書かれており、必ずしも第2部が1ページたりとも書かれていないという意味ではなく、第2部のうち「資本の回転」に関する章（第2章）以降がまだ書かれていないという意味だと解釈することも可能だろう。

　というわけで、他の手がかりとある程度両立しうる範囲で、もう少し滑らかに「労働能力」から「労働力」への転換が生じるように草稿の執筆順番を並び替えると、次のようになるだろう。第1部6章→第2部1章→第3部1章→第3部2章→第2部2章→第3部3章→第2部3章。つまり、2部と3部の前半とは同時期にほぼ交互に書かれたということである。これは一見、奇妙に見えるかもしれないが、第2部の最初の2つの章と第3部の最初の2つの章が理論的に密接に関係していることからして（利潤率と回転との関係）、両部分が交互に書かれたと考えてもそれほど奇妙ではないだろう。第2部と第3部前半の執筆順序をこのように推定するなら、「労働力」よりも「労働能力」が圧倒的に多い状況から、「労働力」の頻度がしだいに増し、「労働力」の方がより多く使われるようになる状況へと移行していったと解釈することができる。

　ただし、この解釈にも1つ重大な問題があって、というのも、第2部3章の後に書かれたと推定されている第3部の4章（商業資本論）と5章（利子生み資本論）ではむしろ「労働能力」の方が「労働力」よりもはるかに多く登場しているからである。それは以下のような頻出度合いになっている。

　第3部第4章……「労働能力」6箇所、「労働力」1箇所
　第3部第5章……「労働能力」18箇所、「労働力」3箇所
　つまり、第4章と5章がこれまでの流れ（「労働能力」から「労働力」への移行）を切断して、以前と同じく「労働能力」を中心にしているわけである。ところが、それに続く第6章と第7章では、「労働能力」の登場回数はゼロで、すべて「労働力」と表現されている（6章では「労働力」14箇所、第7章は「労働力」32箇所）。つまり、この最後の2つの章は「労働能力」から「労働力」への移行という流れの終点として位置づけられる。4章と5章だけがこの流れの中

で不協和音を発している。他の手がかりからして、4章と5章が第2部3章以降に書かれたのはほぼ間違いないと思われるので、この点の疑問は未解決のまま残っている。

第8節　1863〜65年草稿における「価値生産物」概念の登場Ⅱ——2巻「第1草稿」と3巻「主要草稿」後半

(1) 2巻「第1草稿」における「価値生産物」概念の登場

　さていよいよ、マルクスの資本論草稿に初めて「価値生産物」という用語が登場する2巻「第1草稿」を検討しよう。この用語が登場するのは同草稿の第3章「流通と再生産」であり、ここから直接検討を開始しよう（それ以前にもいくつか興味深い記述が存在するが、紙幅の都合上割愛する）。

　この第2部第3章は、現行版『資本論』第2巻で言えば第3編の「社会的総資本の再生産と流通」にあたる部分であり、ここではじめて「価値生産物」という用語が出てくるのは、ある意味必然的と言えるだろう。なぜなら、それはまず第1に、すでに商品資本としてあるいは生産物として出来上がっているものが社会的に交換されてその価値が実現される過程を考察しており、したがって生産物という結果から見た用語（「新価値」や「新たに追加された価値」といった生産過程から見た用語ではなく）が何よりも必要になるからである。第2に、この再生産過程と価値実現の過程を科学的に分析するためには、年労働によって生産される生産物の総価値（総生産物価値）と、その総生産物のうち年労働が新たに作り出した価値を体現する部分（総価値生産物）とを理論的に明確に区別することが決定的であり、それゆえ、それぞれをずばり表現する特殊なタームの確立が不可欠だからである。第3に、単純再生産の均衡条件は周知のように、「生産手段生産部門と消費手段生産部門の総価値生産物」＝「消費手段生産部門の総生産物価値」であるが、このような均衡条件を簡潔に示すには、長たらしい記述的表現ではない簡潔な表現がどうしても必要になるからである。もしこの均衡条件を「価値生産物」も生産物価値も使わずに表現するとすれば、それはきわめて分かりづらいものになるだろう。マルクスはこれまでの草稿で

第3章

はこれらの部分をずばり指す用語が見つからずに四苦八苦していたのだが、マルクスはついにこの2巻「第1草稿」の第3章でそれを発見するのである。

再生産表式と「生産物の二重性」論

この第3章の課題は、現行版『資本論』第2巻第3編と同じく、社会的総資本がその価値をいかにして実現し単純および拡大再生産を可能とするかを、再生産表式を用いて解明することである。この課題はすでに1861～63年草稿で部分的に行なわれていたが、それがより体系的になされるようになったのは、この「第1草稿」においてであった。

マルクスは現行版『資本論』と同じくまずは単純再生産から考察する。消費手段生産部門であるA部門は、400 c + 100 v + 100 mであり、生産手段消費部門であるB部門は800 c + 200 v + 200 mである。この単純再生産において、マルクスはまず、A部門で収入として消費される部分に注目する。

> さてわれわれはまず部門Aの内部で消費される収入を考察しよう。それは何を表示しているか？ それが表示するのは、年間にAの400ポンド・スターリングの不変資本につけ加えられた新たな労働分量であり、したがってまた、一方では、商品資本のうち労働者の支払労働あるいは彼の賃金が表示されている部分、他方では、商品資本のうち彼の不払労働あるいは資本家の剰余価値が表示されている部分、つまり剰余価値である。(2巻1稿, 213頁, II/4-1, S.314)

ここでは、まだ「価値生産物」という用語は登場しておらず、「不変資本につけ加えられた新たな労働分量」というように労働タームで表現されており、この部分が賃金と剰余価値とに分かれるとされている。しかしマルクスは、以下に見るように、この文章にすぐに続けて、生産物を「素材的に見るならば」、その生産物の価値には不変資本価値が含まれていると断言し（「使用価値としての生産物」!）、それが「年間に新たにつけ加えられた労働分量の生産物」の価値とは量的に異なることを明言している。これはまさに生産物価値とは区別された「価値生産物」概念に直接結びついていく観点である。

> 素材的に見れば（stofflich betrachtet）、全生産物が年労働の生産物であり、労働によって不変資本（損耗した機械等々、原料等々）が受け取った新たな形態ではあるが、それの総価値はけっして、年間に新たにつけ加えられ

第8節　1863〜65年草稿における「価値生産物」概念の登場Ⅱ

た労働分量の生産物ではない、あるいはその労働分量が結晶したものではない。むしろ反対に、それの価値のうち消費された不変資本の価値に等しい部分は過去の労働を、つまりAの生産過程のあいだにつけ加えられなかったあるいは結晶化されなかった労働分量を表示するのである。またわれわれは以前に（第1部第2章（2および3）で）次のことを示しておいた。すなわち、各々の商品の価値は過去の労働を表示する一方の部分と、追加労働を表示する他方の部分とに分割されるのだが、またさらにどの商品もその使用価値から見れば新生産物なのだが、それにもかかわらず、総商品資本は、不変資本の価値だけを……表示する……一方の部分と、新たな追加労働だけを表示する他方の部分（……）とに分けることができるということである。したがって、商品資本Aのうち部門Aにおいて労働者と資本家とによって消尽される部分は、商品資本のうちの次の部分、すなわち、それの価値が、年間に労働者によって資本家の不変資本に新たにつけ加えられた追加的労働量の生産物である部分を表わすのである。（2巻1稿，213〜214頁，Ⅱ/4-1, S.314-315）

　ここでは、生産物を「素材的に見れば」、つまり使用価値ないし商品体の観点から見れば、それはすべて年労働の生産物であり、その年労働によって生産手段が新たな形態に変えられたものであることが言われている。どの商品も「その使用価値から見れば新生産物」なのであり、したがってその価値（つまり生産物価値）には不変資本の価値も含まれる。しかし、この部分と、新たな労働によってつけ加えられた価値を体現する部分（つまり「価値生産物」）とは根本的に異なっているのである。

　本章の第5節で見たように、1861〜63年草稿の中期段階では、「年労働の生産物」と「労働の年生産物」とが区別されて、前者は「価値生産物」のことであるとされていた。しかし、ここでは、「年の」という形容詞が「労働」につくのか「生産物」につくのかという非本質的な区分ではなく、正しくも、その生産物が「素材的に見た」生産物なのか、それとも新たに加えられた価値（ここではまだ労働タームで表現されているが）から見た生産物なのかが基準になっている。したがって、素材的に見た年労働の生産物の「総価値」にはその年労働によって新たにつけ加えられた価値部分だけでなく、過去労働が対象化されている不変資本価値も含まれる、ということがはっきりする。しかし、この新たにつけ加えられた価値部分をずばり表現する用語がまだ発見されていないので、その部分は、「年間に新たにつけ加えられた労働分量の生産物、あるいは

253

第3章

その労働分量が結晶したもの」とか、商品資本のうち「それの価値が、年間に労働者によって資本家の不変資本に新たにつけ加えられた追加的労働量の生産物である部分」という実に長たらしい記述的言い回しで表現されている。

「価値生産物」概念の登場

次にマルクスは部門Bの生産物を考察し、部門Bにおいても、部門Aと同じく、労働者と資本家の収入を表わしている部分は、「彼らの総生産物のうち、彼らによって新たに追加された価値が、すなわち商品に結晶化された新たな追加的労働分量が、商品資本の総価値に対して持つ比率によって規定されている部分に他ならない」(2巻1稿, 214頁, Ⅱ/4-1, S.315) としている。この長たらしい記述的表現に注目しよう。この表現が示しているのは要するに、総生産物の中の「価値生産物」のことである。「価値生産物」という用語があれば一言で示せるにもかかわらず、この時点ではまだそれが登場していないためにこのような長々としたわかりにくい表現になっているわけである。

さて、こうしてマルクスは、部門Aと部門Bとの収入部分について別個に考察を加えた上で総括的に次のように述べている。

> それゆえ、商品資本Aのうち収入として消費される部分と、商品資本Bのうち、まずもってBの労働者および資本家の収入が表示される部分とを加えれば、総商品資本のうち収入が表示される部分の全体は、年々生産される商品資本のうち、年間に部門Aおよび部門Bで、つまりすべての生産部門でつけ加えられた新たな生きた労働の全分量によってそれの価値が規定されている部分の全体、言いかえればこの労働の全分量が結晶化してそれの価値となっている部分の全体に等しいのである。(2巻1稿, 214～215頁, Ⅱ/4-1, S.315)

ここでも「価値生産物」を内容的に表現するのにマルクスが非常に長たらしい記述的表現、すなわち「すべての生産部面でつけ加えられた新たな生きた労働の全分量によってそれの価値が規定されている部分の全体」とか「この労働の全分量が結晶化してそれの価値となっている部分」という表現を用いていることがわかる。マルクスはこの部分を表現するのに実にさまざまな言い方で言いなおしており、このような繰り返される言いかえは、ますますもって、その部分をずばり表現するテクニカルタームの必要性をマルクスに実感させること

第8節　1863～65年草稿における「価値生産物」概念の登場 II

になっただろう。

　それゆえマルクスは、それに続く文章において、生産物を「素材的に」、すなわち使用価値的に見る観点と、「価値から」見る観点の二重の観点で考察しなおしており、まさにこの「生産物の二重性」を総括的に論じているこの文章の中で初めて、「価値生産物」という用語が「生産物価値」という用語とセットで登場しているのである。

>　したがって、Aの収入……およびBの収入……は、追加された労働の全分量、つまり年間に新たに追加された労働の全分量がそれの価値として実現されている生産物の全体を表わしている。素材的に見れば、年生産物の全体が年労働の生産物であるが、同様にそれは――以前の労働が生産手段として表示されており、また年労働は生産手段なしには年生産物を提供しえないというかぎりでは――、以前の労働の生産物でもある。だが、それの価値から見れば (seinem Werth nach betrachtet)……、年労働の**生産物価値** (Productenwerth der jähnlichen Arbeit) は、労働の年**価値生産物** (jähnlichen Werthproduct der Arbeit) とは異なっているのである。(2巻1稿，215頁，II/4-1，S.315-316)

　このように、マルクスは最初はまだ「価値生産物」に相当する部分を「年間に新たに追加された労働の全分量がそれの価値として実現されている生産物の全体」というように記述的に表現しているのだが、それに続いて、生産物を二重の観点から総括的に見ることでついに「価値生産物」概念に到達している。すなわち、「素材的に見れば」、すなわち使用価値ないし商品体の観点から見れば、年生産物の全体が年労働の生産物であり（生産手段がその形態を変えたもの）、したがってその価値（つまり生産物価値）には過去労働の産物である不変資本の価値も含まれている。しかし、「価値から見れば」、年労働の生産物は、年生産物の総価値の一部でしかない。そしてこの「価値から見た」年労働の生産物部分をずばり指す用語として、マルクスはついに「価値生産物 (Werthproduct)」という用語を登場させているのである。

　しかも、ここでは、「価値生産物」のみならず、一語でのタームである「生産物価値 (Productenwerth)」もセットで登場している。「生産物の価値」という表現はこれまでも無数になされていたが、一語での「生産物価値」という表現は――1861～63年草稿の「ロートベルトゥス」の部分で例外的に登場した以外は――これまでの諸草稿でも登場したことがなかった。「価値生産物」と

255

いう科学的用語の登場は、それと理論的に対になる「生産物価値」という用語の登場をも必然的に要請したのである。

　この2つのタームの登場によって、かつて1861〜63年草稿で「労働の年生産物」と「年労働の生産物」というように曖昧かつ不正確に区別されていたものが、今では「年労働の生産物価値」と「労働の年価値生産物」というように正確かつ簡潔に区別できるようになった。ここでのポイントはもはや「年」という形容詞がどの単語につくのかではなく（実際、1861〜63年草稿とこの「第1草稿」では、「年」のつく位置が逆になっている）、それが「生産物価値」なのか、それとも「価値生産物」なのかである。

　こうしてついにマルクスは、これまで何十という異なった言い方で表現してきたもの、そしてしばしば不正確に表現してきたものを「価値生産物」という正確できわめて簡潔なタームで表現するに至ったのである。ある一つの科学的概念を獲得するのにどれほどの長い変遷と多くの試行錯誤があったかを知ることは実に興味深い。それは単なる言葉の問題ではない。適切かつ簡潔なテクニカルタームを創出することは、その概念が意味する内容を正しく理解し、それとよく似ているが異なった他の諸概念との明確な区別を堅持することを可能とするのであり、したがってまた理論そのものを正確にし、揺ぎないものにするのである。

「価値生産物」概念の消失

　しかし、問題はこれで解決というわけではない。マルクスは必ずしも、明確な理論的自覚を持ってここで「価値生産物」と表記したのではなかった。おそらく、さまざまな言い方を試行錯誤するうちに偶然に発見された用語にすぎなかったと思われる。それゆえ、ここではじめて「価値生産物」（そしてそれとセットで「生産物価値」）が登場しているにもかかわらず、この概念はそれっきり一度もこの2巻「第1草稿」には登場しないのである（ちなみに、一語で表現された「生産物価値」も同じく姿を消す。「生産物の価値」という表現はその後も何度も登場するが、一語表現の「生産物価値」は登場しなくなる）。たとえば、先の文章に直接続く次の文章を見てみよう。

　　1年間につけ加えられた新たな生きた労働分量は600ポンド・スターリングで表示されているが、これは、Aの年生産物すなわち商品資本の価値に、

第8節　1863～65年草稿における「価値生産物」概念の登場 II

言いかえれば、年間に生産された生活手段の価値に等しい。(2巻1稿, 215頁, II/4-1, S.316)

　この記述はまさに単純再生産の均衡条件である「全生産部門の価値生産物＝消費手段生産部門の生産物価値」を表現しているのだが、ここでは「価値生産物」という用語も「生産物価値」という用語も用いることなく表現されている。それ以降も、「価値生産物」を内容的に表現するのにまたしても実にさまざまな記述的表現が用いられている。「新たに追加された労働」や「新たにつけ加えられた労働」という労働タームでの表現は何十回も登場しているし、その他にも次のような表現が用いられている。「年間に新たにつけ加えられた総労働が生産した、言いかえればこの総労働が結晶化している総価値」、「年間に新たに追加された総労働が結晶化している価値」、「既存の不変資本に社会が年間に追加した労働時間の合計」、「新たにつけ加えられた労働の生産物である部分」、「新たに追加された労働の生産物」、「新たに追加された労働の価値」、「生産そのものにおいて追加された新たな労働が形成した価値」、「新たに追加された労働が形成した価値」、「総生産物の価値の一部分をなすにすぎない新たに追加された価値」、「新たに追加された労働の総体、労働日全体が体化されている部分」、等々、等々。

　しかし、「第1草稿」のもっと先に行くと、やはり上のような長たらしい記述的表現を繰り返し用いることはあまりに不効率であるとマルクスは感じたのか、途中から「追加価値（zusächliche Werth）」や「追加労働」という簡潔な表現が多用されるようになる。しかし、これらはいずれも、生産過程の観点から表現された概念であって、「結果としての生産物の観点」から表現された概念ではないので、記述的ではない簡潔な表現であるという一点で「価値生産物」に近いとしても、科学的に正確な内容表現という点では、それ以前の記述的表現（少なくとも「結果としての生産物の観点」から記述されていた）には劣っていると言えるだろう。それゆえ結局、この簡潔的表現も維持されることはなく、その後は再びさまざまな長たらしい記述的表現に戻っている。

　このようにマルクスは、せっかく発見した「価値生産物」という概念を堅持するのではなく、再び、簡潔だがより不正確な表現を用いるか、正確だが冗長な記述的表現を用いるかという例のジレンマに陥っているのである。

(2) 3巻「主要草稿」後半部の検討

　2巻「第1草稿」の検討から明らかなように、いったん「価値生産物」（および「生産物価値」）という用語が登場したにもかかわらず、それはまだ定着ないし確立するには至っておらず、一度登場したきり、結局、2巻「第1草稿」の最後まで再登場することはなかった。そうした状況はこの3巻「主要草稿」の後半部においても継続している。そのため、「価値生産物」を表現するために、一方では、1861～63年草稿の場合と同じく簡潔だが不正確な表現が用いられ、他方では、これまでと同じく非常に長たらしい記述的表現が繰り返し用いられている。これはこれまでの継続である。しかし、この3巻「主要草稿」後半部には新たな進展も見出せる。まず第1に、「生産物価値」という概念が復活して定着を見ていること、第2に、新たに「価値生産物」と対になるもう一つの生産物概念を指示する科学的用語がはじめて登場していること、である。

　しかし、後半部といってもそれは膨大であり、しかも、今回の問題に関するかぎりでは重要なのは、「価値生産物」に相当する概念が何度も登場している最終章「収入とその諸源泉」だけなので、この最終章のみを検討しよう。

「価値生産物」概念に向けたさらなる試行錯誤

　「諸収入とその諸源泉」論は、「資本－利潤（利子）、土地－地代、労働－賃金」という俗流経済学の三位一体定式を批判することをテーマとしている。経済の表面的に現われる現象をそのまま受け入れる俗流経済学においては、資本、土地、労働はそれぞれ独立した価値源泉にされ、さらには独立した収入源泉にされ、それぞれの所有者にその所有物に応じた果実をもたらすという観念が支配的であった。こうした偽りの現象を、古典派経済学は経済の内的連関を明らかにすることによって事実上粉砕したのだが、その理論的首尾一貫性の欠如から、その課題を完全には遂行することができなかった。それを遂行したのがマルクスである。マルクスは、利潤も利子も地代も剰余価値の分配にすぎず、剰余価値の実体は労働者が必要労働以上に強制される剰余労働であり、そして、剰余価値と賃金とは、生産物価値のうち労働者が生産過程において新たに生み出した価値部分（価値生産物）という共通の元本から派生したものに他ならない。

第8節　1863～65年草稿における「価値生産物」概念の登場 II

　したがって、この「諸収入とその諸源泉」においては、この「生産物価値のうち労働者が生産過程において新たに生み出した価値部分」が重要な意味を持ってくる。この最終章において、マルクスは事実上、「価値生産物」について語りながら、「価値生産物」という用語を使わずに、非常にさまざまな言い方をしている。われわれがここで目にしているのは、「価値生産物」概念が再度生まれ出る過程、あるいはそれが再発見される過程であるといっても過言ではない。だが、結局、この3巻「主要草稿」ではこの概念そのものは登場しておらず、したがってマルクスはこの部分を表現するのに、しばしば「収入」範疇を用いている。これはすでに本章の最初の部分で述べたように、「スミスの第2ドグマ」と関わっている。

　まずマルクスは、「価値生産物」と「生産物価値」とを区別するのに、簡潔だが不正確な表現を採用している。たとえば「価値生産物」を表現するのに、マルクスは「年生産物の総価値」（II/4-2, S.840；KIII, 1054頁, S.830；II/4-2, S.855；KIII, 1068頁, S.842）という用語を用い、他方で、「生産物価値」を表現するのに今度は、「労働の年総生産物の価値」（II/4-2, S.855；KIII, 1068頁, S.842）などと表現している。「年生産物の総価値」と「年総生産物の価値」との違いは、ただ「総」という語が「価値」についているのか「生産物」についているのか、だけである。前者だと「価値生産物」を意味し、後者だと「生産物価値」を意味する。「年生産物」は、年々労働者が新たにつくり出す生産物部分を指し、その価値に「総」がつくのは、支払労働部分と不払労働部分の双方を含むからである。それに対して、「年総生産物」と言う場合には、過去労働の移転部分をも含めた、すなわち不変資本価値をも含めた生産物の全体を指し、したがってその価値は「生産物価値」を意味する。しかし、このような区別は、1861～63年草稿における「年労働の生産物」と「労働の年生産物」の場合と同じく非常にわかりにくいし、正確でもない。そしてマルクス自身、この「主要草稿」においてこの用語法で一貫させているわけでもない。その前後や途中において、マルクスは、たとえば「価値生産物」の部分を表現するのに、「労働者によって創造された価値」、「年労働の価値」、「年々生産される価値」というように、簡潔だが、生産過程の観点から記述した表現を用いており、さらに別のところでは今度は、「物質化された社会的労働以外の何ものでもない年生産物の総価値」とか「賃金、利潤、地代という諸形態をとる生産物

第3章

の総価値」「年生産物のうち労働者が1年間に創造する価値部分の全体」というように、より正確だがきわめて冗長な表現をしている。

しかしマルクスは、このようなさまざまな表現をする中で、2巻「第1草稿」でただ一度だけ出てきた「生産物価値」という概念を復活させている。しかし、その使用法はいささか微妙である。

> 明らかに、1年間につくり出された生産物価値（jährlich geschaffnen Productenwerth）のうちには、不変資本の価値は再生産されていないことは明らかである。なぜなら、賃金は生産において消費された（前貸しされた）可変資本部分の価値に等しいだけであり、地代と利潤はただ剰余価値に、すなわち不変資本の価値＋可変資本の価値に等しい前貸資本の総価値を超えて生産された価値超過分に等しいだけだからである。（Ⅱ/4-2, S.855-856；KⅢ, 1068～1069頁, S.842）

すでに2巻「第1草稿」で登場していた「生産物価値」は、『資本論』と同じくそれ自身のうちに不変資本部分をも含んでいる生産物全体の価値を意味する用語として登場していた。ところがここでは、その価値のうちには「不変資本の価値は再生産されていない」とされているのだから、この「1年間につくり出された生産物価値」とは明らかに「価値生産物」のことである。「1年間につくり出された」という修飾がそのような意味の限定をもたらしていることは間違いない。すなわち、眼前に存在する商品の「生産物価値」全体のうち、「1年間につくり出される」部分は何かと言えば、それは「価値生産物」の部分、すなわち「v＋m」の部分だけである。しかし、「1年間につくり出された生産物価値」という表現はわかりづらく、誤解の余地が大きい。初版『資本論』以降のマルクスならこの部分を明らかに「1年間につくり出された価値生産物」と表現したことであろう（この「生産物価値」についてはすぐ後で再論する）。

収入範疇への後退

続く一連の文章においても、マルクスはこれまでと同様、「価値生産物」という用語を用いることなしにその部分を表現するためにかなり苦労しているが、マルクスは、このような長たらしい記述的表現では不便だと感じたのか、今度は、1861～63年草稿でも時おり見られたように、収入範疇に再び頼っている。たとえばマルクスは次のように述べている。

第8節　1863〜65年草稿における「価値生産物」概念の登場Ⅱ

　　無用な困難に巻き込まれなくなければ、総収益（Rohertrag）と純収益（Nettoertrag, Reinertrag）とを、総収入（Roheinkommen）と純収入（Reineinkommen）とを区別しなければならない。
　　総収益＝総生産物は、再生産された生産物の全体である。固定資本のうちの充用されたが消費されなかった部分を除けば、総収益ないし総生産物の価値（Werth des Rohertrags oder des Rohproducts）とは、前貸しされて生産に費やされた不変資本と可変資本の価値＋利潤と地代に分解する剰余価値、に等しい。……
　　総収入は、総生産物のうち前貸しされて生産に費やされた不変資本を補填する価値部分およびそれによって測られる生産物部分を総生産物から引き去って残った価値部分であり、それによって測られる、総生産物（Rphproducts）ないし総収益中の一部分である。したがって総収入は、賃金（生産物のうち可変資本を補填する部分であり、したがって再び労働者の収入にする使命を持った部分）＋利潤＋地代に等しい。これに対して、純収入は剰余価値（したがって剰余生産物）である。……（Ⅱ/4-2, S.861；KⅢ, 1075〜1076頁, S.848）

　ここでは、「収益」は総生産物の価値（すなわち「生産物価値」）を意味し、「純収益」についての規定はここでは登場していないが、文脈的に言って「価値生産物」のことを指していると思われる。また、「総収入」はまぎれもなく「価値生産物」を意味しており、「純収入」は剰余価値を意味している。ここで、「総収入」の定義として出されている「総生産物のうち前貸しされて生産に費やされた不変資本を補填する価値部分およびそれによって測られる生産物部分を総生産物から引き去って残った価値部分」とはまさに「価値生産物」のことであり、事実上その定義ともなっている。したがって、「総収益」＝生産物価値、「純収益」＝「総収入」＝価値生産物、「純収入」＝剰余価値、という等式が成り立つだろう。このように、マルクスはここで、「生産物価値」と「価値生産物」とを理論的かつ対比的に区別しようと努力しているのだが、「価値生産物」概念が存在しないために、再び不正確な収入範疇で代替的に表現しているのである。
　たしかに、生産物価値のうち｜v＋m｜部分を収入範疇で捉えるならば、これまでのように「年」や「総」をどこにつけるかという区別による紛らわしい諸用語よりも、「v＋m」部分のみをずばり表現することができるだろう。すでに述べたように、このような傾向は1861〜63年草稿にも見られた。しかし、

第3章

それは明らかに不正確であり、「スミスの第2ドグマ」に直接陥るものでもある。生産物価値のうち「v＋m」に相当する価値部分を総括的に表現する科学的概念が独自に必要なのであって、古典派から借りてきた収入範疇で代替するのは、問題を別の意味で混乱させることを意味する。

「生産物価値」概念の復活

　マルクスはそれ以降も、「価値生産物」部分を指す用語として実にさまざまな表現を用いているが、これ以上はもはや詳細に紹介する必要はないであろう。そこで、先ほど触れた「生産物価値」概念の復活について改めて論じておこう。すでに述べたように2巻「第1草稿」で最初に登場して以降、同草稿では「価値生産物」と同じく姿を消していたのだが、この3巻「主要草稿」では、先に引用した箇所で復活している[13]。だが、すでに述べたように、そこでの用法は不正確であった。とはいえ、「価値生産物」が引き続き姿を消したままであるのに対して、「生産物価値」の方は復活したという事実は重要である。そして実際、その数頁先では、正しく、不変資本価値と「価値生産物」の両方を含んだ概念の意味で登場している。

　　　かりに500という資本の**生産物価値**（Productwerth）が400 c ＋ 100 v ＋ 150 m で、この150 m がさらに、利潤75 ＋ 地代75 に分かれるとしよう。（Ⅱ/4-2, S.872；KⅢ, 1093頁, S.861）

　ここでの「生産物価値」（ここでは通常の表記である「Productenwerth」ではなく「Productwerth」が用いられている）は、「400 c ＋ 100 v ＋ 150 m」であるとされているのだから、その本来の意味で登場していることがわかる。このように、一語での「生産物価値」という概念の復活は、「生産物価値のうち労働者が生産過程で新たに生み出した価値部分を体現する部分」をも一語で表現した科学的概念を復活させることへとマルクスを促す重要な契機の一つになったと思われる。しかし、この時点ではこの復活はまだ部分的であり、他のすべての箇所では単に「生産物の価値」と表記されている。この語が本当の意味で確立されるのは、「価値生産物」の場合と同じくやはり初版『資本論』においてである。

---

[13] 実を言うと、この3巻「主要草稿」後半部では、この箇所以前にも「地代論」の中ですでに「生産物価値」が一度だけ登場している（Ⅱ/4-2, S.805；KⅢ, 899頁, S.711）。

第8節　1863〜65年草稿における「価値生産物」概念の登場Ⅱ

(3)「商品生産物」概念の登場

　以上見たように、この3巻「主要草稿」の後半部では、一方では2巻「第1草稿」の3章で初めて登場した「価値生産物」概念が消えたとはいえ、他方では「生産物価値」概念の方は少しだけだが復活している。さらに、この3巻「主要草稿」の後半では、「価値生産物」概念の確立にとって重要な意味を持つもう一つ別の生産物概念が新たに登場している。そこで次にそれについて具体的に見てみよう。

「商品生産物」概念の理論的意義

　これまで、私は「生産物価値」という概念こそが「価値生産物」の対になる理論的概念であると述べてきた。しかし、これはあくまでも「価値」に即した概念であって、「生産物」そのものに即した概念ではない。「生産物」そのものに即するならば、すでに本章の第2節で少し述べたように、「価値生産物」すなわち「価値としての生産物」に対応するのは、「使用価値ないし商品体としての生産物」であり、こちらについても、「価値生産物」のように一語で表現することが必要になるのではないだろうか？　まさにそのとおりである。そしてそれこそが、この後半部で初めて登場する「商品生産物（Warenprodukt）」という新たな概念なのである。これこそまさに、「価値としての生産物」を一語で表現した「価値生産物（Wertprodukt）」に対応する、「使用価値ないし商品体としての生産物」を一語で表現したテクニカルタームなのである。

　これまで、この「使用価値ないし商品体としての生産物」は単に「生産物」と表現されていた。なぜなら、通常、「生産物」と言えば、素材的に見た生産物のこと、つまり全体としての「使用価値としての生産物」、あるいは商品生産を前提とすれば「商品体としての生産物」のことを指すのは自明のことだったからである。織工が生産する生産物は織物という使用価値体ないし商品体であって、その価値には、織工がつけ加えた価値だけでなく、その原材料や磨耗した機械分の価値も入っている。したがって、それを単に「生産物」と表現し、その価値全体を「生産物価値」と表現してよかったのである。

　しかし、生産物それ自体に「労働の二重性」と同じく概念的に区別されるべき2つの意味があって、それぞれその範囲や内実を鋭く異にするとすれば、

263

第3章

「価値としての生産物」と区別されるところの「使用価値ないし商品体としての生産物」を特殊に表現する用語も必要になるはずである。それこそまさに「商品生産物」という概念に他ならない。マルクスはおそらく、草稿を叙述する中で半ば無意識的にそのような考慮に導かれて、「商品生産物」という概念にたどり着いたのであろう。

　だが、なぜ「商品生産物」なのだろうか？　「価値生産物」という表現にならうならば、「使用価値生産物」という表現でもいいはずである。だが、それだと、あたかも価値の側面を捨象した単なる使用価値としての生産物であるかのように誤解される。ここで問題になっている「使用価値としての生産物」とは、価値を捨象した単なる有用物としての生産物という意味ではなく、一個の使用価値体、一個の現物形態としての生産物のことであり、価値が捨象されているどころか、そこには、労働者が最終段階でつけ加えた価値のみならず生産手段の価値（原材料の価値と労働手段中の磨耗分の価値）も含まれているのである。したがって、それは価値と使用価値との統一体としての生産物のことである。だが、価値と使用価値との統一体とは端的に商品のことなのであるから、このような意味での「全体としての生産物」はしたがって、「商品生産物」という一語で表現するのが最も適切で簡潔なのである。

　とはいえ、この用語それ自体は、「価値生産物」の場合と違って、その概念が成立していないからといって重要な理論的混乱をつくり出すわけではない。普通に「生産物」ないし「商品」として表記してもとくに誤解の余地はないからである。あるいはまた、資本としての性格を強調するためなら、「商品資本」と表現してもいいだろう。それゆえ、この用語の重要性は「価値生産物」の場合よりもはるかに低い。しかし、まず第1に、「生産物の二重性」に照応したそれぞれの特殊な用語が確立されることで、「生産物の二重性」論を理論的により明確にすることができる。ちょうど、「具体的有用労働」という概念がそれ自体としては大して重要ではなくても、「抽象的人間労働」と対になって、「労働の二重性」論を理論的に確立するのに必要不可欠だったのと同じである。第2に、後で見るように、「商品生産物」は単なる「商品」や単なる「生産物」という用語では表現できないある特殊なニュアンスも帯びているのであり、その意味でもこの用語は一定の独自の意義を有していると言える。

　しかし、これまでこの概念は何らかの注目を浴びたことは一度もなかった。

第8節　1863〜65年草稿における「価値生産物」概念の登場Ⅱ

「価値生産物」という概念は一定の注目を浴びていたし、「ターム」としての地位を一定有していたが、「商品生産物」はそのネーミングのあまりの平凡さゆえに、何らかの特殊な概念ないし科学的用語だとは見られてこなかった。それゆえ『資本論』のどの版の事項索引でも取り上げられたことはなかったし、新メガの『資本論』準備草稿の各巻でも、最後に出された第4巻第3分冊を除いて、事項索引で取り上げられたことはない（その意味で、第4巻第3分冊の編者が「商品生産物」を事項索引で取り上げたことは、すぐれた見識である）。それを独自の概念として検討した論文も、私の知るかぎりでは存在しない。しかし、この一見平凡な用語が、マルクスの剰余価値論形成史において、「価値生産物」概念と結びついて、「生産物の二重性」論を確立する上できわめて重要な役割を果たしているのである。

現行版『資本論』における登場箇所の検証Ⅰ——前半部

　そこで、今しばらくこの概念に着目して、その実際の使用例を検証してみよう。ここでは直接3巻「主要草稿」に即してやるのではなく、現行版『資本論』第3巻に即して見てみることにする。というのも、以下に見るように、エンゲルスが『資本論』編集の過程で重要な変更を加えているからであり、その変更こそがこの概念の独自の意味を照らし出しているからである。
　まず、現行版『資本論』第3巻で「商品生産物」というタームは、後半部ではなく、すでに前半部で登場している。それが最初に登場するのは、第1編「剰余価値の利潤への転化」の第6章「価格変動の影響」においてである。

>　労働の生産力が発展するにつれて、原料の価値は商品生産物（Warenprodukt）の価値のますます増大していく成分をなすのであるが、それは原料の価値が全部その中に入るからだけではなく、総生産物の各可除部分の中で機械の摩滅分の占める割合と新たにつけ加えられた労働の占める割合とが両方とも絶えず減少していくからである。（KⅢ, 137頁, S.118-119）

　見られるように、「商品生産物」の中には原材料の価値や機械の価値の磨耗分も含まれており、全体としての生産物を意味しているのは明らかである。しかし、ここに登場する「商品生産物」は実は、3巻「主要草稿」では単に「商品」と表記されている（Ⅱ/4-2, S.168）。つまりエンゲルスはこの箇所を、マルクスがもっと後で獲得する用語である「商品生産物」に書き換えたわけであ

第3章

る。この事実は、エンゲルスがマルクスのこの用語の独自の意義をそれなりに理解していたことを示している。そして、ここでのこの修正は妥当であるように思われる。「商品」と「商品生産物」とは同じものを指しているから、「商品」と記述しても理論的に間違いではない。しかし「商品」はあまりにも一般的すぎる概念なのであり、また市場という場面での取引を強く想起させる用語であるが、ここで問題になっているのはあくまでも、生産の結果として出現したばかりの「生産物」の価値成分であるから、「商品生産物」と表記する方がここでの文脈においてはより適切なのである。

次に現行版『資本論』第3巻で「商品生産物」が登場するのは、第2編「利潤の平均利潤への転化」の第11章「賃金と生産価格」である。

> 要するに……賃金の一般的低下の結果は、……平均よりも低い構成の資本の商品生産物では生産価格が下がり、平均よりも高い構成の資本の商品生産物では生産価格が上がるのである。(KⅢ, 255頁, S.213)

この2箇所も、3巻「主要草稿」では単に「商品」と記述されている（Ⅱ/4-2, S.277）。ここでもエンゲルスは単なる「商品」をわざわざ「商品生産物」という用語に書き換えたわけである。この修正は妥当だろうか？　ここでは市場での価格変動が問題になっているので、とくに「商品生産物」と修正する必要性はなかったようにも思えるが、ここでは「資本の」という修飾句がついているので、草稿での「資本の商品」という表現にはやはり少し違和感がある。「資本の生産する商品」とするか、「資本の生産物」とするなら違和感はないだろう。したがって、エンゲルスがここで、「商品」という意味も「生産物」という意味も両方持てる「商品生産物」という表現に変えたことは、やはり妥当であったと思われる。

現行版『資本論』第3巻で次に「商品生産物」が登場するのは、第3編「利潤率の傾向的低下の法則」の第13章「この法則そのもの」である。

> 資本主義的生産では、個々の商品または任意の一期間の商品生産物をそれだけ孤立させて単なる商品として考察しないで、前貸資本の生産物として、この商品を生産する総資本に対する関係の中で考察することが重要なのである。(KⅢ, 287頁, S.238-239)

この部分に登場する「商品生産物」も3巻「主要草稿」では「Warenprodukt」ではなく、「Waarenmasse（商品量or大量商品）」となっている（Ⅱ/4-2, S.318）。

第8節　1863〜65年草稿における「価値生産物」概念の登場 II

　ここでの修正は妥当だろうか？　引用文の後段で商品を単なる商品として考察するのではなく前貸資本の生産物として考察することが重要であると書かれていることからして、「商品生産物」という表現に変えることは、やはりここでも適切であったと思われる。また、後で見るように、マルクスは、「商品生産物」という用語を自ら使い始めたときに、それを資本によって生産される個々の（einzeln）商品とは区別して、資本が生産過程でつくり出す多くの諸商品を全体として指すものとして用いている。この意味を表わすのに、マルクスはこの「主要草稿」も含めて以前からさまざまな文献で「Warenmasse」という用語を用いていたのだが、ここでは「Warenmasse」よりも「Warenprodukt」の方がわかりやすいであろう。「Warenmasse」と「Warenprodukt」との関係について独自に検討する余地はあるだろうが、ここでは割愛する。マルクスは「Warenprodukt」を使うようになってからも引き続き「Warenmasse」も用いている。どちらも基本的に同じ対象を指しうるが、「Warenmasse」は個々の諸商品の集合というニュアンスが強く、「Warenprodukt」は全体としての諸商品というニュアンスが強いと思われる。したがって、ここでエンゲルスが、引用文で最初に出てくる「個々の商品」の「商品」を「商品生産物」に変えずに、その後の「一期間の Waarenmasse」だけを「商品生産物」に変えたのは的確であったと思われる。

　マルクスがここで言っているように、個々の商品を単なる商品としてではなく、前貸資本の生産物として、したがってこの商品を生産する総資本に対する関係の中で考察することが必要だとすれば、そのような「前貸資本によって生産された生産物としての商品」という性格を、単なる「商品」や単なる「生産物」という用語より的確に表現している「商品生産物」という用語は、それ自体として独自の意義を持っていることになる。

　現行版『資本論』第3巻で次に「商品生産物」が登場するのは同じ第3編の第15章「この法則の内的な諸矛盾の展開」である。

> 労働の生産力を高くし、商品生産物の量を増やし、市場を拡大し、資本の蓄積を量から見ても価値から見ても促進し、利潤率を低下させた事情……が相対的過剰人口を生み出した……。（KⅢ，321頁，S.266）

　ここに登場する「商品生産物」は3巻「主要草稿」では「生産物（商品）」になっている（Ⅱ/4-2, S.330）。ここでの修正の妥当性は説明するまでもないだ

ろう。マルクスは「商品生産物」という用語をこの時点ではまだ獲得していなかったので、「資本によって生産された生産物としての商品」を表現するのに、「生産物（商品）」という表記法を採用したのであり、マルクス自身がこの部分を後に書きなおす機会があったとすれば、間違いなく「商品生産物」という表現にしただろう。

現行版『資本論』における登場箇所の検証Ⅱ——後半部

　以上で、現行版『資本論』第3巻の前半部分に登場する「商品生産物」は終わりである。すべての登場箇所で、3巻「主要草稿」では別の単語が用いられていたことがわかった。明らかにマルクスは、3巻「主要草稿」の前半部を執筆している段階では、まだ「商品生産物」という概念を獲得していなかったのである。この概念は2巻「第1草稿」にも登場しない。しかし、マルクス自身、社会的総資本の絡み合いという2巻3章の複雑な課題を研究し解明する中で、「使用価値ないし商品体としての生産物」、より限定的には「資本によって生産された総生産物としての商品」を一言で表現する必要性をしだいに感じるようになっていったのだろう。とりわけ、3巻「主要草稿」の最終章である「諸収入とその諸源泉」においては、事実上、2巻3章における議論が別の観点から再考察されており、この必要性が改めて強く意識されたはずである。こうして、この最後の章（現行版では最後の「編」）において、ついに「商品生産物」という用語が草稿に登場するに至るのである。

　現行版『資本論』第3巻の後半部で最初に「商品生産物」が登場するのは、第7編「諸収入とその諸源泉」の第49章「生産過程の分析のために」である。

　　　だから、年商品生産物の価値（Wert des jährlichen Warenprodukts）は、一個の個別的投資の商品生産物の価値とまったく同様に、また各個の商品の価値と同様に、2つの価値成分に分解されるのである。すなわち一方の成分Aは前貸不変資本の価値を補填し、他方の成分Bは収入の形態を取って、賃金、利潤、地代として現われる。（KⅢ, 1074頁, S.846）

　ここに登場する「商品生産物」は、3巻「主要草稿」においても「商品生産物（Waarenproduct）」と表記されている（Ⅱ/4-2, S.860）。3巻「主要草稿」で「商品生産物」概念が登場するのは実はここが最初である。ここではこの用語は、前貸不変資本価値部分と「価値生産物」の両方を包括する生産物概念とし

第8節　1863〜65年草稿における「価値生産物」概念の登場Ⅱ

て登場しており、また「各個の商品」と区別される概念としても登場している。つまりそれは二重の意味で「資本によって生産された総生産物」を表現する用語だと言うことができる。すなわち、第1に、不変資本価値と「価値生産物」の両方を含むものとして（「価値生産物」に対置される概念）、第2に「個々の商品」ではなく一期間内に総資本ないし個々の資本によって生産された商品総体を意味するものとして（「個々の商品」に対置される概念）、である。

　この、「個々の商品」に対置される概念としての「商品生産物」概念の特徴をよく示しているのが、50章「競争の外観」に登場する次の箇所である。

　　（われわれがここで言っているのは、個々の商品ではなく、商品資本のことであって、……個々の商品はその商品資本の一要素をなしているだけである。個々の商品は、資本の商品生産物の一部として同じ諸成分に分かれるのである）。（Ⅱ／4-2, S.871-872；KⅢ, 1091頁, S.860）

　この引用文では「個々の商品」と「商品生産物」とが明確に区別され、前者が後者の一部だとされている。

　「価値生産物」という概念の方は、すでに見たように、2巻「第1草稿」で先に登場していたにもかかわらず、それはすぐに消え去って、この3巻「主要草稿」の後半部では再びさまざまな記述的表現が用いられたのだが、その一方で、「価値生産物」と不変資本の両方を包括する生産物概念である「商品生産物」が登場している。そして、この概念はすぐに消えずに、この「諸収入とその諸源泉」の中でその後も繰り返し用いられている[14]。理論的発展というのはけっして単線的に進むのではないということが、ここでもよくわかる。

　以上見たように、3巻「主要草稿」の後半部においては、「価値生産物」概念に対置される「生産物価値」という用語が復活しているのと並んで、同じ「価値生産物」概念に対置される「商品生産物」概念も新たに登場している。「生産物価値」も「商品生産物」も同じ対象に関係している用語である。すなわち、「価値生産物」と生産手段価値を含む商品全体を指示している。それを価値から見れば「生産物価値」という表現になるし、生産物という観点から見れば、「商品生産物」になるわけである。

---

[14] 以下の諸頁に「商品生産物」が登場する（新メガの頁数のみ列挙。括弧内は登場回数）。Ⅱ／4-2, S.860(3), 861(1), 871-872(3), 885(1), 887(1), 888(1), 889(1). これらはいずれも現行版『資本論』3巻でも採用されている。

第3章

　こうして、「価値生産物」概念が今度こそ本当の意味で確立されるための理論的・用語的準備はすべて整ったと言えるだろう。そしてそれはまさに初版『資本論』でなされるのである。

第9節　初版『資本論』とそれ以降における「価値生産物」概念の確立

　以上見たように、マルクスは、「v＋mのドグマ」を完全に克服するまでに、そしてまた「価値生産物」という科学的概念を獲得するまでに、非常に長きにわたる理論的試行錯誤を積み重ねてきたことがわかる。生産物価値のうち新たな労働によってつけ加えられた価値を体現する部分を表現するのに、誤解の余地のない一語の科学的言葉を確立することは、マルクスのこれまでの理論的軌跡からして必然的だった。この点はこれまでの詳細な検討から明らかだろう。たった一つの科学的用語を発見し確立するのに、これほどの長い苦闘が必要だったのである。だがこの苦闘はついに、初版『資本論』およびそれ以降の諸草稿における「価値生産物」概念の確立と定着という形で結実することになる。

(1)　初版『資本論』の検討

　すでに本章の第2節で見たように、現行版『資本論』第1巻には「価値生産物」概念が繰り返し登場して、マルクスの剰余価値論においてきわめて重要な役割を演じている。そして、このような「価値生産物」概念の確立はまさにこの初版『資本論』においてなされたのである。第2部「第1草稿」で一度だけ登場した「価値生産物」という用語は、この初版『資本論』において繰り返し使用されており、それ以前と初版『資本論』以降とを分かつ一つの理論的メルクマールとなっている。

初版『資本論』と現行版『資本論』との相違Ⅰ――2版における変更点
　初版『資本論』と現行版『資本論』とは冒頭の商品章をはじめとしてかなり大きく異なっているが、「価値生産物」に関わる叙述にはほとんど変更はない。したがって、本章の第2節で現行版『資本論』の叙述にもとづいて述べたこと

第9節　初版『資本論』とそれ以降における「価値生産物」概念の確立

はすべて、初版『資本論』にもあてはまる。しかし、それでも若干の重要な相違点ないし変更点があるので、その点をまずは確認しておこう。

最初に大きな変更点になっているのは、現行版『資本論』で言えば第7章2節「生産物の比例配分的諸部分での生産物価値の表示」のところに登場する「価値生産物」である。そこでは、20ポンドの糸の内的価値構成を使用価値の比例的諸部分として説明する議論がされている。まずは現行版の記述から見ていこう。

> こうして毎日の紡績過程の全**価値生産物**が内在している4ポンドの糸のうち、半分はただ消費された労働力の補填部分だけを表わし、つまり3シリングの可変資本だけを表わし、残りの2ポンドの糸はただ3シリングの剰余価値だけを表わしている。(KⅠ, 289頁, S.236)

この部分は初版『資本論』では次のような記述になっている。

> 最後にこの4ポンドの糸のうち、半分は6時間の必要労働だけを、他の半分——最後の2ポンドの糸——は剰余労働だけを表わしている。総生産物のこの最後の部分だけが剰余生産物を形成しているわけである。(初版, 237頁, S.189)

全体としてかなり表現の仕方が異なっているが(たとえば、現行版は価値タームだが、初版では労働タームで表現されている)、一番重要なのは、初版では「価値生産物」ではなく「総生産物」という不正確な表現がされていることである。これは初版『資本論』以前の用語法と共通している。すでに「価値生産物」という用語が確立していたとはいえ、本格的にこの用語が用いられるのはこの初版が初めてであり、したがって不正確な表現が残されることになったのだろう。現行版のような記述になったのは、第2版からであり、第2版においてマルクスはこの部分を「価値生産物」という言葉を用いてより厳密に書き直したのである(2版, 247頁, S.212)。

次に大きな変更点は、それにすぐ続く段落に見られる。初版『資本論』では、マルクスはこれまでの議論を振り返って、次のように総括している。

> ここでまたもや、労働過程と価値増殖過程との区別が現われている。すでに知られているように、1労働日の生産物の価値、すなわち生産物価値は、1日の**価値生産物**よりも大きいということが繰り返されている。(初版, 238頁, S.189-190)

第3章

　このように初版では、第7章の最初の登場場面と同じく、「価値生産物」が「生産物価値」との対比のもとに登場している。そして、1861～63年草稿などではしばしば「価値生産物」の意味で使用されていた表現である「1労働日の生産物の価値」が、ここでは明確に「生産物価値」のことであると規定され、それが「1日の価値生産物」より大きいことが明言されている。しかし、マルクスは同じことを繰り返しても意味がないと考えたのか、第2版では全体として次のように書きかえ、それが現行版でも受け継がれている。

　　われわれが前に見たように、糸の価値は、糸の生産中に生み出された新価値と、すでに糸の生産手段のうちに前から存在していた価値との合計に等しい。(2版，247頁，S.213；KⅠ．289頁，S.236)

　このようにマルクスはここでは、「価値生産物」ではなく、「新価値」という概念を使っている。しかし2版では文脈そのものが変わっており、生産の結果からではなく、生産過程から見た概念が必要だったのであろう。

初版『資本論』と現行版『資本論』との相違Ⅱ
——フランス語版による変更点（1）

　以上は、初版から2版になるときに生じた相違だが、現行版『資本論』との相違の中には、2版では変わらなかったにもかかわらず、フランス語版『資本論』で修正され、それがエンゲルスによってドイツ語版『資本論』に取り入れられたことで生じたものもある。そして、この修正にはしばしば重大な問題がはらまれている。というのも、フランス語版『資本論』はしばしばドイツ語版にあった科学的に厳密な概念をより日常的な用語に置き換えるか削除しており、そのせいで記述そのものがしばしば不正確になっているのだが[15]、その典型例が実はこの「価値生産物」概念の書き換えに見られるからである[16]。

　フランス語版『資本論』はドイツ語版の「価値生産物」という概念をほとん

---

[15] 日本でも欧米でもフランス語版『資本論』が最高の理論的到達点とみなされがちであるが、一方ではたしかに叙述がより改善され、理論的により発展した部分があると同時に、ドイツ語版にあった科学的概念がしばしば平板化され、日常用語に置き換えられているという側面もあることを忘れてはならない。その典型が「価値生産物」概念をめぐる変更である。マルクス自身がフランス語版の序文で言っているように、フランス語版はあくまでもドイツ語版とは「別の科学的価値」を持つのであって、けっしてドイツ語版に優る科学的価値を持つわけではないのだ。

第9節 初版『資本論』とそれ以降における「価値生産物」概念の確立

ど「生産された価値 (valeur produite)」(よりターム的に表現すれば「生産価値」)や単に「価値」などの言葉に書きかえている。「価値生産物」に最も近い表現と思われる「produit en valeur」と訳されている箇所は数箇所だけで、他は単なる「価値」か「生産価値」であり、時には「生産物の価値」と不正確に表現されている場合さえある(その一例は本文で後述される)。たとえば、ドイツ語版『資本論』において最初に「価値生産物」という表現が出てくる箇所は、フランス語版では次のようになっている。

> 生産そのものの経過中に生み出された真に新しい価値 (valeur) は、得られた生産物の価値とは違っている。……(仏版上, 205頁, Ⅱ/7, S.175)

このように「価値生産物」という表現は姿を消し、単に「価値」と表現されている。「価値生産物」に相当するフランス語で訳されているのは、現行版で言うと次の箇所である。

> そして、この資本の総**価値生産物**、すなわち前貸可変資本の等価+剰余価値はけっして毎日400ターレルないし24×100労働時間という額に達することはない。(KⅠ, 402頁, S.323)

この箇所ではじめて、次のようにフランス語版でも「価値生産物」に相当する用語が登場している。

> その総**価値生産物**(produit en valeur totale)は、1日平均400エキュの額あるいは24×100労働時間にけっして達することがない。(仏版上, 316頁, Ⅱ/7, S.259)

ここではじめて、フランス語訳で「価値生産物」に相当するフランス語表現が登場したわけだが[17]、それで今後は首尾一貫させるかと思いきや、そうではない。次にこの9章と10章では2回「価値生産物」が登場するが、どちらも

---

(16) 『資本論』第1巻の「価値生産物」という概念に着目してそれがフランス語版でどのように訳されているのかについて部分的に論じた先行研究としては以下のものがある。福留久大「SNA統計とマルクス──付加価値と価値生産物」, 九州大学『経済学研究』第54巻4・5号, 1987年。しかし、「価値生産物」概念獲得の過程についても、またその書きかえの理論的意味についても論じられていない。また福留氏はこの「価値生産物」を「付加価値」と同一視しているが、後者はあくまでも生産の過程から見た概念であって、生産の結果から見た概念である「価値生産物」概念とは理論的位相が異なる。また、フランス語版『資本論』と現行版『資本論』との相違を詳細に研究した林直道氏の以下の労作も、「価値生産物」をめぐる変更についてはとくに論じてはいない。林直道『フランス語版資本論の研究』大月書店, 1975年。

第3章

フランス語版では単に「価値」と訳されている。それ以降も、「価値生産物」と訳されているのは稀であり[18]、基本的に「生産された価値」「価値」と訳されるか、あるいは叙述そのものが大きく変わって表現そのものが消え去っている。フランス人にはこの概念が難しすぎると思われたからなのか、あるいはドイツ語と違って名詞と名詞とを合体させて新語を作ることが言語上難しいと思われたからなのか（その点では日本語は漢字と平仮名の混合なので、2つの漢字の直接結合によってドイツ語と同じように新語を作りやすい）、別の用語に置き換えられてしまっているのである[19]。そして、そうした書き換え部分を含む段落がドイツ語版に取り入れられた場合、初版および2版には見られた「価値生産物」が姿を消すことになる。

その最初の事例は、現行版『資本論』で言えば、第20章の「賃金の国民的相違」に登場する「価値生産物」である。まずは初版からその該当箇所を引用しよう。マルクスは国によって労働生産性や労働強度などが違うので、たとえ名目賃金が高くても相対的な賃金は低い場合があると議論する中で次のように述べている。

> だから、たとえ相対的賃金、すなわち労働者が生み出す剰余価値または彼の**全価値生産物**ないし食料品価格と比べた賃金がより低いものであっても、労働の絶対的価格は一方の国のもとでは他方の国のもとでよりも高い場合がありうる。（初版, 639頁, S.549）

このようにここでは、マルクスは、名目賃金を剰余価値、価値生産物、食料品価格という3つのものと比べることで、相対的賃金を規定している。この記述は第2版でも変わっていない（2版, 658〜659頁, S.585）。しかし現行版『資

---

(17) ちなみに、この部分の既訳では「totale」が「valeur」だけを修飾するものと誤解されて、「その生産物は総価値で」と訳されているが、これでは「生産物価値」の意味になってしまう。「totale」は、「価値生産物」を意味する「produit en valeur」全体を修飾しているのである。

(18) ドイツ語の現行版の「価値生産物」がフランス語版でも「価値生産物」に相当する用語で訳されているのは、他に3箇所あるだけである。

(19) このような傾向は英語版にも見られる。「価値生産物」の直訳である「value-product」と訳されているのは数箇所のみで、ほとんどが「生産された価値（value produced）」「創造された価値（value created）」あるいは単に「価値」と訳されており、またフランス語版と同じく時には「生産物の価値（the value of the product）」と不正確に訳されている場合もいくつか存在する。

第9節　初版『資本論』とそれ以降における「価値生産物」概念の確立

本論』の当該箇所を見ると、全体に大幅な修正が加えられた上で次のようになっている。

　……日賃金や週賃金などは第1の国民〔資本主義の発達した国〕のもとでは第2の国民〔資本主義の発達が遅れた国〕のもとでよりも高いが、相対的な労働の価格、すなわち剰余価値または生産物の価値と比べての労働の価格が、第2の国民のもとでの方が第1の国民のもとでよりも高いのである。(KⅠ, 729頁, S.584)

　見られるように、現行版では「相対的賃金」という用語が消えて「相対的な労働の価格」という表現になっているだけでなく、肝心の「価値生産物」という用語も消え去って、代わりに「生産物の価値」という不正確な言葉が登場している[20]。しかし、「労働の価格」を漠然と「生産物の価値」と比較するのは奇妙ではないだろうか？　初版（および2版）のように「食料品の価格」と比較するのならわかるが、「生産物の価値」（それが「生産物価値」を意味するかぎり）と比較しても賃金の相対的水準はまったくわからない。なぜなら、不変資本価値の大きさが大きければ大きいほど、明らかに賃金は生産物価値と比較して小さくなるが、だからといって労働者の取り分が小さくなったとは言えないからである。比較するのなら、「生産物価値」とではなく、剰余価値か「価値生産物」とだろう。明らかにここの記述は不正確である。

　実を言うとこの記述は、フランス語版『資本論』で修正された記述を取り入れた部分なのである（仏版下, 210頁, Ⅱ/7, S.484）。おそらく、本来は「produit en valeur（価値生産物）」と訳すべきところだったのを、フランス語版の元の訳者がこの概念の独自の意味に気づかず、誤って「valeur du produit（生産物価値）」と訳してしまい、マルクスがその誤りに気づかなかったのではなかろうか。いずれにせよ、この誤りがそのままエンゲルスにも気づかれることなく（おそらくそれ以降の誰によっても気づかれることなく）、現行版『資本論』まで受け継がれる羽目になってしまった。

　フランス語版『資本論』には、ドイツ語版における「価値生産物」を「生産物の価値」と不正確に訳してしまっている箇所が他にもある。たとえば、本章

---

(20) 林直道氏は『フランス語版資本論』の中でまさにこの箇所を引用しているが、「価値生産物」が「生産物の価値」という不正確な表現に変更されていることについては何も指摘していない（前掲林『フランス語版資本論の研究』, 172～173頁）。

第3章

の第2節で引用した、労賃編のところに登場する以下の箇所をもう一度見てみよう。

> 労働の価値というのは、ただ労働力の価値の不合理な表現でしかないのだから、当然のこととして、労働の価値はつねに労働の**価値生産物**よりも小さくなければならない、ということになる。なぜなら、資本家は常に労働力をそれ自身の価値の再生産に必要であるよりも長く機能させるからである。(KⅠ, 699頁, S.561)

この箇所は、フランス語版では以下のようになっている。

> 労働の価値は、労働力の価値の不合理な表現でしかないのだから、明らかにつねに労働の生産物の価値 (celle de son produit) よりも小さくなければならない。なぜなら、資本家は常にこの労働力の使用を、この労働力の等価の再生産に必要な時間を超えて延長するからである。(仏版下, 184頁, Ⅱ/7, S.465)。

ここも明らかに不正確な訳である。「労働の価値」が「生産物の価値」より小さいのは当然である。たとえ資本家が「この労働力の使用を、この労働力の等価の再生産に必要な時間を超えて延長」しなくても、つまり剰余価値がゼロであっても、それでもやはりそれは「生産物の価値」よりも小さいのであり、それは「労働の価値」という表現がもつ不合理さと何の関係もない。だが、幸いなことに、この部分はドイツ語の現行版に取り入れられなかった。

さらに、この箇所のすぐ後にも、本来「価値生産物」と表記するべきところが「生産物の価値」というように誤って叙述されている箇所がある。ただしそれは、もともとドイツ語版にない記述であり、また現行版『資本論』にも取り入れられていない。

> <u>ところが、このことは、資本主義社会の地平線上では目に見えるものではない。まったく反対に、そこでは、6労働時間、半労働日で生産される3フランの価値が、12時間労働、1労働日全体の価値として現れる。だから労働者は、1日に3フランの賃金を受け取ることによって、自分の労働にもとづく全価値を受け取ったかのように見えるのであって、これがまさに、その賃金価値に対するその生産物の価値 (valuer de son produit) の超過分が、労働によってではなく資本によって創出された3フランの剰余価値という形態をとる理由なのである。</u>(仏版下, 184頁, Ⅱ/7, S.465)

第9節　初版『資本論』とそれ以降における「価値生産物」概念の確立

　引用文のうち下線を引いた部分がフランス語版での追加部分である。この追加部分の中に「その生産物の価値（valuer de son produit）」という表現が見られる。ここも、もちろん「生産物価値」という意味ではなく、「労働者によって生産された価値」のことであろう。「価値生産物」と「生産物価値」との混同をしないようにすることは、『資本論』学習者にとってはかなり基本的な事柄に属するはずなのだが、ここではマルクス自身がつけ加えた文章でこのような「混同」的記述がなされているのである。

初版『資本論』と現行版『資本論』との相違Ⅲ
　──フランス語版による変更点（2）

　同じくフランス語版『資本論』の記述を取り入れたことで大きく変更されているのは、「蓄積論」に登場する「価値生産物」の登場箇所である。実を言うと、現行版『資本論』第1巻で「価値生産物」が登場するのは第6編の「労賃」が最後であり、第7編の「蓄積論」には1ヵ所も「価値生産物」が登場していない。しかし、実際には、初版『資本論』では、次のように「蓄積論」にも「価値生産物」は登場していたのである。それは、イギリスとインドとを比較した部分であり、「$v+m$のドグマ」克服にとって非常に重要な文脈においてである。たとえ労働者が（長さと強度が同じであるかぎり）同じだけの「価値生産物」を生産するとしても、労働生産性の相違によって単位時間当たりに新生産物に移転する不変資本価値が大きく異なるので、総生産物価値が異なるという例の論点（リカードの「100万人の労働」命題に対する批判）について、実はマルクスはこの『資本論』においても、1861～63年草稿と同じく、イギリス人労働者とインド人労働者との対比を通じて具体的に説明しているのである。

　　たとえば、1人のイギリス人紡績工と1人のインド人紡績工とを比較しよう。事柄を単純にするために、イギリス人の労働日とインド人の労働日とが外延的にも内包的にも等しいとする。イギリス人紡績工は、1日に数百倍も多量の綿花や紡績用具等を糸にする。したがって彼はまた、数百倍も大きな資本価値を彼の生産物のうちに保存する。彼の日労働の**価値生産物**、すなわちこの日労働によって生産手段に新たにつけ加えられた価値そのものがインド人の日労働の**価値生産物**と等しいとしても、それでもなおイギリス人の日労働は、より大きな生産物量をもたらすだけでなく、無限に大きな生産物価

277

第3章

値である旧価値……をももたらすのである。(初版, 686〜687頁, S.592)

このように初版『資本論』では、蓄積論においても「価値生産物」概念が登場しており、イギリス人とインド人とは、その労働日の外延と内包（つまり、長さと強度）が等しい場合にはその「日労働の価値生産物」の大きさは等しいが（「リカードのドグマ」批判）、しかし、イギリス人の場合はインド人の場合よりもはるかに多くの不変資本価値を新生産物に保存するので、生産された生産物の物量が多いだけでなく、その「生産物価値」も「無限に大きい」としている（「v＋mのドグマ」批判）。すでに述べたように、このような議論は1861〜63年草稿にも繰り返し登場するのだが、そこでは「価値生産物」という用語も「生産物価値」という用語も用いられることなく論じられていた。しかし、この初版『資本論』ではマルクスは、この重要な比較を、「価値生産物」という概念と「生産物価値」という概念とを対比的に用いることでより厳密に、より科学的に行なっているのである。そしてマルクスはこのことを論じた後に、注の中でリカードの例の「100万人の労働」命題を直接に引用し、それを二重の観点から、すなわち「リカードのドグマ」批判の観点と「v＋mのドグマ」批判の観点から総括的に批判している（この注の記述は、初版でも2版でも現行版でも基本的にそのまま踏襲されている。引用文は本書の152〜153頁）。

この一連の箇所（本文と注）は、マルクスによる「リカードのドグマ」批判と「v＋mのドグマ」批判とを「生産物価値」と「価値生産物」というタームを用いて総括的に行なっている箇所であり、この問題におけるマルクスの理論的到達点を最も鮮やかな形で示している部分なのである。しかし、現行版『資本論』ではこの部分は次のようになっている。

> たとえば1人のイギリス人紡績工と1人の中国人紡績工とが同じ時間、同じ強度で労働するとすれば、両者は1週間に等しい価値を生み出すだろう。この価値は等しいにもかかわらず、強力な自動装置によって労働するイギリス人の週生産物の価値と、紡ぎ車しか持っていない中国人の週生産物の価値とのあいだには、非常に大きな差がある。中国人が1ポンドの綿花を紡ぐのと同じ時間で、イギリス人は何百ポンドもの綿花を紡ぐ。中国人の旧価値よりも数百倍も大きい額の旧価値がイギリス人の生産物の価値を膨らませる。(KⅠ, 790頁, S.632-633)

第9節　初版『資本論』とそれ以降における「価値生産物」概念の確立

「インド人」が「中国人」になっているというだけでなく、ドイツ語版では「価値生産物」と表記されていたところが単に「価値」と表記され、「生産物価値」という一語での表現であったものが「生産物の価値」という表現になっている。これらの叙述の変化も実は、フランス語版『資本論』での記述を取り入れた結果なのである（仏版下，263頁，Ⅱ/7, S.527）。記述内容そのものが不正確になったわけではないが、「価値生産物」が単なる「価値」に書き換えられることで、科学的厳密さが薄められ、両ドグマ克服における「価値生産物」概念の意義が読者にはまったく伝わらなくなってしまっている。

以上、フランス語版『資本論』では「価値生産物」というタームが忌避され、そのほとんどが別のより平板な（時に不正確な）表現に置き換えられており、その一部が現行版にも採用されていることで、現行版『資本論』の記述そのものも不正確になったり、平板になっていることが明らかになった。これは、フランス語版『資本論』を無闇に持ち上げる昨今の風潮に対する重要な警告とみなされるべきである[21]。

(2) 初版『資本論』における諸限界

初版『資本論』における「商品生産物」の不在

しかしながら、この初版『資本論』にはまだいくつかの限界が見られる。まず第1に、同書には「商品生産物」概念がいっさい登場していないことであ

---

[21] ここでついでに、フランス語版における表現上の問題のもう一つの事例をあげておこう。前著1（『資本と剰余価値の理論』）の第2章注14で、私は、現行版『資本論』第1巻第22章「剰余価値の資本への転化」の第4節冒頭部分に「剰余価値率はまず第一に労働力の搾取度に依存する」（KⅠ, 781頁，S.625）という一文に問題があることを指摘した（前著1，206頁）。というのも、「剰余価値率」と「労働力の搾取度」とは同じことの言いかえにすぎないからであり、この一文は、「剰余価値率は剰余価値率に依存する」という同義反復になってしまうからである。明らかに、「剰余価値量はまず第一に労働力の搾取度に依存する」でなければならない。なぜこのような奇妙な記述になっているかと言うと、それは実はフランス語版『資本論』の不正確な叙述を取り入れた結果なのである。初版（2版も同じ）では、この部分は、全体としてかなり違った文章なのだが、当該部分に相当する文章は「労働の搾取度が剰余価値の生産（Production des Mehrwerths）においてどのような役割を演じているかが想起される」（初版，679頁，S.585）となっていた。この部分がフランス語版『資本論』では、現行版と同じく「剰余価値率（le taux de la plus-value）はまず第一に労働力の搾取度に依存する」（仏版下，255頁，Ⅱ/7, S.521）に変更され、それがそのまま現行版『資本論』に取り入れられたのである。

第3章

る。それはなぜだろうか？

　推測するに、『資本論』1巻における主要テーマは、資本主義的生産過程の結果としての社会的総生産物の流通における絡み合いを、価値の観点からも「使用価値としての生産物」の観点からも考察することではなくて、基本的に商品およびその種々の価値成分の質的実体とその量とを正確に規定し、それらの相互関係を解明することであった。そのような課題からすれば、「商品生産物」という特殊な生産物概念よりも、単に「生産物価値」という概念で十分だった。初版『資本論』には「生産物価値」という用語が大量に登場しており、それが「価値生産物」や剰余価値と対比されている。初版『資本論』において「生産物価値」という概念が確立されたからこそ、かえって「商品生産物」という特殊な生産物概念を使用する必要性が後景に退いたのかもしれない。

　しかし、やはり主要テーマが、社会的総資本の絡み合いを、価値の観点からも生産物の観点からも考察する第2巻第3編のテーマに戻ったときには、「商品生産物」という概念は、「生産物価値」という概念とは別に必要になる。そして後述するように、この「商品生産物」という概念は、初版『資本論』の後に執筆された第2巻の第2草稿以降に頻出することになる。このように、科学的概念の確立は常に一定の紆余曲折を伴うのである。

「生産物の二重性」論の明示性の欠如

　第2に、初版『資本論』に至っても、「生産物の二重性」論は、「労働の二重性」論ほど明示的に提示されていないことである。マルクスは、初版『資本論』において、その冒頭の「商品」論のところで「労働の二重性」については大いにその決定的な意義と理論的独自性とを強調しながら、「生産物の二重性」についてはそれ自体として言及することはなかった。『資本論』第1巻で最初に「価値生産物」が登場する場面では、本章の第2節ですでに述べたように、定義づけもなしにいきなり「価値生産物」という用語が登場している。その使用頻度とその使用方法の一貫性からして、それが独自のタームとして用いられていることは明らかであるが、「抽象的人間労働」と「具体的有用労働」、「絶対的剰余価値」と「相対的剰余価値」などの種々の対概念と違って、タームとしての説明や定義づけなしに用いられている。「労働の二重性」論が価値論お

第9節 初版『資本論』とそれ以降における「価値生産物」概念の確立

よび剰余価値論において批判的跳躍点となったように、マルクスが事実上確立していた「生産物の二重性」論も、古典派全体に共有されていた（そしてマルクス自身もかなり長い間共有していた）「v＋mのドグマ」を決定的に克服する批判的跳躍点だったはずなのに、である。

こうした弱点は初版『資本論』の理論的叙述そのものにも悪影響を及ぼしている。冒頭の「商品」章において、生産力の増大による商品の価値低下を論じたところで（「広義のv＋mのドグマ」が生じやすい2つのパターンの1つ!）、明らかに生産手段の価値が計算に入らなければならないのに、これが完全に無視されて論じられていることである。マルクスは、生産力が上昇すれば商品一個あたりの価値が下がることを説明するのに、次のような具体例を出している。

> たとえば、イギリスで蒸気織機が発明されてからは、一定量の糸を織物にするためにはおそらく以前の半分の労働で足りたであろう。イギリスの手織工はこの転化に実際にはあいかわらず同じ労働時間を必要としたのであるが、彼の個別的労働時間の生産物は、今ではもはや半分の社会的労働時間を表わすにすぎなくなり、したがってそれ以前の価値の半分に低落したのである。（初版，22頁，S.5）

さて、この文章は、労働価値説に立つかぎり、一見何の問題もない記述のように見える。実際、この記述に異議を唱えた事例を私は知らない。しかし、本章をここまで読み進めた読者であれば、私がここで言おうとしていることがただちにわかるはずである。問題は、「彼の個別的労働時間の生産物」という記述にある「生産物」の意味である。通常、この「生産物」は、「使用価値としての生産物」を、したがってまた商品生産物としての織物を指していると考えられるだろう。もしそうだとすると、この生産物の価値には当然、生産手段の価値（紡がれる糸の価値と紡ぐための道具の価値）が含まれるから、蒸気織機の発明によって糸を織物にする直接的な労働時間が半減したとしても、織物の価値（生産物価値）そのものが半分になることはない。

たとえば、織物1枚あたりの糸の価値が10、それに労働がつけ加える価値（新価値）が10だとしよう（計算を簡単にするために労働手段の価値を捨象する）。すると、蒸気織機が発明される以前の織物の生産物価値は20である。次に蒸気織機が発明されて、生産性が2倍になったときの織物の価値を計算しよう。同じく計算を簡単にするために、蒸気織機の価値を捨象する。糸の価値が以前

と同じだとすると、それは10である。さて、蒸気織機の発明によって、今では同じ時間に2倍の織物が生産されるので、1枚の織物に労働者がつけ加える価値は以前の半分の5である。すると、この織物の1枚の生産物価値は今では15である。生産物価値は半分に低落するのではなく、4分の3に低落するだけである。

「彼の個別的労働時間の生産物」で言うところの「生産物」を「価値生産物」だとみなせば、ここでのマルクスの記述はまったく正しい。しかし、単独で登場する「生産物」は普通は「使用価値としての生産物」のことなので、そこには必然的に生産手段価値が入り、したがって、生産性が2倍になっても、生産物価値はけっして半分にはならないのである。

以上の記述は『資本論』第1巻に残された最後の「広義のv＋mのドグマ」的な外観であり、この誤った記述は、2版以降の各版でもフランス語版でも変更されていない[22]。

(3) 初版『資本論』以降の諸文献の検討

最後に、初版『資本論』出版後における、この問題でのマルクスの理論的発展について簡単に確認しておこう。すでに『資本論』第2版とフランス語版『資本論』に関する修正点については検討したので、それ以外のものをここでの検討対象とする。

初版『資本論』以降の草稿の検討

「価値生産物」という用語は、初版『資本論』の出版後も消えることはなく、その後に執筆された第2巻の諸草稿（第2〜第8草稿）および第3巻の1章と3章の諸草稿においても（とりわけ「v＋mのドグマ」を批判する中で）繰り返し用いられており、その位置づけは下がるどころか、むしろますます高まっている[23]。ここでは、これらの各種草稿における「v＋mのドグマ」批判の全貌や「価値生産物」の登場箇所の全体を見渡すことはとうていできないので、いくつかの代表的事例だけ確認しておこう。

---

(22) 現行版では、ＫⅠ，53頁，S.53. フランス語版では、仏版上，8頁，Ⅱ/7，S.23.

第9節　初版『資本論』とそれ以降における「価値生産物」概念の確立

　たとえば、マルクスは第2部の第2草稿において、単純再生産を前提にした場合に、消費手段生産部門であるⅠ部門と生産手段生産部門であるⅡ部門とのあいだの生産物価値の補填関係について詳細に検討したうえで（第2草稿では、Ⅰ部門はまだ消費手段生産部門として規定されており、生産手段生産部門はⅡ部門である）、総括的に次のように述べている。

　　　つまり、1年間に生産される消費手段の総価値（Gesammtwerth）は、1年間の**価値生産物**に、すなわち社会的労働によって1年間に生産される価値の全体に等しいのである。
　　　社会的総労働日は2つの部分に、すなわち、V 300ないし300ポンドの価値をつくり出す必要労働と、300ポンドの追加価値ないし剰余価値をつくり出す剰余労働とに分かれる。これらの価値の合計＝600ポンドは、1年間に生産される消費手段の価値600ポンドに等しい。
　　　だから1年間に生産される消費手段の総価値（Totalwerth）は、社会的総労働日が1年間に生産する総価値に等しく、社会的可変資本＋社会的剰余価値に等しく、年**価値生産物**の全体に等しいのである。（Ⅱ/11, S.386）

　この引用文から明らかなように、マルクスは、単純再生産における均衡条件を「価値生産物」という用語を用いて正確かつ簡潔に定式化している（すなわち、1年間に生産される消費手段の総価値が両部門で生産される価値生産物の総額に等しい）。
　ところで、この部分は、現行版『資本論』第2巻でエンゲルスによって細かい修正を加えられた上で収録されているのだが（その修正の多くは純粋に技術的なもの）、不思議なことに、上の引用文で2番目に登場する「価値生産物」が「新生産物（Neuprodukt）」と修正されている。だが、「新生産物」という曖昧

（23）初版『資本論』出版以後の各種草稿は新メガ第2部の第4巻第3分冊と第11巻にそれぞれ収められているが、以下の諸頁に「価値生産物」が登場する（新メガの頁数のみ列挙。括弧内は登場回数）。Ⅱ/4-3：S.11(1), 20(2), 21(1), 29(1), 73(1), 105(1), 204(3), 205(7), 211(1), 233(1), 276(2), 335(1), 373(1), 374(3), 393(1)；Ⅱ/11：S.18(1), 31(1), 59(1), 118(1), 289(1), 291(1), 301(1), 303(1), 304(2), 320(1), 348(1), 349(1), 355(1), 356(1), 364(1), 366(1), 372(1), 375(1), 376(3), 377(1), 381(1), 385(1), 386(2), 389(1), 390(1), 392(2), 393(1), 394(1), 395(3), 403(2), 404(4), 406(5), 409(1), 410(2), 411(3), 424(1), 484(1), 485(2), 486(1), 505(4), 527(1), 712(1), 714(2), 715(4), 716(1), 720(1), 727(1), 736(1), 739(1), 740(1), 779(1), 780(1), 788(2)。新メガ第2部第11巻の事項索引は上の該当頁のうち6割程度しか捕捉していないが、第4巻第3分冊の事項索引はすべての登場箇所を網羅している。

283

第3章

な表現ではなく、ここは草稿通り「価値生産物」のままにするべきだったろう。

さてマルクスは、この少し後で次のように述べているが、そこでは「価値生産物」と「生産物価値」という用語を用いつつ、「生産物の二重性」論についても論じている。

> だからこのことは、なぜ社会的総労働日の**価値生産物**が可変資本価値＋剰余価値に分解することができるのかという謎、この労働日の3分の2が可変資本の生産物にも剰余価値の生産物にも支出されず、1年間に消費された不変資本を補填するための生産手段の生産に支出されているというのに、という謎を解くものである。この謎は、Ⅰの生産物価値（Produktenwerth）の3分の2、すなわちⅡの資本家と労働者が彼らによって生産される可変資本価値＋剰余価値を実現する部分（あるいは、社会的生産物価値の全体を見るならば、その9分の2に当たる）が、価値から見れば、この年以前になされた労働の3分の2の生産物だということから簡単に解ける。
> 社会的生産物の総計、Ⅰ＋Ⅱ、消費手段と生産手段との総計は、その使用価値から、具体的な、その現物形態から見れば、この年の労働の生産物なのだが、それはこの労働そのものが有用な具体的労働とみなされて、労働力の支出としては、価値形成労働としてはみなされないかぎりでのことである。（Ⅱ/11, S.389；KⅡ, 526～527頁, S.425）

このように、マルクスははっきりと、生産物を価値から見た場合と使用価値から見た場合とに分けて、不変資本価値を含む社会的生産物の総計がその年の労働の生産物とみなされるのは、その生産物が「使用価値としての生産物」とみなされた場合、すなわちその労働が具体的有用労働とみなされた場合にかぎるのであり、「価値から見れば」、その年の労働が新たに生産したものは「価値生産物」部分だけに限定されるのだと述べている。これは明確な「生産物の二重性論」である。

以上のような立場はもちろん、本章の第1節で見たように、最後の『資本論』草稿である第2巻第8草稿でも受け継がれており、さらには「スミスの第2ドグマ」も明確に批判されている。したがって、この第8草稿こそ、この問題におけるマルクスの（生前における）最終的な理論的到達点であるとみなすことができるだろう。

さらに、これらの草稿では、「価値生産物」だけでなく、初版『資本論』で

第 9 節　初版『資本論』とそれ以降における「価値生産物」概念の確立

は見られなかった「商品生産物」も繰り返し大量に用いられており、この概念もはっきりと定着していることがわかる[25]。こうして、初版『資本論』以降の各種草稿において、「価値生産物」も「商品生産物」もともに明確に確立されるに至るのである[26]。

エンゲルスによるその他の修正

　ちなみに、第2巻における「価値生産物」に関わるエンゲルスの修正はおおむね、草稿では「価値生産物」と表記されていなかった部分を正しく「価値生産物」に修正するものなのだが、時には逆に、草稿では「価値生産物」と表記されていたのに、より不正確な言葉に修正している例が他にもいくつか見られる。たとえば、以下の諸事例。

　草稿:「5週間の**価値生産物**」（Ⅱ/11, S.291）→『資本論』:「5週間の生産物」（KⅡ, 369頁, S.303）

　草稿:「新たな**価値生産物**」（Ⅱ/11, S.720）→『資本論』:「新たな生産物の価値」（KⅡ, 474頁, S.387）

　いずれも草稿の表記の方が正しい。おそらく、エンゲルスが印刷用原稿に書き写した際に生じたケアレスミスであろう。また、ごくたまにだが、エンゲルスが「価値生産物」と修正している箇所で、実際にはその修正が間違ってい

---

(25) 新メガ第2部の第11巻と第4巻第3分冊には以下の諸頁に「商品生産物」が登場する（新メガの頁数のみ列挙。括弧内は登場回数）。Ⅱ/4-3, S.32(1), 35(4), 36(1), 37(1), 40(1), 170(3), 173(2), 180(1), 185(8), 187(1), 189(1), 192(1), 202(1), 207(3), 208(2), 213(1), 219(1), 245(1), 259(1), 260(2), 267(1), 286(2), 287(2), 293(1), 296(1), 303(2), 304(1), 308(1), 309(1), 311(1), 313(1), 314(1), 315(1), 324(1), 337(1), 340(3), 343(1), 354(1), 363(2); Ⅱ/11, S. 7(1), 37(2), 39(1), 42(1), 47(1), 53(1), 340(1), 348(1), 350(1), 352(1), 355(3), 358(1), 362(1), 365(2), 368(3), 370(1), 371(3), 372(1), 374(1), 377(1), 378(1), 379(11), 380(4), 381(1), 382(2), 396(1), 407(1), 408(3), 527(1), 553(3), 562(1), 572(1), 575(1), 585(1), 590(1), 600(1), 601(1), 602(3), 604(2), 605(1), 606(1), 607(1), 608(1), 626(2), 630(1), 632(1), 636(1), 645(1), 677(1), 678(1), 680(1), 681(2), 704(1), 705(1), 707(1), 708(1), 709(2) 711(2), 712(1), 713(1), 720(1), 722(1), 723(1), 727(2), 728(2), 731(1), 733(3), 734(8), 735(1), 747(3), 750(4), 754(2), 763(1), 768(1), 773(1), 775(1), 778(1), 782(2), 783(1), 789(1), 790(1), 791(3). メガ第4巻第3分冊の事項索引は登場箇所のすべてを網羅しているが、1箇所だけ頁数がずれている（324が325になっている）。第11巻の事項索引にはそもそも「商品生産物」が入っていない。
(26) ちなみに「商品生産物」という用語は、初版『資本論』出版後のマルクスからエンゲルスへの手紙にも見い出せる（全集32, 60頁, MEW32, S.71）。

285

第3章

場合もある。たとえば以下の箇所。

　草稿：「**剰余生産物**のうち収入として消費される部分の流通」（Ⅱ/11, S.606）
→『資本論』：「**価値生産物**のうち収入として消費される部分の流通」（KⅡ, 87頁, S.75）

　ここは、剰余価値のうち資本家の個人的消費分として資本循環から離脱する部分のことを言っているので、「剰余生産物」が正しい。

　さらに、本来は「価値生産物」に修正するべき部分が修正されないままに残っている箇所も1つだけある。たとえば、「剰余価値は、生産物の総価値から、賃金の等価である価値部分を引いたものに等しい」（KⅡ, 462頁, S.375；Ⅱ/11, S.715）における「生産物の総価値」は、「総価値生産物」に修正されるべきだったろう。ただしマルクスはこう書いた直後に今度はちゃんと「価値生産物」という用語を用いて、正しく言いかえている。「つまり、商品の生産中につくり出された**価値生産物**のうち、その**価値生産物**に含まれている彼の賃金の等価に等しい価値部分を越える超過分に等しいのである」（現行版では「その価値生産物に」が「それに」に修正されている）。このようにマルクス自身がすぐに正しく言いかえているので、エンゲルスもそのまま残したのかもしれない。

ヨハン・モスト『**資本と労働**』改訂版の検討

　これらの各種草稿は基本的に、第2巻および第3巻に関するものである。では、第1巻の範囲ではマルクスの記述にどのような変化があったのだろうか？すでにフランス語版『資本論』について簡単に見たように、この面ではフランス語版『資本論』には理論的発展と言えるものはまったく見られなかった。むしろ、「価値生産物」という科学的用語を回避することで記述がより不明瞭に、時にはまったく不正確になっていたし、初版『資本論』の「商品」章にあった不正確な記述もそのままだった。

　しかし、この第1巻の範囲に関するものとしては、マルクスが、『資本論』第1巻の初心者向けダイジェスト版として1874年に出版されたヨハン・モスト『資本と労働』を大幅に修正した上で1876年に出版した『資本と労働』改訂第2版が存在する。最後にこれを見ておこう。

　まず、マルクスは、『資本と労働』の初版にあった「4ターレルが2労働日を表わすとすれば」という文章を、わざわざ「価値生産物」という用語を入れた

第9節　初版『資本論』とそれ以降における「価値生産物」概念の確立

上で、「4ターレルが2つの12時間労働日に生産される**価値生産物**を表わすとすれば」という文章に修正している（ヨハン・モスト原著／カール・マルクス改訂『資本論入門』岩波書店，1986年，25頁）。ここでも、「価値生産物」という概念の重要性が示唆されていると言ってよいだろう。文脈からして、ここで「価値生産物」という用語をあえて入れなくてはならないようには見えないが、この用語を初心者向けの入門書にも入れておくべき科学的概念であるとみなしたのだと思われる。

次に、初版からフランス語版、現行版にまで一貫して修正されることなく存在し続けた、冒頭「商品」章における例の不正確な具体例についてはどうだろうか？　驚くべきことに、マルクスはここで『資本論』での記述を大きく変えており、「広義のv＋mのドグマ」的外観を周到に回避するような叙述になっている（マルクスが新たに書き下ろした部分）。

> たとえば手織工は、一定量の織物を織り上げるのに、機織工よりも多くの労働を必要とする。にもかかわらず機織がいったん普及してしまえば、手織り工がより高い価値を生み出すことはけっしてない。むしろこの場合、手織において、同じ商品量を機織によって生産するときに必要な労働以上に費やされた労働の全部が無用な力の支出になるのであり、したがってまた価値を形成しないのである。（前掲モスト『資本論入門』，9頁）

このようにここでは、生産性の上昇に直接関わるのが労働者の生み出す価値であって、それによって生産される商品の価値の全体ではないことが明確になっている。このまったく新たに書き改めた文章では、具体的な数値例そのものを出すのを避けることによって、生産手段価値の無視という問題が回避されている。これはけっして偶然ではないと思われる。具体的な数値例を出すと、「広義のv＋mのドグマ」に陥るのを避けるには、生産手段の価値の問題に具体的に取り組まなければならなくなり、それは後の不変資本の議論を先取りにしてしまうことになるからである。したがって、この抽象的な価値論の段階では、具体的な数値例を出さずに、ここでマルクスが書いているように、古いやり方の労働が新しい機械を用いた労働よりも多くの価値を作り出すことはない、といった程度の説明にとどめておくほうが無難なのである。

こうして、晩年の1876年に出版された『資本と労働』改訂第2版において、初版『資本論』（1867年）にも、第2版『資本論』にも（1872年）にも、フラン

ス語版『資本論』第1分冊（1872年）にも残っていた最後の「広義のv＋mのドグマ」的外観もついに克服されるに至るのである。

　以上、初期マルクスから始まって、初版『資本論』を経て、さらにその後の諸文献においてどのように「v＋mのドグマ」がしだいに克服され、その過程でいかに「価値生産物」概念が定着していったかを確認した。この科学的概念の理論的定着こそが、広義のものを含む「v＋mのドグマ」克服の決定的な結節点であったことが明らかになったと思う。

あとがき

　私がマルクスの剰余価値論の構成に疑問を持ったのは、今から30年ほど前の学生時代のときである。その後、大学院に進学して、修士論文の中でこの問題を簡単に扱った。修士論文のテーマは『資本論』におけるマルクスの方法論に関するもので、『資本論』における「普遍と特殊の弁証法」および「普遍、特殊、個別の弁証法」を『資本論』の具体的な叙述に即して明らかにすることを課題としていた。その中で私は、マルクスが、特別剰余価値を相対的剰余価値の一種のようにみなしていて、剰余価値の生産を絶対的剰余価値の生産と相対的剰余価値の生産の2つに分けていることに異論を唱え、特別剰余価値を絶対的剰余価値（普遍−個別）と相対的剰余価値（個別−普遍）とを媒介する中間的なカテゴリー（特殊）として独立させる必要を説いた。しかし、この段階ではまだ純粋に方法論的な批判にすぎなかった。

　しかし、その後、私はこの問題意識をそれ以上発展させることなく、まったく別の研究テーマに没頭し、剰余価値論の研究から10年以上遠ざかることになった。剰余価値論の研究に戻ったのは2004年頃からであり、マルクス剰余価値論の再構成を目的とした最初の著作『資本と剰余価値の理論――マルクス剰余価値論の再構成』を出版したのが2008年だった（作品社）。そこにおいてはじめて、方法論的な批判を超えて、マルクス剰余価値論の実体的内容を具体的に批判し、それに対するオルタナティブを明示した。それからちょうど10年。その間に、その続編となる『価値と剰余価値の理論』（作品社、2009年）で複雑労働をめぐるマルクスの議論を批判し、『家事労働とマルクス剰余価値論』（桜井書店、2014年）で家事労働と「労働力の価値分割」に関するマルクスの議論を批判した。本書はついにこのシリーズの4冊目となる。本書は、マルクス剰余価値論の再構成をめざす4部作の最後を飾るものであり、マルクス剰余価値論の理論形成史を批判的に扱っている。これによって、30年前に持つことになった理論的宿題をおおむね果たすことができた。

　マルクス剰余価値論の再構成に取り組むうちに私は、剰余価値論のみならず、マルクスの『資本論』全般にわたってその発展的再構築に取り組む必要性を痛感するようになった。しかし、『資本論』第1巻の剰余価値論に取り組む

だけで10年以上かかり、4冊もの著作になったのだから、このようなテンポと密度で『資本論』全体の再構成に取り組んだなら、研究者としての生涯がいくつあっても足りないだろうし、何十冊もの研究書を書かなくてはならなくなるだろう。それゆえ、今後は、もう少し密度を落としつつ、『資本論』全体の再構成に取り組むつもりである。その最初の試みが、『資本論』の1巻全体の再構成をめざした『マルクス経済学・再入門』（同成社、2014年）である。現在、この続編に取り組んでおり、『資本論』2巻と3巻の内容を対象にその理論的再構成に取り組んでいる。すでに9割がた終わっているので、来年にはその成果を出すことができるだろう（それを出版してくれる出版社があるとすればの話だが）。

　『資本論』という著作があまりにも偉大だったために、その後のマルクス経済学者のほとんどがその「正しい解釈」に没頭するようになった。何らかの批判がなされても、ごく部分的であるか、しばしば的外れだった。だが初版が出版されてから150年以上が経った今日、そろそろこのような水準から卒業し、マルクス経済学を理論的に発展させ、新たな水準の理論体系の構築へと向かうべき時である。「正統派」でも「宇野派」でもない、第3の道、すなわち「批判的マルクス経済学」の集団的構築こそ、21世紀におけるマルクス経済学者の共通の課題であると私は考える。

2018年4月29日

事項・人名索引

［あまりに一般的な事項は除外。人名は、本文で姓名がセットでない場合は、索引でも姓だけを挙げる］

あ行

アンダーソン，ケヴィン　51
イギリス人　230, 238, 277-278
『イギリスにおける労働者階級の状態』　14, 30, 42, 82
市原健志　155
インド人　230, 238, 277-279
「ｖ＋ｍのドグマ」　8, 11, 33, 42-47, 55-58, 71, 88-90, 93, 95, 112, 115, 131-132, 134, 143, 148, 151, 153, 164, 165-169, 172-179, 185, 187, 192, 196, 199-201, 203-207, 209-210, 212-213, 215, 217-218, 220, 222-223, 226-227, 229-231, 235-236, 244, 247-248, 270, 278, 281-282, 288
　「広義のｖ＋ｍのドグマ」　11, 177-178, 181, 186, 192-193, 204, 209, 212-216, 219, 225-226, 228, 230-231, 236, 242, 281-282, 287-288
　「狭義のｖ＋ｍのドグマ」　177, 201-202, 220, 224
ウェークフィールド　94
ウェスト　74
ウェストン，ジョン　17, 49-53
植村邦彦　83
内田弘　69, 95
エーヴリング，エドワード　50
エリノア（エレナ）　50
エンゲルス，フリードリヒ　10, 14-16, 19, 24-25, 28, 30, 34-35, 39-46, 50, 53, 55, 59, 82, 88, 141, 153-155, 175-176, 178, 195-199, 240, 245, 247, 265-267, 272, 274-275, 283, 285-286
オーウェン，ロバート　17, 51
大村泉　65, 83

か行

「外延的」と「内包的」　78, 141, 147-148, 154-155, 162, 165, 226, 237, 277

階級闘争／階級的攻防／階級的ポリティクス　16, 20-21, 32-33, 59-60, 63, 73, 81, 82, 102, 136
過剰人口／相対的過剰人口　35-36, 38, 63, 267
家事労働　55, 289
『家事労働とマルクス剰余価値論』／前著3　7, 55, 82, 289
価値生産物　8, 10-11, 43-47, 56-57, 67, 71-72, 78, 92-93, 112, 130, 134, 141, 150, 165-170, 176 190, 192 200, 202 204, 206 218, 220 225, 227-229, 231-235, 237, 239-248, 251-265, 268-280, 282-288
「価値としての生産物」　182, 191-193, 221, 264
『価値と剰余価値の理論』／前著2　7, 55, 66, 125, 158, 160, 162, 289
過度労働　83-84
岸徹　65
「境界」と「制限」（労働日の）　72, 100, 102, 119-121, 138
『共産党宣言』　29, 47
強制（労働の）／強制労働／強制関係（としての剰余労働）　70-72, 74, 78-79, 81, 83, 87, 98-100, 105, 126, 129, 258
競争／競争論　14, 16, 18, 24, 30, 36-38, 57, 83, 155, 245, 269
均衡条件（単純再生産の）　194-196, 251, 257, 283
『経済学新原理』　42, 48
「経済学・哲学草稿」　11, 14, 23, 25, 29, 79, 82 88
『経済学と課税の原理』／『経済学および課税の原理』　67-68, 75, 91-95, 172-175, 227
『経済学批判』　13, 16, 18, 22, 54, 207
「経済学批判要綱」／「要綱」　9, 11, 15-18, 40, 54, 65, 69, 77, 79-82, 94-118, 120-127,

291

142-143, 159, 178, 200-209, 233, 242, 248
国際労働者協会　17, 19, 49-51, 240
『国富論』　83, 170-171
「国民経済学批判大綱」　14, 30, 42
古典派経済学／古典派　7-10, 14-16, 28-20, 33, 40, 42-43, 47-48, 62, 65-66, 72, 78-82, 88-92, 96, 99, 112, 127, 152, 163-164, 166, 177, 179, 186-187, 191-192, 194, 204-205, 215, 219, 229, 258, 262, 281
「古典派のドグマ」　7-10, 47, 80, 88-89, 91, 166

さ行

再生産（社会的総資本の）／再生産表式　8, 16, 26, 128, 167, 168, 176, 181, 187, 194-196, 220-223, 251-252, 257, 260-261, 283
再生産（労働（能）力の、生活の、賃金etcの）　42, 78, 82, 99, 105, 118-119, 129, 138, 142, 160-161, 184, 188, 198, 210, 276
重田晃一　14
シスモンディ　36, 42, 47-49
自然価格　14, 30, 67, 91
「シーニアの最後の1時間」　181-182, 190
資本一般　15-17, 38, 95, 102
資本構成／資本の有機的構成　24, 35-38, 63, 77, 226, 236, 244, 266
『資本と剰余価値の理論』／前著1　7, 31, 65, 104, 279, 289
『資本と労働』　79, 286-287
社会的総資本の再生産→再生産　55, 57, 59, 70, 82, 126, 161, 196, 208, 259, 281, 283
社会的労働（時間）　55, 57, 59, 70, 82, 126, 161, 196, 208, 259, 281, 283
収入範疇　168-169, 222, 224, 260-262
「収入への分解」ドグマ　169
重農学派／重農主義　191-192, 244
「自由貿易問題に関する演説」　30
「主要草稿」（第3部）　17, 55, 154-157, 176, 196-199, 240-241, 244-248, 251-, 258-269
シュルビュリエ　36
シュルツ，ヴィルヘルム　83-85
純生産物／純収入　261
「使用価値としての生産物」　82, 186, 190-194,
200, 214, 218, 221, 239, 243, 246-247, 252, 263-264, 280-282, 284
商品生産物　263-269, 279-281, 285
商品体／「商品体としての生産物」　182, 191, 194, 253, 255, 263, 264, 268
『剰余価値学説史』／『学説史』　16-17, 112-113, 127, 134, 144, 146-148, 207, 215, 224, 226, 232, 236
剰余価値率　8, 69, 72, 74, 76-77, 122, 124, 130-132, 135, 138, 151, 155-163, 179-181, 183, 185-186, 189, 197, 213, 220, 224, 226, 234-235, 242-243, 279
剰余労働（時間）　32, 61, 65, 70, 72, 78-79, 81, 87, 94, 98-102, 105-108, 110, 113, 119, 121-127, 129-130, 138, 141-142, 146, 156-157, 159-160, 185-187, 198, 201, 203, 205, 209, 213, 234-235, 245, 258, 271, 283
初版（『資本論』）　7, 11-12, 17-19, 66, 71, 76, 149, 151-152, 157, 178, 180, 186, 188, 195-196, 198-199, 216, 239-240, 260, 262, 270-288, 290
新価値／新たな価値　45, 47, 165, 170, 177, 183, 188-190, 194, 199, 201-203, 208-209, 214-215, 217, 236, 239, 245-246, 251, 272, 281
新生産物　182-183, 192, 253, 277-278, 283
『新ライン新聞』　15, 20-21, 35
杉原四郎　14, 65, 82
スミス，アダム　9, 14, 16, 43-44, 67-68, 71-72, 75, 80, 83-84, 88-89, 93, 103, 127-128, 167-175, 177, 190, 192, 196, 204, 215-219, 223, 225, 228
「スミスの第1ドグマ」　169, 222
「スミスの第2ドグマ」　169, 201, 217, 219-220, 222, 244, 259, 262, 284
「スミスのドグマ」　8-10, 43, 46-47, 64, 93, 166-169, 173, 177, 207, 229
セー，J・B　14
生産価格　23-26, 35-38, 151
生産資本　23-26, 35-38, 151
生産費　14, 26-30, 42, 46-47, 59, 60, 109, 201, 217
生産物価値（「生産物の価値」は除く）　8,

27-28, 43-47, 58, 60, 92-93, 106, 112, 134, 143, 152-153, 161, 165-168, 171, 175-183, 185-187, 189-192, 194-196, 203-204, 206, 209-210, 212, 215-217, 220, 222-224, 229, 233-235, 237-240, 243-244, 246-248, 251-253, 255-263, 269-272, 274-275, 277-284
「生産物の二重性」　7, 10, 16, 23-24, 31-33, 65-66, 69-73, 75, 79, 90, 96, 100-104, 106, 108-112, 115-116, 119, 121, 123-124, 126-127, 129, 131, 134-137, 139, 141, 144, 146-149, 160, 162-163, 165, 194, 236, 280, 289
絶対的剰余価値　7, 10, 16, 23-24, 31-33, 65-66, 69-73, 75, 79, 90, 96, 100-104, 106, 108-112, 115-116, 119, 121, 123-124, 126-127, 129, 131, 134-137, 139, 141, 144, 146-149, 160, 162-163, 165, 194, 236, 280, 289
総収入　223, 261
総生産物／総生産物（の）価値　148, 176, 185-186, 192-193, 197-198, 211-212, 220, 223, 235-239, 242-244, 251, 254, 257, 259, 261, 265, 268-269, 271, 277, 280
相対的剰余価値　16, 23-24, 31, 34, 65-67, 69, 71-72, 74, 79, 81, 86, 90, 96, 101, 106-111, 115-116, 119, 123-127, 131-132, 139, 143-144, 149, 151, 154, 158, 160, 183, 194, 202, 209, 212, 225, 232, 236, 241, 244, 280, 289
総労働日　70, 107, 123-124, 129, 209-210, 212, 226-227, 234, 235, 240, 242, 283-284
「疎外された労働」／疎外（労働の）　23, 25, 83, 86-87

た 行

第1草稿（第2部）　17, 240-241, 251-258, 260, 262-263, 268-270
第2草稿（第2部）　19, 154, 280, 283
第8草稿（第2部）　19, 44, 167, 169, 240, 282, 284
中国人　230, 238, 278-279
「直接的生産過程の諸結果」／「諸結果」　10, 18, 54, 149, 240-244, 248
「賃金」草稿　9, 15, 18, 29-30, 34-39, 60, 62-63
賃金の最低限　29-30, 39, 59

『賃金・価格・利潤』　7, 9, 13, 19-20, 26, 29, 36, 44, 49-64, 241
『賃労働と資本』　7, 9, 11, 13, 15-47, 49, 51-54, 56, 59-60, 62-64, 88, 91, 94-95, 99, 127, 200
追加価値　56, 190, 257, 283
追加的な絶対的剰余価値　72-73, 100-103, 106, 108, 115-116, 121-123, 127-129, 131, 134-136, 160
『哲学の貧困』　7, 14-15, 29-30, 39, 49, 88-91, 94, 200
『ドイツ・イデオロギー』　14, 82
同時的増大（労働力価値と剰余価値の／賃金と利潤の）　73, 76, 115-116, 122, 125, 128, 130, 134-135, 137-140, 145-146, 149-150, 154-155, 159-160, 162-163
同時的労働日　69, 104, 110, 116
時永淑　65
『独仏年誌』　14
特別剰余価値　16, 24, 28, 38, 139, 162, 213, 289

な 行

内包的な絶対的剰余価値　75, 141
2版（『資本論』）　7, 19, 71, 151, 159, 186, 270-272, 274-275, 278-279, 282, 287

は 行

服部文男　65
原伸子　65
反比例関係／相反関係（利潤と賃金との）　23, 33-34, 47, 56-57, 67, 69, 73-74, 76-77, 86, 94, 131, 138, 150, 159-160, 162, 194, 210, 226, 232-233
必要労働時間　31-32, 70, 72, 78-79, 82, 89, 98-100, 102, 104-112, 115-116, 118-121, 123-124, 129-130, 134, 137-139, 142-143, 209, 213 214
「100万人の労働」命題　91-93, 132-134, 147-148, 152, 165, 174, 177, 206, 211, 227, 229-231, 236-238, 277-278
ビュレ，ウージェーヌ　83, 85
費用価格　27-28, 155, 245

標準最大労働日　121-122, 135-137, 140
標準労働日　7, 16, 32, 65, 71, 73, 101, 108, 116, 119-122, 124-125, 133, 135-140, 159, 228
『貧困の哲学』　88-90
フォイエルバッハ　87
複雑労働　75, 160, 162, 171, 289
普遍と特殊の弁証法　31, 289
フランス語版／仏版（『資本論』）　7, 11, 19, 26, 66, 71, 140-141, 150-152, 158, 188, 272-279, 282, 286-287
『フランスにおける内乱』　51
プルードン　14-15, 39, 88-91
並列論（労働日と労働強度の）　146-158
ベーベル　30
本源的な（絶対的）剰余価値　70-72, 85, 96, 100-104, 106, 112, 114-116, 119, 121, 127, 129, 131, 138-139

ま行

「マカロック評註」　14
『マルクス経済学・再入門』　25-26, 36, 59, 81, 290
マルサス　35, 74, 83, 112, 204-205
宮川彰　83, 168-169
ミル，ジェームズ　14
ミル，J・S　50, 65, 79, 82, 86, 220
モスト，ヨハン　79, 286-287

や行

山田鋭夫　65
「要綱」→「経済学批判要綱」

ら行

『ライン新聞』　13
ラサール　30
『ラディカルに学ぶ「資本論」』　36, 39
ラムジ（ラムゼー）　113, 203, 216
リカード／リカードウ，デヴィド　9, 14-16, 30, 34, 44, 47, 49, 56, 65-81, 86, 88-89, 91-95, 99, 103-106, 113-116, 122, 127-134, 141-142, 145, 148, 150-153, 159-160, 163, 165, 172-175, 177, 185, 190, 192, 194, 201, 203-206, 211, 215-216, 224-231, 233-234, 236-237, 277-278
「リカードのドグマ」　8-11, 34, 46-47, 55-56, 64-79, 82, 86, 88-89, 91, 93, 96-97, 100, 103, 106, 113-116, 127, 129-134, 138-141, 147-151, 153, 158-160, 162-163, 165-166, 169, 184-185, 187, 194, 200, 205-207, 226-229, 234, 236-238, 246, 278
「リカードの法則」　68-69, 77, 131, 150, 160, 184
リカード派社会主義者　79
「リカード評註」　14
利潤率　27, 76, 104, 130, 132, 151, 155-157, 159, 179-180, 197-198, 213, 220, 224, 226, 245, 247, 250, 266-267
リボウィッツ，マイケル　81, 139
領有法則の転回／転回　8, 26, 80, 87, 98-99, 114
レーニン　48
労働価値説／労働価値論　14, 25, 68, 75, 80, 88, 92, 98, 172, 174-176, 192, 202, 281
労働強化／労働強度　7-8, 34, 47, 57, 62, 66-67, 74-77, 85, 90, 92, 116, 133-135, 139, 141-160, 162-163, 164, 184-185, 194, 232-233, 238, 245-247, 274, 277-278
労働組合　17, 29, 38-39, 49-53, 62-63
「労働日一定のドグマ」　33-34, 65, 67, 71, 92, 131-134, 138, 160, 162-163, 165, 226, 228-230
労働の二重性　8, 26, 177-178, 183, 188, 193, 201, 208, 263-264, 280
「労働力価値一定のドグマ」　137-139, 160
ロシア人　230
ロートベルトゥス　128, 216, 255
「ロンドン・ノート」15, 91-95, 99, 112, 133

[著者紹介]

森田成也（もりた・せいや）

1965年生まれ。国学院大学非常勤講師。著書に『資本主義と性差別——ジェンダー的公正をめざして』（青木書店）、『資本と剰余価値の理論——マルクス剰余価値論の再構成』『価値と剰余価値の理論——続マルクス剰余価値論の再構成』（作品社）、『家事労働とマルクス剰余価値論』（桜井書店）、『マルクス経済学・再入門』（同成社）、『ラディカルに学ぶ「資本論」』（柏植書房新社）。訳書に、トロツキー『レーニン』『永続革命論』『ロシア革命とは何か』（光文社古典新訳文庫）、マルクス『賃労働と資本／賃金・価格・利潤』『「資本論」第一部草稿——直接的生産過程の諸結果』（光文社古典新訳文庫）、キャサリン・マッキノン『女の生、男の法』上下（共訳、岩波書店）、デヴィッド・ハーヴェイ『新自由主義』『資本の〈謎〉』『〈資本論〉入門』『反乱する都市』『コスモポリタニズム』『〈資本論〉第二巻・第三巻入門』（共訳、作品社）、など多数。

マルクス剰余価値論形成史

2018年8月30日　初版第1刷発行

著　者＊森田成也
発行人＊松田健二
装　幀＊右澤康之
発行所＊株式会社社会評論社
　　　　東京都文京区本郷2-3-10　tel.03-3814-3861/fax.03-3818-2808
　　　　http://www.shahyo.com
印刷・製本＊倉敷印刷株式会社

マルクス理論の再検討と再生のために

長島 功／著
マルクス「資本論」の哲学
物象化論と疎外論の問題構制
定価＝本体 2,600 円＋税／ A5 判 296 頁

井上康・崎山政毅／著
マルクスと商品語
定価＝本体 6,500 円＋税／ A5 判 584 頁

田上孝一／著
マルクス哲学入門
定価＝本体 1,700 円＋税／ A5 判 136 頁

石河康国／著
向坂逸郎評伝
上巻 1897〜1950　下巻 1951〜1985
各定価＝本体 4,000 円＋税／ A5 判上巻 432 頁、下巻 416 頁

福本勝清／著
マルクス主義と水の理論
アジア的生産様式論の新しき視座
定価＝本体 3,400 円＋税／ A5 判 398 頁